동아시아의 한류

동아시아의 한류

동아시아의
한류 韓流

편저자 신윤환 · 이한우 외

전예원

동아시아의 한류

편저자 신윤환·이한우 외 펴낸이 양계봉 펴낸곳 도서출판 전예원 초판 1쇄
인쇄 2006년 02월 20일 초판 1쇄 발행 2006년 02월 25일 주소 경기도 용인시
모현면 초부리 519-6 전화번호 031) 333-3471 전송번호 031) 333-5471 E-mail
jeonyaewon@lycos.co.kr ISBN 89-7924-112-7 출판등록일 1977년 5월 7일 출판
등록번호 제 16-37호 값 13,000원 ※ 잘못된 책은 바꿔드립니다.

머리말

한류 스타 '비'가 뉴욕의 매디슨 스퀘어 가든 무대에 섰다. 국내에서는 이제 한류가 동아시아를 넘어 세계로 퍼져 나가는 징표라고 야단들이다. 정작 무대를 제공한 미국에서는 마이클 잭슨의 '짝퉁'이라고 대수롭지 않게 평가하기도 한다. 과연 한류도 할리우드 영화나 다른 서양문화처럼 그 지역적 경계를 건너 전 세계로 퍼져 나갈 수 있을 것인가?

20세기말, 21세기 초에 동아시아 몇 개 국가에서 한국 대중문화가 유행하는 현상이 생겼다. 특히, 중국, 대만, 베트남에서 한국 대중문화의 확산은 그 속도가 빠르고 그 범위가 매우 넓은 것이었다. 그 뒤를 몽골, 태국, 일본 등 다른 동아시아 국가들이 따랐다. 이러한 현상은 '한류'라 명명되었다.

이러한 한류에 대하여 '문화'의 측면에 주목하는 논자들은, 한국 대중문화의 우수성을 논한다. 그 가운데는 우리의 문화가 동아시아인들이 함께 향유하는 것이 된 것에 대한 잔잔한 감동을 느끼는 이가 있는 반면, 심지어는 한국 문화가 동아시아를 평정하기 시작했으며 세계 제패를 향해 나아가고 있다며 공격적인 민족주의와 자민족 중심주의를 노골적으로 드러내는 이도 있다.

다른 한편으로 적지 않은 논자들은 한류를 (문화)'상품'으로 보아 이들의 값을 매기는 데 열중한다. 대다수는 정부와 연예기획사의 입장을 받아들여, 한국이 과거 외국문화를 수입하여 소비하는 위치에 있었지만 이제 외국인들에게 문화상품을 공급하고 판매하는 위치로 바뀌었다고 전제하고, 각종 문화상품을 중요한 수출전략산업으로 키워 나가야 한다고 주장한다. 지금의 기회를 틈타 한국산 수출상품들도 소비시장을 확대하여 경제적 실리를 추구하는 데 최선의 목표를 두고자 한다. 그것은 단지 이들 한류 상품뿐만 아니라, 한국산 제조상품의 판매 확대에도 도움을 받자는 것이다.

반면 매우 비판적인 논자는 한국문화상품이 "값싸고 세속적인 자본주의적 상품"이라고 혹평한다. 한류란 아시아에서 부상하는 "자본주의적 욕망들을 포장"한 것에 불과하다는 것이다. 어떤 이들은 한류를 "거대 자본의 기획에 의해 만들어진 저질 향락산업"이라고 비난하며 문화적 제국주의를 경계하기도 한다.

이러한 상반된 평가 속에서, 한국 드라마, 영화, 음악, 온라인 게임 등은 이미 10여 년이나 해외에서 인기를 누려왔다. 덩달아 동아시아 각국에서 한국 상품의 판매도 늘고 있다. 또한 한류는 아시아 각국 국민들과의 정서적 유대를 강화하기도 한다. 그래서 외교통상부는 한류를 중요한 '대민외교'(public diplomacy) 수단으로 보고 있고, 한 외국 시사주간지는 한류를 통한 한국 외교를 '연속극 외교'(soap opera diplomacy)라고 칭하기도 한다. 어느 국제정치학자는 한류와 같은 문화를 새로운 유형의 국력 자원으로 보아 '연성권력'(soft power)이라고 불렀다.

이처럼 한류의 본질과 그 효과에 대한 다양한 해석이 존재하는데, 실제 동아시아 각국에서 한류 현상은 어떠한가? 실재하는가, 혹은 우리 대중매체의 과장보도에 불과한가? 일부 젊은이들이나 부유층에 국한된 현상인가, 아니면 전 국민이나 일반 대중이 즐기는 문화가 되었는가?

이 책은 이러한 구체적이고 실증적인 질문에서 시작한다. 기존의 문화이론에 억지로 맞추는 것이 아니라, 동아시아 각국에서의 실상을 바탕으로 한 한류 논의가 전개되어야 한다는 취지에서다.

여기에 포함된 여덟 편의 글은 모두 10년 이상 해당 국가에 대한 연구를 수행해 온 지역전문가들이 쓴 것이다. 필자들은 신문, 잡지의 기사를 인용하고, 현지조사를 통하여 얻은 정보를 종합하였다. 그들은 이 글들을 통하여 독자들이 동아시아 여러 나라에서 전개되고 있는 한류 현상을 포괄적으로 이해하고 비교할 수 있기를 바란다. 또한 필자들은 다른 전문가나 학자들도 사실과 경험에 바탕을 둔 조사연구를 더 많이 해 주고, 나아가 더욱 분석적이고 통찰력 있는 연구도 수행해주길 기대하고 있다.

2006년 2월

편저자 신윤환 · 이한우

동아시아의 한류 韓流

I

동아시아의 한류(韓流)를 보는 눈: 담론과 실체

신윤환

1. 역사적 현상으로서의 한류

해외에 한국 대중문화의 바람이 불고 있다. 이 한국 바람은 일본, 베트남, 몽골과 같이 우리와 지리적, 문화적, 역사적으로 가까운 나라는 물론이고, 중국, 대만, 홍콩, 싱가포르 등 이른바 중화권 국가들을 포함하여 최근에는 태국, 인도네시아, 미얀마 등 동남아까지 전 동아시아인들의 가슴 속으로 파고들고 있다. 이제 한국 영화와 드라마의 인기는 중앙아시아와 일부 유럽과 중남미 국가에서도 나타나고 있다고 한다. 한국 TV 드라마에 대한 높은 시청률로 시작되었던 한국 대중문화의 유행은 가요, 영화로 파급되더니 특정의 한국 연예인들에게 열광하고 이들을 모방하는 데까지 이르렀다. 한국 연예인들의 헤어스타일, 화장법, 옷 입는 모양이 유행하는가 하면, 이들을 모델로 앞세운 상품들이 날개 돋친 듯이 팔리는 효과까지 나타난다. 이 책을 통해 살펴보겠지만, 중국인들이 '한류'(韓流)

라고 부른 이 현상은, 몇몇 비평가들이 폄하하듯이 한국 문화를 대표한다고 볼 수 없는 저질 향락산업이 수출된 결과라거나 아니면 수 년 내에 사라지고 말 일시적인 유행에 지나지 않는다는 비판적이고 부정적인 평가나 전망을 훨씬 넘어서는 중대한 사건임에 틀림이 없다.

한류 현상은 이에 대한 시각이나 전망이 어떨지라도 중요한 역사적, 경제적, 사회학적 의미를 지닌다. 우선 우리의 문화가 외국에서 큰 인기를 얻고 유행하는 것은 우리 역사 속에 미증유의 큰 사건이라고 할 수 있다. 근대 이전에도 백제와 신라, 고려, 조선에서 만들어진 특산품이나 예술 작품들이 중국과 일본에서 인기를 얻었던 적은 있었고, 특히 일본에 전해진 우리의 문화는 일본문명의 형성에 크게 기여한 사실을 부정할 수는 없을 것이다. 그렇지만 요즈음의 한류처럼 다양한 형태의 상품과 대중문화가 이렇게 여러 나라에서 많은 사람들에 의해 동시에 향유, 소비, 구매된 적은 일찍이 없었다. 특히 중국과 같이 더 강대한 나라에서 더 약소한 나라의 문화가 그리고 일본과 같이 더 부유한 나라에서 더 가난한 나라의 문화가 애용되고 소비되는 일은 그리 흔한 일이 아니고 보면, 많은 한국인들이 한류 현상을 민족적 긍지로 연결시키고 있는 것도 능히 이해할 만한 일이다.

한국 정부와 기업들은 한류에 대해 지대한 관심을 보이고 있다. 한국 문화의 해외진출이 낳은 경제적 효과 때문이다. 실제로 이른바 '문화상품'이라고 불리는 한국의 영화, 방송영상물, 해외 공연, 음악, 게임, 애니메이션 등은 지난 5-6년간 중요한 수출품목으로 떠올랐고, 중국시장의 급성장에 따라 무한한 잠재력을 발휘할 것이다. 한류의 경제적 효과는 문화상품의 수출 증대와 같은 직접적 효과뿐만 아니라, 한국의 이미지 제고로 인해 한국산 브랜드나 수출품의 판매 증대와 한국으로의 관광객 증가와 같은 엄청난 간접적 효과도 기대할 수 있다. 한류에 대한 많은 분석들이 정책보고서 형식으로 작성되었는데, 이들은 한결같이 한류가 가져다 줄

경제적 효과를 계산하고 그것을 극대화하는 방안을 제시한 것들이다.

최근 한류를 보는 또 하나의 새로운 입장이 대두되고 있다. 그것은 한류를 외교정책의 한 수단으로 보아, 한류가 그것을 받아들이는 나라에서 중요한 '대민외교'(public diplomacy)를 수행해 낸다는 것이다. 한류를 통해 한국의 문화가 인기를 얻으면서, 한국과 한국인에 대한 이미지가 개선되고 호감이 생겨나며 적대감이 약화되는 결과를 낳는다는 것이다. 이러한 대민외교의 효과는 정부가 주도하는 공식적인 외교활동이 이룩한 어떠한 성과보다도 확실하고 크다는 것이다. 예를 들어, TV 탤런트 배용준한 사람이 일본인들에게 심어 준 한국인에 대한 좋은 인상은 지금까지어떤 정부의 외교부도 성공하지 못했던 일을 드라마 단 한 편으로 해 낸것이라고 할 수 있다.

한류 현상은 학술적으로도 호기심을 유발한다. 우선 한류는 과연실제로 존재하는 뚜렷한 사회현상인가, 아니면 극히 제한된 계층이나 집단에 국한된 일시적 현상에 불과한가? 만약 장기간 실재하는 현상이라면, 그러한 현상이 생겨난 요인과 배경, 형성 경로, 재생산 과정은 무엇이며그 현상의 내용이나 유형은 무엇일까? 한류는 왜 특정 국가들에서만 나타나고 다른 나라에서는 나타나지 않는 것인가? 나아가 어떻게 그리고 왜국가마다 선호하는 한류의 내용이나 유형이 차이가 나는가? 이러한 질문들은 사회학적이고 문화인류학적인 조사와 해석을 필요로 하는 새롭고중요한 연구과제를 제시해 준다.

이 글은 동아시아 여러 나라에서 거의 동시에 일어나고 있는 한국대중문화의 유행을 비교적 관점에서 살펴보는 것을 그 목표로 하고 있다. 여기서 분석 대상이 된 국가는 중국, 일본, 타이완, 베트남, 태국, 싱가포르, 몽골 등으로써 동북아와 동남아 지역에 걸쳐 있지만, 동남아 국가들중에는 베트남, 싱가포르, 태국만 포함되어 있으며, 한류가 분명히 존재하는 홍콩은 이 연구에서 제외하였다. 홍콩에는 싱가포르보다 더 강한 한류가 흐르고 있는 것으로 보이지만 싱가포르와 유사한 측면이 강해 이 나라에 대한 분석으로 대신하였다.

2. 한류의 개념과 유형

한류(韓流)란 중국에서 생긴 말이다. "한풍(韓風)이 지나간 후"라는 사설을 게재한 『인민일보』(人民日報)는 한풍이 '한조'(韓潮), '한류'로도 불린다고 하였는데, 한류라는 용어가 이제는 더 널리 쓰이는 것 같다. 한 한국인 음반 기획사 사장은 자신들의 음반포스터에 "한국 유행 음악"이란 뜻으로 '한류'를 처음 사용하였다고 주장하지만, 그것이 한류란 표현 자체를 유행시켰는지는 알 수가 없다. 또한 한국 대중음악에 열광하는 사람들을 '하한쭈'(哈韓族), 또는 '한미'(韓迷)라고 부르는데, 이 말은 한국인들이 요즘 즐겨 사용하는 한국 '매니아'란 말과 같은 뜻이다. '하한'이란 말은 과거 일본 상품이나 문화가 중국인들 사이에 유행할 때 쓰던 '하르'(哈日)란 말에서 유래하는 듯한데, '하르'는 원래 푸지엔(福建)어로 "일사병에 걸렸다"라는 뜻이라고 한다.

요컨대 한류라는 말은 중국인들 사이에 한국의 대중음악이 유행하는 현상, 또는 그러한 음악의 유형을 뜻하는 어원을 가지고 있었는데, 지금은 중국을 비롯하여 타이완, 홍콩, 싱가포르 등 해외 화인사회에서도 같은 의미로 사용된다. 한국으로 유입된 한류란 표현은 이제 더 이상 중국과 중화권에 대해서만 한정적으로 쓰이는 것이 아니라, 다른 나라의 유사한 현상에 대해서도 적용되고 있다. 뿐만 아니라, 한류는 대중음악을 넘어 TV 드라마, 영화, 연극이나 공연, 패션, 음식, 게임, 애니메이션 등 한국문화 전반을 포괄하는 것으로 그 개념의 외연이 확장되었다. 결국 한류라는 중국어 기원의 용어는 동아시아 사회에서 한국 대중문화가 유행하는 현상 또는 그와 유사한 종류라는 넓은 의미를 갖게 된 것이다.

한류 현상은 상당히 넓은 문화적 영역에 걸쳐 있으며, 그것이 나타나는 나라나 사회에 따라 그 영역들이 차이가 난다. 중국, 베트남, 타이완, 몽골 등지에서는 한국에서 제작된 TV 드라마가 상영되면서 한류의 바람이 일기 시작하였고, 또한 중국과 타이완에서는 젊은 가수나 밴드들이 댄스를 곁들이며 부르고 연주하는 빠른 템포의 음악도 폭발적인 인기를 얻으면서 다른 영역의 한국 대중문화와 한국산 상품이나 브랜드에 대한 구매욕구로 급속히 확산되었던 것이다. 홍콩이나 싱가포르에서는 영화가 드라마보다 먼저 인기를 얻었지만 곧 드라마에 대한 관심으로도 연결되었다. 한국 문화를 항상 부분적으로 수용하였던 일본에서는 일부 영화들이 많은 관객을 동원하기 시작하다가 2004년에 <겨울연가>가 방영되면서 한류 바람이 다른 나라 못지않게 거세게 불고 있다.

유형별로 살펴보면, 한류 현상이 있는 곳에서는 한국 TV 드라마가 가장 일반적이고 중요한 몫을 차지한다. 중국, 베트남, 태국, 몽골, 타이완, 홍콩, 싱가포르, 일본 어디를 가나 한국 드라마는 큰 인기를 얻었다. 실제로 한국 방송프로그램의 수출은 2000년 1,311만 1,000 달러, 2001년 1,892만 달러, 2002년 2,881만 3,000 달러, 2003년 4,213만 5,000 달러, 2004년은 7,146만 1,000 달러로 매년 증가하였으며, 올해는 드디어 1억 달러를 넘어설 것으로 예상하고 있다. 게다가 중국이나 타이완 같은 곳에서는 한국 대중음악, 그 중에서도 젊은 가수나 밴드가 춤추고 연주하며 부르는 강력한 록풍이나 랩스타일의 음악이 청소년과 학생층에서 열광적인 반응을 불러 일으켰다. 이 두 나라와 베트남 같은 곳에서는 TV 드라마와 인기 연예인을 통해 발라드풍의 한국 음악이 소개되기도 했다.

<겨울연가>열풍으로 한류의 '성지'가 된 남이섬　　사진ⓒ한국관광공사 2004

흥미로운 점은 한국보다 부유한 일본, 싱가포르, 홍콩과 같은 곳에서는 원래 한국 영화가 TV 드라마보다 더 인기를 얻었다는 사실이다. 이러한 나라들에서 한국 영화의 소개는 앞선 나라들에서 한국 드라마에 대한 소개보다 2-3년 늦은 2000년경에 시작되고 2001년에 이르러 <쉬리>가 일본과 싱가포르에 상영되면서 한국 영화의 수준에 대한 인식이 드높아졌다. 한국 영화는 타이완이나 베트남에서도 지속적인 인기를 누리고 있다. 1999년 이래 한국 영화의 수출액은 가파른 상승곡선을 그리며 급증하고 있다.

TV 드라마, 영화, 댄스음악이 불러 온 한류 바람은 탤런트, 가수, 배우에 대한 열광으로 집약되어 나타났다. 한류가 있는 모든 곳에서 한국 탤런트나 배우는 열광적인 인기를 얻었고, 중국과 타이완의 젊은 층에서는 한국 가수들의 인기가 현지 가수나 다른 외국 가수들의 인기를 훨씬 넘어섰다. 안재욱, 김희선, 원빈, 전지현 등은 아시아에서 가장 유명한 연예인들로 떠올랐고, 장동건은 베트남에서 '국민배우'로 추앙받게 되었으며, 송승헌과 송혜교는 <가을동화> 단 한 편으로 한류가 있는 모든 나라에서 폭발적인 인기를 모았다. <대장금>의 이영애는 대만, 베트남에서 전 국민적 관심과 애정의 대상이다. <겨울연가>로 일본에서 인기를 누리는 배용준은 싱가포르에서도 가장 인기가 높은 아시아 스타로 뽑혔다. 중국과 타이완의 청소년들은 클론, H.O.T., NRG, 신화, 베이비복스, 유승준, 안재욱 등의 노래와 춤에 열광하고, 이들의 죽음, 해체, 공연금지를 슬퍼하고 아쉬워했다. 특히 한류 열풍 한 가운데 있는 중국에서는 한국 가수의 노래를 거의 한국과 시간적, 공간적 수준의 차이 없이 접하고 즐기는 수준에 이르렀다.

한국 제조상품들이 동아시아인들 사이에 인기를 얻고 있는데, 이는 반드시 한류의 효과만으로 보기는 힘들겠지만 한류가 광고효과나 시너지

효과를 낳는 것만은 틀림이 없다. 최근 몇 년간 중국과 베트남에서 한국산 전자 제품, 화장품, 의류, 중고 자동차, 휴대용 전화기 등이 큰 인기를 끌었는데, 이 중에는 한류로 인기를 얻은 연예인을 광고모델로 쓴 제품들도 많았다. 현지의 자국 회사나 한국인이 아닌 외국인 소유 기업들도 한국 모델을 쓰기도 하였다. 중국에는 한국 패션이 인기를 끌어 한국산 패션브랜드와 디자이너의 진출이 이어지고, 2001년에는 한국 패션전문 케이블 TV로부터 제공받은 한국 패션쇼 프로그램을 100여개 이상의 중국 방송국이 방영하기도 했다. 한국 패션의 인기는 한국에서 유행하는 헤어스타일, 화장법, 액세서리 등에 대한 인기로 이어졌다. 베이징과 충칭에는 각각 6층씩의 백화점이 개장하여 한국산 의류, 액세서리, 잡화, 전자, 화장품 등 모두 한국제품만 취급하고 있다. 심지어 중국에서는 한국의 인기연예인 김희선의 얼굴을 본

몽골 울란바타르 시내 DVD 판매대의 <태극기 휘날리며>
사진ⓒ이한우 2005

뜬 성형수술이 유행하기도 했다. 베트남에서도 한국 연예인들의 머리모양과 화장법이 유행하고, 이들이 쓰는 각종 액세서리가 날개 돋친 듯이 팔리기도 했다.

일본, 몽골, 타이완, 중국 등지에서는 한국 음식을 즐기는 사람들이 크게 늘고, 일본에서는 한국산 소주 소비량이 크게 늘었다. 주중 한국대사관에 따르면 중국에는 2004

년 현재 대학에 한국어과를 개설한 대학이 2003년 한 해 동안에도 4개가 늘어 모두 27개이고, 재학생 수도 3,942명에 달한다. 한국의 노래나 영화, 텔레비전 드라마를 좀 더 익히고 싶어 한국어를 배우는 사람이 많고, 주중 한국대사관 문화홍보원이 베이징에 살지 않거나 직접 오기 어려운 중국 인들을 대상으로 2002년 4월 시작한 인터넷 한국어 강좌도 인기를 끌고 있다. 한류 때문에 한국을 방문하는 한류관광도 계속되고 있다. 2004년 한류관광객으로 인한 관광외화수입은 8,500억원에 달하며, 일본, 중국, 대만 지역 방한 관광객 중 약 27.4%인 711,236명이 드라마, 영화, 한류스타 및 한국관광공사가 추진한 한류마케팅 등 한류콘텐츠에 직·간접적 영향을 받아 방한한 것으로 나타났다.

3. 한류를 보는 시각

한류를 보는 시각은 이 현상의 짧은 역사에도 불구하고 매우 다양한 편이라고 할 수 있다. 찬양일변도의 긍정에서부터 경멸에 가득 찬 부정까지 극단적인 대조를 이룬다. 이것의 실체가 무엇이냐에 대해서도 있는 그대로 문화의 양식으로 받아들이는 시각으로부터 저질의 싸구려 상품에 지나지 않는다고 보는 해석까지 있다. 마찬가지로 한류가 얼마나 오랫동안 지속될 것인가에 대해서도 입장의 차이가 있다. 이러한 상이한 시각들은 다음 절에서 상술하는 한류 현상의 요인에 대한 분석에 영향을 미친다. 여기에서는 한류에 대한 다양한 입장들을 (1) 문화 혹은 상품, 어느 쪽으로 한류의 본질을 보는가, (2) 한류 현상을 긍정적으로 평가하는가, 혹은 비판적으로 보는가, 마지막으로 (3) 초민족주의 - 세계주의나 범아시아주의 - 와 민족주의 중 어떠한 시각을 견지하는지에 따라 나누어 보고자 한다.

한류를 보는 다양한 관점

본질 시각	문 화		상 품	
	긍정	비판	긍정	비판
민족주의	박길성, 최영진		정진홍, 홍사종	
세계주의/ 범아시아주의	조한혜정, 원용진	한홍석, 왕이취안, 김민수, 이동연	김휴종, 서병문	김현미

출처: 논문, 기고문, 신문보도에 대한 필자의 정리.

한류 현상을 가장 긍정적으로 보는 입장에서는 한류를 "세계인의 심성을 진하게 감동시킨… 한국적 심성과 정서, 그리고 문법이 담긴 문화"라고 하거나, 한국 대중문화의 해외 확산을 보며 "뿌듯한 자부심"을 느끼며, 한국 문화가 그 우수성 때문에 세계의 외국인들이 감동하여 수용하는 것으로 본다. 이러한 민족주의적 해석에 반대하고 한류를 "한국 문화의 승리"로 보아서는 안 되며 이를 "아시아에 삶의 터전을 둔 문화작업자"를 살리고 "아시아적 문화블록"을 형성하는 계기로 삼아야 한다는 범아시아주의 내지 세계주의자의 다소 조심스러운 입장도 발견된다.

다양한 입장들 중에는, 한류를 문화로 보기보다는 특정한 상품, 즉 '문화상품'으로 보고, 이를 직접 수출상품화하거나 한국상품의 수출에 도움이 되게 활용하자는 입장이 가장 강력하다. 이는 대개 정부나 경제계의 입장과 일치하고 그 입장을 대변하고 있는 것처럼 보인다. 한류가 "한국 문화수출의 새로운 가능성이자 전략상품"이라고 주장하는 자유무역론자가 있는가 하면, 현재의 한류는 "단순한 수준의 한국 문화 컨텐츠 열풍"에 불과하지만 "중국정부와 긴밀하게 협조하여… 중국시장과 분업체계를 형성"하는 '장기적' '관리'가 필요하다는 상호의존론자도 있다. 이들과 유사한 대비는 한류가 "한국 대중문화의 콘텐츠산업으로서의 전화가능성을 보여준 시금석"이라는 주장과 "'한류'로 대표되는 한국 문화의 수출과 중국 문화의 수입이 동시에 이뤄지는 양국 문화 교류"가 필요하다는 주장 사이에서도 엿보인다.

최근에는 한류를 문화와 상품으로 보는 기존의 시각을 넘어 효과적인 외교 내지 대외정책의 수단이라고 보는 입장이 나타나고 있다. 외교통상부 산하 외교안보연구원은 2005년 10월, "한류와 한국의 Public Diplomacy"라는 주제로 워크숍을 개최하면서, 그 초청장에서 "'한류'를 매개로 한 동아시아 지역에서의 민간교류 및 협력강화가 지역협력의 토대가 될 수 있다"고 주장하고, 한류를 "한국 외교의 public diplomacy에 간접적으로 활용하는 방안을 도출"할 것을 제안하고 있다. 이 워크숍에서 서울대 이근 교수는 나이 (Joseph S. Nye) 교수의 '연성권력'(soft power) 개념을 빌려 와 한국의 한류야말로 "상대국을 매료시켜 우리가 원하는 바대로 움직이도록 상대국의 행위 또는 이익에 간접적으로 영향을 미치는 능력"을 높여주는 "문화적, 이념적 수단"이 될 수 있다고 주장하였다. 이렇듯 한류를 연성권력의 중요한 자원, 즉 외교의 수단으로 보는 관점은 한류를 동아시아 지역의 평화를 강화하는 촉매로 삼아보자는 본 회의의 개최 취지와도 부합한다고 볼 수 있겠다.

일반 국민이나 대중들의 한류를 보는 눈길은 알 수가 없지만, 적어도 현지인이나 현지 체류 한국인, 전문가와 지식인들 사이에는 비판적인 시각이 상당히 우세한 듯하다. 이들은 대체로 한류가 한국의 저급, 저질 대중문화를 그 내용으로 하고 있거나, 외국에서 극히 일부 계층, 특히 일탈적인 집단만이 향유하는 사치품이고, 몇 년 가지 못해 사라질 일시적 유행에 지나지 않는다는 입장을 견지한다. 대외경제정책연구원이 중국의 한국인 주재원을 대항으로 한 설문조사에서 77%나 되는 압도적 다수는 한류를 2-3년 안에 사라질 일시적 현상으로 보았다. 재중 한인 동포 출신 한홍석 교수에 의하면, 한류가 대도시 거주 부유층 청소년에게만 편중된

하위문화로서 일시적인 현상일 뿐이며 경제적 효과도 미미하다. 중국인인 왕이취안(王一川) 베이징사범대 교수도 한홍석과 동일한 입장을 취하여, 한류란 10대 청소년, 특히 문제아들 사이에만 나타났다가 최근 사라지고 있는 일시적 현상으로서 기성세대는 강한 거부감을 갖고 있다고 비판한다. 한국문화콘텐츠진흥원이 2003년 10월에 조사한 결과에서도 중국의 10대와 20대는 한류를 지속적인 현상으로 보고 있는 데 반해 30대는 "중국 10대들에게 영향을 끼치는 유행 중 하나일 뿐"이라고 인지하고 있다.

한류에 대한 가장 비판적인 시각은 문화인류학자와 문화비평가들이 제기하고 있는데, 이들의 평가는 매우 혹독하다. 김민수는 중국인들에게 한류는 "고도성장과 문화개방의 단계에서 싼값의 유사 정서로 문화적 욕구를 충족시키기 위한 '하나의 배출구'"로서 "일시적인 현상일 뿐"이라고 경멸적인 어조로 비난을 퍼붓는다. 다른 문화비평가 이동연도 한류란 "산업적 국가자본주의의 산물"이자 "천박한 B급 문화자본의 파생물"이라고 혹평한다. 문화인류학자 김현미 역시 한류를 싸구려 '상품'으로 정의하면서 "아시아 일부지역의 문화공동화"속에서 "새롭게 부상하는 욕망과 다양한 갈등을 가장 세속적인 자본주의적 욕망으로 포장해 내는 능력 덕분에 탄생"했다고 비판적으로 분석하고 있다. 이들의 평가에서 공통으로 등장하는 '싼값', '배출구', '천박한 B급', '세속', '욕망'이라는 감각적 표제어들은 한류가 "욕구를 배출하기 위해 대체용으로 개발된 저질의 싸구려 문화 또는 상품"이라는 경멸을 강력하게 드러낸다. (문화를 고급-저급으로 나누고 우리 대중문화를 저급문화라고 이야기하는 것이야말로 문화에 대한 엘리트주의적 편견을 드러내고 귀족주의적 취향을 과시하는 것으로 비난받아 마땅하다.)

이렇게 다양한 관점들 중에서 어떤 것을 취해야 할까? 필자는 한류의 본질에 대한 판단은 사실에 근거를 두고 있어야 하며, 시각은 한류의 생산자나 소비자 양자에게 모두 바람직한 것이어야 한다고 생각한다. 이런 척도로 볼 때, 한류는 문화 즉 대중문화를 그 본질로 하고 있으면서 상품성을 동시에 지니고 있다고 보아야 하며, 그 중 일부가 윤리적으로나 작품성의 측면에서 문제를 안고 있기는 하나 전반적으로는 엄연한 문화이자 상품으로서 요건을 갖추고 있음을 인정해야 한다. 한류를 구성하는 대다수 품목들 - 영화, 방송영상물, 음악, 공연물, 게임, 애니메이션 등 - 에서 폭력성, 선정성, 지나친 상업주의 등의 윤리적 취약성을 드러내는 작품이 발견되나 이것은 일부에 해당될 뿐이라는 평가가 공평할 것이다. 요컨대, 한류란 긍정적 측면이 더 두드러진 대중문화이자 문화상품이다. 아울러, 민족주의보다 범아시아주의, 범아시아주의보다도 세계주의에 호소해야 하는 것이, 도덕적 정당성 차원에서뿐만 아니라 장기적 국익의 차원에서도, 한류가 오랫동안 생명을 유지하고 더 많은 나라에서 수용되어 세계문화의 창달에 기여하는 길이 될 것이다.

4. 한류의 요인

한류 현상의 요인을 제대로 파악하기 위해서는 본 연구보다 좀 더 본격적인 조사와 엄격한 분석을 필요로 할 것이다. 이하에서 필자 자신이나 이 책에 실린 다른 논문의 저자들이 제시하고 있는 요인들은 대개 2차 자료에 의존한 분석의 결과이기 때문이다. 뿐만 아니라 그 2차 자료란 것들은 대체로 언론이나 방송이 전달하거나, 대중문화를 현지에 홍보, 판매하는 기획사들이 만들었거나, 아니면 학자나 지식인들이 피상적이고 인상기적으로 관찰한 것들이기 때문이다. 한류가 얼마나 많은 또는 적은 동아시아인들에게 알려져서, 감동 또는 거부감을 주고, 향유 또는 구매되며,

한글로 디자인한 바지를 입고
있는 몽골인 남성

사진ⓒ이한우 2005

그것의 일시적 또는 내구적 수용자가 되는지 알기 위해서는 지금까지의
보도나 비평의 수준을 훨씬 넘어서는 과학적인 사회조사와 엄격한 분석
이 이루어져야 할 것이다.

한류의 형성에 대하여는 이를 보도한 언론 및 방송 기사, 이에 대해
견해를 제시한 현지 및 한국의 비평가와 지식인, 이 현상을 분석해 본 학
자 등이 수많은 요인들을 나름대로 분석하고 있다. 이 요인들을 대충 정리
해 보면 세 가지 정도의 큰 줄기로 요약된다.

첫째는 한국 대중문화의 높은 질적 수준과 우수성 때문이라는 입장
이다. 그 우수성이란 한류 문화가 보여주는 뛰어난 작품성 및 기술적 수
준, 그리고 작품세계가 공통으로 추구하는 보편적 가치를 말한다. 이 입장
은 한류의 대상이 되는 음악, 드라마, 영화, 게임 등이 현지나 다른 나라의

그것에 비해 사람을 끄는 장점을 갖고 있다고 본다. TV 드라마의 경우를 살펴보면, 줄거리나 구성 면에서 진부하지 않고 참신하여, 항상 다음 편을 기대하게 하는 흥미성이 가미되어 있으며, 변화의 굴곡이 큰 역동성이 있다는 것이다. 한편 배우들은 수려한 미모, 돋보이는 개성, 감각적인 패션과 뛰어난 연기력을 자랑하는데, 이는 아시아의 어느 국가도 따라가지 못하는 월등한 수준이라고 한다. 작품 제작 기술도 뛰어나 배경설정, 세팅, 배경음악이나 삽입곡, 무엇보다도 카메라워크가 좋다고 한다. 음악의 경우, 미소년, 미소녀로 구성된 그룹이 빠른 음악에 맞춰 격렬한 춤을 추며 "강렬하고" "폭발적인 에너지와 힘"을 과시하는 장면은 현지 가수나 그룹은 도저히 흉내 내지 못한다고 현지인들은 생각한다.

　　TV 드라마가 한류가 있는 모든 곳에서 인기가 높은 가장 중요한 이유는 위와 같은 기술적인 측면 못지않게 그 주제나 소재들이 현지인들을 끄는 호소력이 있기 때문이다. 그 호소력은 한류가 부는 사회 모두의 구성원들을 사로잡는 공통적인 문제, 갈등, 정서를 다루는 데서 나온다고 본다. 『인민일보』(人民日報)는 한국 드라마가 "진솔한 생활 모습, 진한 인정과 세태, 소박한 감정 표현" 등을 자랑한다고 하고, 홍콩 링난대 량쉬밍 교수는 "한국의 드라마는 아름다운 등장인물과 풍경으로 포장됐으면서도 인륜과 가족을 강조하는 유교문화를 벗어나지 않는다"며 이것이 아시아의 젊은 세대와 나이 든 세대 모두에게 인기를 끄는 "균형 잡힌 공식"이라고 말한다. 한편 한국의 한 관료는 한류가 서구 대중문화와 유교적 정서를 훌륭히 결합시킴으로써 동아시아인들을 사로잡는다고 주장한다.

　　두 번째 입장은 한류가 상품적 가치를 지니며 시장에서 다른 '문화상품'에 비해 경쟁력을 갖고 있다는 것이다. 이러한 관점은 앞서 언급한 한류의 작품성이나 예술성을 인정하면서 동시에 대중성을 강조하고, 이 모든 것들이 상품적 가치로 연결된다고 본다. 한류는 그 자체가 문화'산업'이자 문화'상품'이고, 나아가 진짜 상품의 판매와 수출에 홍보효과를 높일 수 있는 광고상품이기도 하다. 그래서 어떤 학자는 한류를 장기적인 관점에서 지원, 개발하면 한국의 문화산업이 국내시장뿐만 아니라 세계 시장에서도 입지를 마련하여 궁극적으로 중요한 비중을 차지하게 될 것이라고 낙관한다. 또 다른 학자는 한류를 "한국문화수출의 새로운 가능성이자 전략상품"이라는 단정적 표현까지 쓰고 있다.

이들이 한국 문화의 상품적 가치를 긍정적으로 바라보고 있다면, 한류 상품이 자랑하는 가치란 앞서 든 예술성이나 작품성과 같은 질적 가치가 아니라 가격 경쟁력에 있다고 주장하는 비판적 입장도 있다. 여기서 가격 경쟁력이라 함은 물론 값이 저렴하다는 말이다. 이러한 입장을 취하는 자들은 한국 (물적) 상품과 마찬가지로 대중문화 역시 값비싼 미국이나 서구 문화, 심지어는 일본 문화를 대신하여 값싼 한국 것으로 대체 충족한다고 주장한다. 그런데 이들의 비판이 한국의 대중문화 중 값싼 문화가 해외로 진출한다는 말인지 아니면 한류란 대중문화이고 모든 대중문화는 싸구려라는 말인지 불분명하다. 어쨌든 후자의 입장은 물론이고 전자의 입장에서도 일부 '엽기적' 음악이나 영화는 그렇다 치더라도 많은 수준 높은 영화와 보편적이고 인간적 정서를 자극하는 감동적인 TV 드라마를 값싼 대중문화라고 치부하는 셈인데, 이러한 비판은 비평가들의 귀족주의적 편향이나 엘리트주의적 오만함을 드러내고 있다는 비난을 면하기 힘들다.

셋째로 한류가 인기를 얻는 것은 한류를 받아들이는 나라가 처해 있는 과도기적 경제, 문화, 정치적 상황 때문이라는 것이다. 여기서 과도기적 상황이라 함은 경제적으로는 고도 내지는 지속적 성장으로 어느 정도 생활수준에 이르렀지만, 그 수준에 어울리는 문화는 존재 않는 그런 상황을 말한다. 자국내 '대체문화'가 없으므로 그 자리를 한류가 "일시적으로” 그 빈 자리를 메우고 있다는 것이다. 또한 중국이나 베트남 등의 한류 현상에 대해 혹자는 공산당 정부의 방관이나 허용 없이 자본주의 문화의 표본이라고 할 수 있는 한류가 그렇게 확산될 수 없다는 체제적인 특징을 들어, 정치적 요인도 작용하고 있다고 주장한다.

이러한 상황론 또는 대체문화 부재론은 중국과 베트남처럼 소득수준이 낮은 사회주의 국가와 타이완이나 홍콩, 싱가포르처럼 소득수준이 한국보다 높은 나라에서 모두 한류 현상이 있는 것에 대해 다르게 설명하고 있다. 우선 중국과 베트남은 한국문화에 대한 대안으로서 미국이 중심이 된 서구문화나 일본문화가 있을 수 있지만, 이것들은 자국의 발전수준에 맞지 않은, 지나치게 “높은 수준의 문화”이고, 또 양국의 사회주의와 중국의 중화주의는 국민들로 하여금 미국이나 서구 문화에 대해 거부감을 갖게 한다는 것이다. 한편, 타이완, 홍콩, 싱가포르는 서구나 일본이라는 문화적 대안이 존재하고 또 실제로 일찍부터 이런 문화와 접촉하고 있지만, 이들에 어느 정도 “식상하여” 아니면 이들과 함께 한류에 대해서도 개방적인 태도를 취하게 되었다는 것이다. 홍콩이나 싱가포르의 한류가 다른 나라들에 비해 늦고 약한 점 그리고 그 양상이 다소 다른 것은 바로 이러한 상황과 아울러 중국의 한류가 해외 화인 네트워크를 통해 시차를 두고 확산되기 때문이라는 주장도 있다.

필자는 이상의 설명들 중 어느 것이 얼마만큼 설득력이 있는지 과학적인 조사와 엄격한 분석이 있기 이전에는 알 수 없다고 앞서 언급한 바 있다. 또한 이하에서 행할 필자의 분석 역시 그러한 조사와 분석에 기반을 두고 있지는 않다. 그러나 비록 정확한 조사자료가 없기는 하나, 국가 간, 영역 간 비교를 통해 어느 요인이 더 강한지 어느 정도 잠정적 가설을 제시할 수 있다. 필자는 비록 제약된 자료에 의존한 것이기는 하지만 국가 간에 그리고 대중문화의 영역 간에 비교방법을 적용하여 한류의 요인을 분석해 본 결과, 높은 작품성, 문화적 근접성, 그리고 경제발전의 수준, 이 세 가지가 가장 두드러진 요인이라는 결론을 얻었다.

높은 작품성에 대해서는 위에서 이미 논의한 바 있지만, 여기서 다시 한류 확산 요인으로 드는 까닭은 이 측면을 인정하지 않고는 왜 한류가 최근 동아시아를 넘어 중앙아시아, 남미, 유럽 지역까지 미치고 있는지를 설명할 수 없기 때문이다. 1990년대 말 한류 현상이 처음으로 동아시아에 나타났을 때에는 중국, 대만, 베트남이 같은 유교 문화권이기 때문에, 몽골이나 베트남과는 밀접한 역사적 관계를 가진 바가 있기 때문이고, 그런데 일본이나 싱가포르에는 뒤늦게 나타난 것은 경제발전의 수준이 한국보다 높기 때문이라는 설명이 통용되었고, 또 설득력이 있었다. 그러나 이제 한류가 이러한 문화적, 역사적, 경제적 경계를 뛰어넘어 전 세계로 확산되고 있는 현상을 보노라면, 한류 문화 속에 담긴 고유한 우수성과 인류보편적 정서에 호소하는 특별한 힘을 인정하지 않을 수 없는 것이다.

'문화적 근접성'이란 이질적 문화라도 서로 조화를 이룰 수 있는 문화적 친화성과는 구별되며, 또한 동일한 기원이나 동질적 내용을 바탕으로 하는 유교나 중화주의 문화권 이론과도 다른 것이다. 한국 문화는 서구 문화와도 친화적일 수 있으므로 전자와의 구별은 명확하다. 그런데, 한류는 유교나 중국 문화와 어떠한 관련을 갖는가? 유교 문화나 중국 문화가 한국 문화와 근접한 것은 분명하지만, 그것으로 몽골이나 베트남에서도 한류 현상이 나타나는 원인을 규명하지는 못한다. 즉 한국-몽골, 한국-베트남, 한국-중국 간에 존재하는 동질성을 모두 포괄하는 어떤 속성이어야 하는 것이다. 문화적 근접성으로 그 속성을 규정할 수 있을 것이다. 비록 한국과 중국, 베트남, 몽골을 하나의 문화권으로 묶기가 힘들지만, 한국-중국, 한국-베트남, 한국-몽골간 각각의 문화적 거리는 엇비슷하다고 볼 수 있다. 한국-중국은 같은 유교 문화권으로서, 한국-베트남은 중국 문화

▲ ▼베트남 하노이 서점 서가에 놓인 한국 배우와 기업인 관련 책자

사진ⓒ이한우 2004

권에서 비슷하게 떨어진 주변적 위치에 있는 문화로서, 한국-몽골은 종족적 동질감과 몽골의 고려 지배를 통한 역사적 접촉이 낳은 상호 친밀감 등이 그 문화적 근접성을 만들어 내었다고 볼 수 있다. 다소 더디기는 하지만 최근 일본에서도 한류 현상이 나타나고 있는 것은 이상의 다른 어떤 국가보다도 더 밀접한 문화적, 역사적 근접성 때문이라는 가설을 더 확증해 준다고 볼 수 있다.

그렇다면 일본에서는 왜 한류 현상이 늦게 나타난 것일까? 또한 같은 중국문화권 내에서도 홍콩이나 싱가포르에서 한류 현상이 초기에는 상대적으로 약했던 까닭은 무엇 때문인가? 이 질문으로부터 두 번째 변인이 도출될 수 있는데, 그것은 바로 '경제발전이나 국민소득의 수준'이 한국보다 상대적으로 낮은 국가에서 한류 현상이 더 빨리 나타났다는 점이다. 이 소득수준이야말로 한류 현상의 강도와 상당한 상관관계를 가지는 듯이 보인다. 몽골, 베트남, 중국에서 한류가 강하고 타이완에서도 비교적 뚜렷이 나타났지만, 홍콩이나 싱가포르는 타이완보다 약하고, 일본에서는 지연되었다는 점에서, 그 '상관계수'는 높아 보인다. 그러나 여기서 지적해 두어야 할 조건은 이러한 '경제변인'이 앞서 논의한 '문화적 근접성'이 인정되는 곳에서만 작동한다는 사실이다. 바꿔 말하면 후자의 '문화변인'은 '더미변인'(dummy variable)의 역할을 하는 셈이다.

나아가 한류의 대상이 되는 대중문화의 유형(장르)에 대한 분석을 통해 그 요인을 찾아 낼 수도 있다. 한류 '상품'의 인기를 유형별로 살펴보면 TV 드라마가 극영화에 비해 훨씬 넓은 인기를 얻고 있는 것을 알 수 있다. TV 드라마는 사회주의 국가나 생활수준이 낮은 곳에서 전반적인 인기를 누린 반면, 일본, 싱가포르, 홍콩 등 소득이 높은 국가에서는 현대적 배경에 젊은이들의 순수한 사랑을 다룬 작품들만이 대체로 좋은 반응을 얻었다. 후자 국가들에서 초기에는 영화가 TV 드라마보다 더 큰 성공을 거두었다. 다음으로 인기를 얻은 품목으로 음악을 꼽을 수 있는데, 중국, 타이완, 일본에서 한국 노래와 한국 가수가 폭발적 인기를 누린 반면, 몽골, 베트남, 싱가포르 같은 곳에는 한국 음악이 거의 알려지지 않았다. 중국, 타이완, 홍콩 등지에서 유행한 한국 음악도 계층과 연령층에 있어 한정되어 있는데, 중국의 부유 청소년층, 타이완과 홍콩의 청소년층이 그 것이다. 특정 연예인과 그 스타일에 대한 우상화나 모방이 이루어지는 중국, 베트남, 타이완과 그렇지 못한 다른 나라들 사이에도 대조점이 보인다. 그래서 이런 나라들에서는 연예인들의 외모나 치장과 관련된 의류, 화장품, 액세서리 등이 잘 팔리기도 한다.

　　이렇듯 나라에 따라 상이한 한류 문화가 상이한 정도의 인기를 누리는 것은 정치, 경제, 사회, 문화적 조건이나 상황과 같은 거시적이거나 구조적인 요인들과 아울러, 대중문화나 예술작품에 대한 상이한 개인적 선호나 개별적 한류 상품의 특성이나 가치와 같은 미시적 요인들이 복합적으로 작용하고 있기 때문이라고 할 수 있다. 경제적으로 풍요로운 국가의 사람들은 작품성이나 예술성을 갖춘 영화나 TV 드라마를, 개방과 발전을 지향하는 사회주의 국가에서는 서민적 삶을 다룬 대중적이고 흥미본위의 TV 드라마를, 그리고 중국문화권에서는 빠른 템포와 강한 비트의 신세대 댄스음악이 인기를 끈다. 이 세 경우를 면밀히 분석·비교해 보면, 각국의 정치·경제적 상황과 한국 대중문화가 갖고 있는 어떤 속성이 결합하고 있음을 알 수 있다. 즉 한국의 대중문화가 드러내는 다양한 특성이나 장점이 한류를 향유하는 다양한 사람들의 기호나 개성과 맞아떨어지고 있는 것이다. 그렇다면, 한류 문화나 상품은 그 종류에 따라 차이는 있지만, 상당히 폭넓고 깊은 호소력이나 흡인력을 갖고 있다고 보아야 한다.

　　여기서 한국 문화와 상품이 제공되는 경로가 나라별로 상이하다는 사실에 잠깐 주목할 필요가 있다. 베트남에서는 한국 기업들이 자사의 상품을 싼 값으로 광고하기 위해 TV 드라마를 방송국에 무상 공급한 것이 주효하였다. 베트남 방송국 측으로서는 수준 높은 한국 TV 드라마를 공짜로 제공받아 그것을 제공한 기업광고와 함께 내보냈는데 이것이 예상외의 인기를 얻었던 것이다. 몽골이나 중국과 같은 나라에 대해서도 기업이 앞장 서 TV 드라마를 무상 또는 싼 값으로 제공하였다. 또한 중국에서는 한류 가수들이 앞날만 내다보고 수익을 남기지 않거나 손해를 보며 대규모 공연을 여러 차례 가졌다. 또한 아리랑TV를 중심으로 한 위성방송의 보급이 아시아 각지에 빠른 속도로 확대되고 있다는 사실을 빼 놓을 수 없다. 이렇듯 원활한 한류 상품이나 문화의 공급이 한류의 인기 진작에 한 몫 했음을 부인할 수 없다. 그러나 소득수준이 높은 타이완에서 TV 드라마와 한국 가요가 큰 인기를 얻는 것을 보면 값싼 공급만을 그 요인으로 꼽을 수는 없을 것이다.

결론적으로 말한다면, 한국과 문화적으로 근접한 나라의 사람들이 사회경제적 발전과 변동 과정 속에서 겪는 갖가지 경험과 느끼는 복잡한 감정을 수준 높은 다양한 대중문화와 상품을 통해 한류가 담아내고 있기 때문이라고 볼 수 있다.

5. 한류의 효과 : 경제적 효과와 경제외적 효과

외교통상부는 한나라당 김종하 의원에게 제출한 2001년도 국정감사자료에서 한류가 가져다 줄 효과를 네 가지로 압축하여 잘 제시하고 있다. 첫째는 "국가 이미지를 제고"하는 효과인데, 한류는 "88 서울 올림픽 이후 우리나라의 인지도를 크게 제고시킨 두 번째 분기점이자 우리 문화예술이 국제화·보편화된 첫 케이스"라는 것이며, 둘째는 "문화상품 수출

증대" 효과로서 특히 "중국, 베트남 등은 우리 문화 상품의 주요 수출 시장으로서 엄청난 잠재력을 보유"하고 있고, 셋째, "관련 업종 동반 진출 및 한국 제품 선호도 상승"이라는 부수적 효과도 기대할 수 있으며, 마지막으로 "한국의 역사, 지리, 풍습, 음식 등에 대해 관심과 호감이 증대"하고 정치적, 역사적으로 불행한 인연이 있는 중국, 베트남, 타이완 등지에서는 "감정적 앙금을 해소"하는 데 도움이 되는 것처럼 "국민 간 상호 이해를 증진"시키는 효과가 있다는 것이다. 이를 정리해 보면 둘째와 셋째 효과는 경제적, 물질적인 것이며 첫째와 넷째는 경제외적인 효과로 볼 수 있다. 일부 학자들과 언론은 이 효과들을 나름대로 계산하고 예측하고 있다.

우선 경제적 효과는 (1) 한국 문화상품 수출 증가라는 직접적 효과와 (2) 한류를 활용한 또는 한류로 인한 한국상품의 수출이 증대하는 간접적 효과, (3) 한국 관광 및 기타 서비스 산업에 미치는 부수적 효과로 나누어 볼 수 있다. 이러한 경제적 효과는 이미 실현되고 있거나 계산이 가능한 부분이 있으며 아직 실현되지 않은 잠재적 부분이 있다. 후자의 경우, 순수한 한류 효과를 계산해 낸다는 것이 쉽지가 않고 불확실성을 높이는 복잡한 요인들이 있어 정확히 예측하기란 무척이나 어렵다. 그럼에도 불구하고 중국 시장은 원체 크기 때문에 한류의 잠재적 효과에 관심을 갖는 이들이 많다.

우선 한국이 수출하고 있는 주요 문화상품을 살펴보면, 실제로 최근 몇 년간 수출 규모가 급증하고 있음을 알 수 있다. 일반적으로 문화상품은 (1) 영화, (2) 드라마를 위시한 TV 프로그램, (3) 한국 인기 가수나 배우들의 현지 콘서트, 공연, 방송출연, 모델활동, (4) 한국 음악, 영화, TV 드라마를 녹음, 녹화한 오디오 및 비디오테이프 및 콤팩트디스크(CD), (5) 동영상 애니메이션 및 캐릭터, (6) 인터넷 게임, (7) 전자출판 등으로 구성된다. 한국 정부측의 평가에 의하면 이 중 게임, 애니메이션, 캐릭터는 그

온라인게임 <라크나로크> 태국어 광고　　　　　　　　　　　사진ⓒ김홍구 2005

기술이 이미 세계적 수준에 올라 있고, 영화, 음악, 방송영상물 등은 아시아 최고수준을 자랑한다. 지난 몇 년간 이 상품들의 수출 증가세는 1970년대 한국 상품 수출의 증가세를 훨씬 능가한다.

　　영화수출을 보면 1998년에 300만 달러를 가까스로 넘었던 액수가 2001년에는 1,000만 달러 벽을 뛰어 넘었고, 2004년 상반기에만 3,000만 달러를 기록하고 있다. 2004년 12월 일본에서는 <내 여자친구를 소개합니다>가 <쉬리>이후 5년 만에 관객 100만 명을 돌파하였다. 수출액으로 볼 때 수출대상국가 중 일본이 차지하는 비중이 절반에 가깝기는 하지만, 과거 몇 천 달러 정도에서 거래되었던 한국 영화는 <내 머릿속의 지우개>가 수출 최고가인 270만 달러에 일본으로 수출되는 수준에 이르게 되었다. 한국 영화는 동북아의 사회주의 국가와 중국문화권을 넘어 태국이나 인도네시아와 같은 동남아로도 그 인기가 확산되고 있다. 비디오테이프에 담긴 영화도 잇달아 수출액이 늘어나고 있는데 1999년에는 92억 원에 달하였다. 중국과 베트남에서 한류를 생성시켰던 TV 드라마와 방송영상물은 원래 단가가 낮았고 한국 기업들이 홍보용으로 값싸게 공급하는 것으로 수출이 시작되었지만, 최근 한국드라마의 인기가 높아지면서 한국 방송사들과 제작자들이 상품화하려는 노력을 계속하고 수출가도 크게 높아졌다. 방송영상물의 수출액은 2000년 1,311만 1,000 달러였던 것이 2005년에는 무려 1억 달러를 넘어 설 것으로 추정되어 불과 5년 만에 10배 가까이 신장세를 보이고 있다.

한국 가수나 배우들의 현지 공연이나 방송출연도 무척 활발해졌다. 한류 가수들의 해외 공연은 1998년 3월 타이완과 1999년 11월 중국에서 시작되어, 2000-2001년에는 중국, 타이완, 홍콩, 베트남 등지를 휩쓸었다. 클론, H.O.T., NRG., 베이비복스, S.E.S.와 같은 그룹밴드들이 큰 인기를 얻었고, 안재욱, 이정현, 유승준과 같은 가수들도 수차례 현지 공연을 가졌다. 한국 배우들이 중국과 일본에서 TV 연속극에 주연급 배우로 출연하는 경우도 잦아졌다. 그러나 한국 대중예술가들이 현지 콘서트나 공연을 통해 얼마나 많은 수입을 얻었는지에 대해서는 의문이 많다. 한국 가수들은 기획사들의 사기와 농간으로 계약금과 준비금만 날리고 공연이 무산되거나, 공연을 하고도 개런티를 못 받기도 하거나, 중국 당국의 부패나 횡포로 공연 직전 취소를 당하고 공연장비를 몰수당하는 낭패를 당하기도 하였다. 현지 공연을 주관한 기획사들에 따르면 한국 가수들의 중국 공연은 매번 1억 원에 가까운 손해를 보고 있으며, 앞날을 위한 '100% 투자'일 뿐이다. 현지와 한국으로부터 큰 인기와 주목을 끌었던 현지 공연은 이런 나쁜 경험 탓인지 2002년에 들어서서는 크게 줄어들었다. 2003년에 와서도 한국 가수들이 중국에서 인기를 얻는 것과 그 인기를 바탕으로 수익을 얻는 것은 전혀 다른 문제이며, 현실적으로 중국 시장에서 경제적으로 성공한 한국 가수는 전무하다고 해도 과언이 아니라는 지적이 나왔다. 그러나 중국의 공연시장 규모는 1999년 기준으로 무려 6억 7,000만 달러에 달해 2억 달러 정도의 영화 시장, 1억 달러 규모의 방송물 시장에 비해 월등히 크다는 점을 고려한다면, 앞으로도 한류가 중국에 존재하는 한 한국 연예인들의 이 시장 진출은 계속되리라 본다.

같은 자료에 의하면 중국에서 제일 큰 시장은 음반시장으로서 연간 32억 달러 규모를 자랑한다. 2002년 상반기까지 100여 종이 넘는 한국 가수의 앨범이 중국에서 출시되었으며, 특히 2001년 한 시점에는 베스트앨범 10위 내에 한국 음악이 8곡이나 들어가고 H.O.T.는 판매량 1위를 차지하기도 했으며, 10만 장 이상 판매한 가수나 그룹만도 열이 넘었다. 그러나 중국으로 음반 수출과 가수 진출을 주도하는 회사 우전소프트가 2003년에 내놓은 자료에 의하면 2000년 이후 한국이 벌어들인 음반 인세 수입은 중국인민폐로 총 909만 위안(한화 14억원)에 불과하며, 중국 유통업계의 전문가들은 정품이 10만 장 정도 팔릴 때 불법복제판이 20~30배 가량 나돌아 실제 판매량은 수백만 장에 이른다고 분석한다. 요즈음은 음반 테이프이나 오디오 CD와 더불어 한국산 영화와 드라마를 담은 비디오 CD와 DVD도 출시되어 아시아 국가들로 유입되고 있다.

이미 제작기술이 세계적 수준에 이르렀다고 평가되는 게임, 애니메이션, 캐릭터 산업의 성장과 해외 진출도 눈부시다. 특히 온라인 게임은 시장규모가 클 뿐 아니라 부가가치가 매우 높아 수출상품으로 크게 각광받는 품목이다. 게임 회사 그라비티는 <라그나로크>의 온라인 서비스를 시작한지 채 10개월도 되지 않아 전 세계 유료회원만 850만 명을 확보했으며, 일본 게임업체로부터 받는 로열티만도 연 100억 원에 달한다. 웹젠이나 엔씨소프트가 출시한 한국산 게임은 중국을 포함한 중국언어권 시장에서 상위 순위를 장악하고 있다. 1997년 1천억 원에 못 미치던 해외 게임 수출은 2002년에 2,217억 원으로 증가했다. (물론 온라인게임을 한류

상품으로 부를 수 있을 만큼 한국 문화를 그 컨텐츠로 하고 있는지 의문의 여지가 있기는 하다.) 애니메이션 수출액도 2003년에 4,413만 달러를 기록했고, 2004년0에는 프랑스 칸에서 열린 텔레비전 프로그램 시장 '밉컴'(MIPCOM) 행사에서 한국 애니메이션 프로그램이 총 7,227만 4,000 달러의 실적을 올렸다. 전자출판에 관한 자료는 찾을 수가 없었다.

한국 정부나 기업이 문화상품 수출에 못지않은 기대를 거는 쪽은 한류가 한국 상품의 전반적인 인지도를 상승시켜 수출 증대로 이어지는 것이다. 실제로 한국 드라마, 음악, 영화가 중국, 베트남, 타이완 등지에서 유행하면서 한국 연예인들의 인기가 높아지자, 이들 나라에 진출한 적지 않은 한국 기업들이 이들을 자사 상품의 광고모델로 기용하여 크게 성공을 거두었다. 삼성전자는 중국에서 개인용 컴퓨터 모니터 광고를 위해 중국에서 가장 인기가 좋은 안재욱을, LG는 베트남에서 화장품 광고를 위해 역시 베트남에서 가장 인기가 좋은 여자 탤런트 김남주를 모델로 쓴 이후, 모두 해당 업종에서 판매 1위를 기록하였다. 휴대폰 제조업체 브이케이는 전지현 광고가 중국 전역 TV로 방송된 2004년 1월 이후 전년 동기 대비 40%의 매출 신장을 기록한 것으로 알려졌다. 현지기업이나 외국기업도 현지에서 인기가 높은 한국 연예인들을 광고모델로 고용하기도 하였다. 한국 광고모델을 직접 써서 판매나 수출을 늘이는 것보다 훨씬 더 광범한 한류의 효과는 한국 상품의 인지도와 이미지가 전반적으로 상승하는 것이다. 순수한 한류 효과인지 알 수는 없지만 2000년을 넘어서면서 나라에 따라 한국산 전자제품, 의류, 액세서리, 중고 자동차 등의 현지 판매가 급증하였다. 한류로 인한 한국 상품의 이미지 제고는 광고료 절감 효과도 아울러 낳는다.

한류는 한국산 제조상품 및 문화상품의 수출이나 판매 증가라는 경제적 효과 외에도 관련 서비스업의 발전을 돕기도 한다. 이러한 부수적 효과는 실로 다양한 측면에서 나타나고 있다. 한국 연예인들이 현지에 진출하여 배우, 가수, 광고모델로 활동하거나, 한국 식당의 손님 중에 현지인들이 늘어나고, 수많은 외국인들이 한국어를 배우기 위해 한국어교습학원을 찾는 현상을 볼 수 있다. 이와 유사한 효과는 한국에서도 나타났는데, 그 효과는 외국인 관광 분야에서 두드러졌다. 이른바 '신한류'(新韓流)라고 불리는 이 효과는 "외국에서 불고 있는 한류열기를 한국으로 끌어들여 이를 관광, 패션, 쇼핑 등에 맞게 재가공"하여 거둬들이는 "실질적 효과"를 뜻한다. 한국에서 공연되는 콘서트나 공연을 보거나, 인기 연예인을 초대하는 캠프에 참가하기 위해 한국을 찾는 중국인들과 타이완인들이 생겨났고 이들을 유치하려는 다양한 관광상품이 개발되었다. "안재욱 여름캠프", "안재욱과 함께 하는 한국 여행", "한류 음악 여행", "콘서트 관람관광", "가을동화 답사여행", "호텔리어 답사여행", "신화와 함께 하는 엠넷 투어", "겨울연가 남이섬 여행, "대장금과 한국 전통문화 답사 여행" 등등이 그것이다.

한류가 낳는 경제외적 효과에 대해서도 긍정적 시각이 우세하다. 한국 정부, 기업, 그리고 다수의 학자들은 한류가 한국의 이미지를 제고하여 국제적 위상을 높일 수 있다고 평가한다. 앞서 언급한 외교통상부의 국감자료는 중국, 베트남, 타이완, 일본 등에서의 한국 문화의 대중적 인기에 특별히 주목하여, 매우 흥미로운 전망을 내놓고 있다. 즉 상이한 이념을 가진 적성국가로서 한국과 전쟁을 치렀던 중국과 베트남, 1992년 중국과의 수교로 오랜 선린관계가 냉각된 타이완, 그리고 역사적 앙금의 뿌리가 매우 깊은 일본 등, 한국과 악연을 맺은 나라에서 한국 문화가 인기를 얻는 것은 불행한 과거를 청산하고 새로운 우호관계를 시작하게 하는 계기를 한류가 제공하였다는 것이다. 실제로 적지 않은 사회조사나 연구들이 동아시아 국가들에서 한류현상이 나타난 이후로 한국이란 나라와 한국인들에 대한 이미지가 개선되었다고 밝히고 있다. 특히 베트남, 인도네시아, 태국 등 동남아 국가들과 중국에서는 1990년대에 들어서면서 한국인 투자기업에서 자행되는 비인간적 노무관리와 한국 관광객들이 보인 추태로 인하여 한국인에 대한 인식이 나빠지고 있던 터라, 그 효과가 더 크게 나타났다고 볼 수 있다. 또한 일본과 같이 한국을 낮추어 보던 나라에서도 한류가 한국인에 대한 인식을 제고하는 데 어떤 조약이나 외교관도 해내지 못했던 기여를 하였다고 평가할 수 있다. 무엇보다도 앞서 언급한 것처럼, 역사적 경험 속에서 한국과 불행한 관계를 맺었거나 맺고 있는 일본(임진왜란, 식민통치), 중국(한국전쟁), 베트남(베트남전쟁), 타이완(단교) 등의 나라에서 한국의 대중문화가 큰 인기를 모으고 그 결과로 한국과 한국인에 대한 이미지가 좋아지는 것은 대민외교의 측면에서 엄청난 성과라고 보아야 할 것이다.

그러나 여기서 반드시 주의하여야 할 것이 있다. 한류 문화나 상품이 한국인의 우수성을 알리겠다는 자민족중심주의나 한국의 국익만을 챙기겠다는 국가 내지 민족이기주의를 강하게 드러낸다면, 평화체제 구축을 위한 신뢰형성은 고사하고 오히려 반한 감정을 불러일으키는 결과를 초래하고 말 것이다. 일본에서 한류를 악의적으로 비난하여 수십만 권을 판매한 『만화 혐한류(嫌韓流)』나 중국의 유명 배우 청룽과 장궈리가 "중국 스타들을 키워 한류에 대항하자"거나 "한류의 근원은 모두 중국문화인데 한국인들이 마치 자기들 것인 냥 포장하고 있다"고 했다는 '항한류'(抗韓流) 발언도 한류가 자칫 잘못하면 큰 역풍을 맞을 수 있는 위험성을 내포하고 있음을 경고하는 사건이라 할 수 있을 것이다.

일본의 반한류 책자 『만화 혐한류』   사진ⓒ이한우 2005

6. 한류 담론 : 쟁점과 대책

　　지금까지 한류에 관한 논의들을 정리해 보았다. 한류는 대체로 그 본질, 요인, 효과, 그리고 전망을 둘러싸고 쟁점들이 형성되어 있었다. 한류가 과연 문화인가 상품인가, 나아가 그 질적 수준이 높은가 낮은가 하는 한류의 본질, 실체, 성격을 둘러싼 시각이나 의견의 차이가 가장 크다. 한류의 형성 요인에 대해서는 그 성격에 관한 입장과 관련을 맺고 있기는 하지만 본격적인 조사나 연구가 별로 없어 필자가 기존 자료를 토대로 시론적 분석을 시도해 보았다. 지금까지의 한류 연구는 정확한 요인분석에 대해서는 소홀한 반면, 그 효과, 특히 경제적 효과에 대한 추정이나 예측을 시도하는 정책성 연구에 의해 주도되었다. 마지막으로 전망에 대해서도 경험적이고 과학적인 분석에 근거하지 않은 막연한 낙관론만 무성하다.

　　기존 논의들을 평가하기 전에 지적되어야 할 문제점 하나는 한류 현상을 정확하고 객관적으로 파악할 수 있게 하는 조사 자료나 연구가 턱없이 부족하다는 점이다. 대신 인상기적 관찰과 주관적 입장이 강하게 작용한 언론이나 방송에 일방적으로 의존하고 있는 탓에 어떤 종류의 한류 문화가 어느 나라에서 얼마만큼 강한지 사실 자체를 판단하기가 어렵다. 그러다 보니 지금까지의 한류 연구와 담론은 방송언론, 기업, 정부, 그리고 정책지향적인 학자들에 의해 주도되고 형성되었다. 한류를 부분적, 일시적, 일탈적 현상으로 보는 비판적 지식인 - 학자, 문화비평가, 시민운동가 - 은 소수에 속한다.

　　이와 같은 한류 연구와 연구자의 제약성으로 인하여 한류 담론은 왜곡된 쟁점들을 둘러싸고 편향된 시각에서 형성되었다. 한류 담론의 오류와 편향성은 상업주의(commercialism), 국가개입주의(state interventionism),

자민족중심주의(ethnocentrism)로 요약될 수 있을 것이다.

한류 담론의 가장 두드러진 특성은 한류가 순수한 문화현상이라기보다 경제적 가치를 지닌 상품으로 취급된다는 점이다. 일반 대중들 - 한국이든 한류를 받아들이는 나라들의 대중들 - 이 한류를 대중 '문화'로 인식하고 수용하는 데 반해, 한류 논의를 주도하고 있는 대다수 정부, 기업, 연예기획사, 심지어 학계까지도 한류가 창출하는 경제적 가치에 훨씬 더 큰 관심을 보인다. 한류는 해외에서 여지없이 '문화상품'으로 둔갑하여 '시장'에서 '소비자'를 찾아, 높은 '부가가치'를 실현한다. 따라서 이러한 '상업주의자'들은 한류 상품의 '부가가치'를 높이고 높은 '이윤'을 확보하는 데 주된 관심이 있는 반면, 어떻게 한류를 통하여 타문화간에 상호 이해를 증진하고, 인류 보편의 문화적 가치를 실현하는 데 이바지할 수 있을 것인지에 대해서는 무관심하다. 그래서 그들은 우리 영화가 아무리 미풍양속을 해치고 폭력과 불법을 미화하여도 높은 값을 받고 외국에 수출되게 되었다는 사실에 의미를 둔다. 또한 그들은 한류 댄스음악이 현지에서 아무리 대다수 성인들로부터 혐오를 받아도, 열광적인 청소년 팬들이 공연장을 가득 메우고 한류 음반이 날개 돋친 듯이 팔린다는 사실을 더 즐거워한다. 한국 정부 또한 한류 문화의 수준과 질을 높이는 것보다 한류 상품을 판매하는 데 더 큰 관심을 보인다. 문화진흥책은 없어지고 수출정책만 남는다.

한류 담론과 관련하여 제기되는 두 번째 쟁점이자 문제점은 '국가개입주의'라고 할 수 있는데, 이는 정부가 한류 상품의 생산, 유통, 판매 과정에 개입하거나 이를 지원하는 입장을 말한다. 한류가 최고 정점을 이룬 2001년 8월 28일 문화관광부는 "'한류산업' 육성 대책"이란 것을 발표하였다. 그 대책 속에는 정부가 한류 '업계'를 재정적으로 지원하며, 대중문화콘텐츠 개발을 위해 업자들이 "동아시아문화교류협의회"(가칭)를 결성하도록 권유하고, 외국에는 "한류체험관"을, 한국 동대문운동장 부근에는 "한류 메카"를 새로 건설하며, 한국문화콘텐츠진흥원의 해외사무소를 설치하고, 한·중 청소년음악제와 같은 공동이벤트를 정례적으로 마련한다는 다양한 프로그램을 담고 있었다. 당시 문화관광부 장관이던 김한길이 한류 지원정책 입안을 주도하였고, 그 며칠 전에는 안재욱, 장동건 등 한류 인기연예인을 초청하여 오찬을 갖는 등 큰 관심을 보였다. 한류산업 육성대책이 발표된 지 한 달여가 지난 10월 9일에는 한국문화콘텐츠진흥원 베이징사무소가 실제로 문을 열었다. 게다가 한류에 '개입'하는 '국가'는 문화관광부에 국한되지 않는다. 외교통상부나 국정홍보처와 같은 정부기관은 물론이고, 한국관광공사, 한국문화정책개발원이나 한국문화콘텐츠진흥원과 같은 정부출연기관은 한류산업에 대한 지원육성을 주요 사업으로 지정하였고, 심지어는 정치권도 한류가 정치적 값어치가 있다고 판단했음인지 한류 '지원'에 한 몫을 담당하고자 하였다. 새천년민주당은 한류문화정책기획단을 구성하고, 여야당 국회의원은 국정감사장에서 한류 육성대책에 대해 질의하였으며, 청와대도 대책반을 가동하였다. 신자유주의 시대에 신자유주의 경제이데올로기의 전도사였던 김대중정부가 한류 - 그것이 문화이든, 문화상품이든 - 육성에 앞장선 것은 흥미로운 일이다. 노무현 정부의 한류 정책도 크게 다르지 않다. 총리가 주재하는 국정현안조정회의에서 한류 지속화 방안이 논의되고 있으며, 한류 확산을 위한 네트워크 구축을 중요한 문화정책의 하나로 추진하고 있다. 2005년 1월 문화관광부는 차관보를 중심으로 한류사업 지원을 위한 태스크포스를 출범시켰으며, 정부 각 부처가 연계해 "범정부한류지원정책협의회"를 구성하고, 민간차원의 문화교류를 위해 아시아문화산업교류재단의 기능과 역할을 대폭 확대한다는 구상을 가지고 있다.

마지막으로 한류 담론은 민족주의적이거나 자민족중심주의적 시각

을 숨기고 있다. 물론 한류 현상에 관심을 보이는 대다수 학자들이 세계주
의나 범아시아주의를 표방하며 현지 국가와의 협력이나 교류를 제안하고
있고, 대부분의 정부 보고서들이 현지화 전략을 내세우고 있기는 하지만,
그 밑바닥에는 한민족중심적 사고가 깔려 있거나 심지어는 민족이기주의
가 짙게 깔려 있음을 부인하기 힘들다. 그래서 이들은 한류 현상이 한국문
화의 '우수성'이나 '보편적 정서'에서 기인한다거나, 한류 '상품'은 중요
한 '전략상품'으로서 '한국문화수출'의 새로운 장을 열었다고 주장하는
것이다. 이러한 시각이나 사고는 방송이나 언론, 그리고 기업쪽으로 옮겨
가면 훨씬 더 노골적으로 드러나며, 무엇보다도 심각한 것은 대다수 국민
들이 한류에 대한 민족주의적 시각을 여과 없이 그대로 받아들이고 있다
는 사실이다. 언론과 방송이 2000-2001년 한류에 대한 특집 보도와 방송을
그처럼 많이 내 보낸 것은 한류 현상이 한국민들이 강하게 갖고 있는 민족
적 자긍심이나 애국심에 부합했기 때문일 것이다.

　　한류 연구는 올바른 방향에서 연구되어야 하고 그 담론은 인류보편
의 가치와 윤리 위에서 정립되어야 한다. 일찍이 한국 역사상 없었던 새로
운 현상인 한류를 편견이나 이해관계에 사로잡힌 소수의 집단에게 맡겨
놓아서는 안 될 것이다. 상업적 이익만을 추구하는 기획사나 수출업체,
대중적 인기나 선정주의의 포로가 된 연예인들과 방송언론사, 국가이익
의 극대화만 생각하는 정부, 이것조차도 정치적으로 이용해 보려는 세력
들이 현실을 무시하고 사실을 왜곡하도록 내버려 둘 수는 없다. 무엇보다
도 한류 현상에 대한 본격적이고 체계적인 현장조사와 과학적이고 객관
적인 연구와 분석이 선행되어야 할 것이다.

　　한류에 대한 논의는 본질과 현상, 기원과 효과, 원인과 결과에 대한
명확한 구분으로부터 출발해야 할 것이다. 한류의 본질은 어디까지나 문
화이며, 문화에 기인하며, 문화로서 갖는 가치가 대중적 인기로, 경제적

효과로, 한국에 대한 이미지 제고로 이어졌던 것이다. 이른바 문화콘텐츠 없는 문화상품은 있을 수 없다. 아시아로 진출을 모색하고, 판매망을 구축하고, 마케팅 전략을 수립하는 것도 중요하지만, 이 보다 앞서 한류를 구성하는 문화항목들의 문화적 가치를 점검하고, 그 질과 수준을 높이는 데 전력을 기울여야 할 것이다. 단기적 이익에 급급하여 저질 저급의 문화를 상품으로 포장하여 싼값에 팔아 치우기보다는 장기적 투자를 통하여 문화 자체를 연구하고 개발하는 자세를 가져야 할 것이다. 이런 점에서 최근 폭력적이고 반인륜적인 내용을 담고 있는 일부 영화나 TV 드라마가 한국에서 인기를 얻었다는 이유로 곧바로 양질의 문화상품으로 인정되어 값비싸게 수출되는 경향은 우려할 만한 일이다. 한때 아시아권을 휩쓸었던 홍콩의 무협영화나 동남아에서 인기를 끌었던 인디아의 애정영화나 일본의 드라마가 순간적인 흥미나 욕구를 충족하는 것에 식상한 관중과 시청자로부터 외면당하거나 고급 문화상품으로 자리 잡는 데 실패한 까닭을 우리도 되씹어 보아야 할 것이다.

　　이른바 한류 '산업'에 대한 정부의 육성책과 지원을 둘러싸고 논쟁과 관심이 뜨겁다. 정부 부처들은 부처대로 자체 연구와 각종 용역을 통해 각종 '정책', '방안', '전략'을 내놓고 있으며, 업계는 업계대로 문화상품의 고부가가치와 문화산업의 밝은 전망을 내세우며 정부의 지원을 호소하고 있다. 한류의 발전과 해외진출을 위해 정부-민간의 협력을 강조하는 학자들이 있는가 하면, 문화란 자율성 없이 발전할 수 없다며 정부는 완전히 손을 떼라고 아우성치는 문화비평가들도 있다. 정부가 한류에 큰 관심을 갖고 개입하는 한 국가의 역할은 논쟁을 불러일으킬 수밖에 없겠지만, 이 쟁점 역시 한류의 성격을 어떻게 규정하느냐라는 입장과 밀접한 관련이 있다. 한류를 문화 이상도 이하도 아닌 것으로 규정하는 입장에서는 국가의 개입을 자유와 자율성을 침범하지 않는 범위로 한정하려 하지만, 대다수 한류 관련자들은 한류의 상품성이나 경제적 효과를 인정하여 이를 극대화하는 방안의 하나로서 국가의 지원을 긍정적으로 바라보고 있다.

그러나 한류를 문화상품으로 규정하는 기업이나 정부의 입장을 상업주의로 일방적으로 몰아 부칠 수만은 없다. 문화상품이 부가가치가 매우 높고 그 수출시장이 - 특히 중국에서 - 급성장하고 있다는 연구가 크게 틀리지 않는다면, 기업이 효과적인 수출 및 마케팅 전략을 강구하고 정부가 한류의 육성지원책과 수출정책을 수립하는 것은 기업이나 정부의 본연의 임무에 속한다. 과거 수출지향적 산업화를 추진했던 한국 정부가 제조상품에 비해 특혜와 지원이 손쉬운 문화상품을 도외시할 까닭이 없을 것이다. 그러나 환경친화적이고 노동친화적인 공정과 제품을 21세기가 요구하고 있는 만큼, 문화상품도 그 본질인 문화 자체를 인류보편의 휴머니즘에 바탕을 두어야 할 것이다. 국가가 문화상품의 생산과 수출을 지원하고 정책을 마련하는 것은 자유지만, 상업주의와 국가이익에 사로잡혀 문화상품의 바탕이 되는 문화의 자율성을 침범하고 그 가치와 윤리를 파괴하는 과오는 범하지 말아야 할 것이다.

마지막으로 한류가 민족주의나 자민족중심주의를 극복하는 일은 쉽지 않을 것이다. 한반도라는 명확한 경계 속에서 단일민족으로 오래 살아 온 한국인들로서는 세계 어느 민족보다도 민족적 일체감과 문화적 동질성이 강하고, 이러한 경향은 한류에 그대로 투영될 수밖에 없다. 한류는 인기에 추수하는 대중문화를 기반으로 하고 있으므로 대중의 욕구에 민감할 수밖에 없고, 대중은 민족주의와 같은 집단적 정서에 쉽게 공감한다. 게다가 한류를 전달하는 매체는 대개 매스 미디어 즉 대중매체인데, 이 또한 상업주의와 선정주의에 취약해 대중의 보편적 정서를 거부하지는 못한다. 한국인들의 보편적 정서가 바뀌지 않는 한 자민족중심주의는 극복하기가 무척 힘들겠지만, 세계가 하나가 되는 지구화 시대에 그 노력을 포기할 수는 없다. 여기에 비판적인 지식인과 의식 있는 교육자들의 역할이 무엇보다 중요하다.

한류가 두고두고 힘을 갖기 위해서는 세계 여러 민족의 문화를 수용하여 이를 한류라는 이름으로 담아낼 수 있는 크기의 그릇을 가져야 한다. 이런 의미에서 한국에 불고 있는 '한펑'(漢風: 중국 바람)을 바람직한 현상이라 볼 수 있으며, '한펑'은 한류에 대응하는 중국류가 되어야 한다고 본다. 대다수 한류(韓流)의 중국진출방안을 다룬 연구들이 한결같이 제안하듯이, 한류가 장기적으로 성공하기 위해서는 현지 정부나 기업과 협력하여 동반 전략을 추진해야 할 것이다. 나아가 외국 문화의 개방과 수용에 대해서도 한국 정부와 국민은 전향적이고 적극적인 자세를 취해야 할 것이다. 한류가 궁극적으로 지향해야 할 곳은 패권적인 문화제국주의가 아니라 지구촌의 모든 문화들을 조화롭게 담아내는 '세계류'(世界流)여야 할 것이다.

동아시아의 한류 韓流

2

타이베이 시먼띵의 '하한쭈' : 대만의 한류

전성흥

1. 대만 한류의 특색을 찾아

대만은 한류의 본류라고 할 수 있는 중국 대륙에 비해 그 열풍의 정도가 강하지 않다고 할 수 있으나 한국문화 붐의 시발과 지속성에 있어서는 결코 중국에 뒤지지 않는 지역이다. 그리고 같은 중국문화권 내에서도 사회주의 중국과는 다른 정치경제 체제를 오랜 기간 지속해와 서구 문화에도 친숙하며, 반일 감정이 강한 대륙과는 달리 일본 문화에도 비교적 우호적인 특징을 지니고 있다. 또한 자체 드라마 제작 능력을 제대로 보유하지 못한 베트남이나 개도국의 위치를 완전히 벗어나지 못한 중국에 비해 대만은 비록 최근에 경제 여건이 다소 나빠지긴 했지만 우리보다 높은 생활수준과 문화적 환경을 지닌 사회라는 점을 감안할 때 대만에서의 한류는 이들 국가와는 다른 의미를 지닌다고 하겠다. 이 글에서는 이렇게 상이한 조건을 지닌 대만에서는 왜, 어떻게 한류 열풍이 전개되었는지, 그리고 이런 대중문화 붐이 시사하는 바는 무엇인지 등을 분석하고자 한다.

2. 주요 한류 현상들

현재 대만에서는 한국 드라마가 높은 시청률을 기록하며 인기를 끌고 있고, 한국의 인기 스타들을 추종하는 많은 팬클럽이 결성되어 있으며, 한국 물건들이 대거 유입되고 있다. 또한 한국음식이 유행하며 한국산 자동차가 타이베이 시가를 누비며, 심지어 한국에서 만든 온라인 게임(網上遊戱)이 청소년 사이에서 큰 인기를 끌고 있다. 한국은 1992년 중화인민공화국(中華人民共和國)과의 수교로 인해 중화민국(中華民國) 대만과는 단교할 수밖에 없었다. 역사적으로 한국에 많은 도움을 주었을 뿐 아니라 어느 나라보다 우리에게 우호적이었던 대만 국민들의 당시 실망과 분노는 미국과 일본의 대 중국 관계정상화 때를 훨씬 상회하는 것이었다. 최근(2004년 12월)에 와서야 비로소 인천-타이베이 정기항공노선이 12년 만에 복항되기는 했지만 단교 당시 양국 관계가 최악의 상태에 처했다는 점을 고려할 때, 대만 사회에서 한국 문화와 상품이 인기를 끌고 있다는 사실은 자못 흥미롭다. 그 실상이 어떠한지를 편의상 몇 가지 분야로 나누어 소개하면 다음과 같다.

먼저, 대만에서 한류 열풍의 주역으로서 한국 TV 드라마의 인기를 들지 않을 수 없다. 한국 드라마에 대한 폭발적인 인기는 1992년 한중수교로 인한 단교와 북한 핵 폐기물 사건, 그리고 2002년 아시안 게임 유치경쟁 등으로 한국에 대해 부정적인 시각을 갖고 있던 대만 국민들에게 한국을 새롭게 인식시키는 계기를 마련하게 되었다. 대만에서는 대부분 직장에 다니는 대만 여성들이 한국 드라마를 보기 위해 일찍 귀가하는 새로운 사회현상까지 나타나기도 했다.

초기에 한국 드라마 <그대 그리고 나>(我最愛的人)를 통해 차인표, 송승헌 등 한국의 연예인들이 대만에 알려지기 시작했고, 그 뒤를 이어

<토마토>(蕃茄), <Mr. Q>, <웨딩드레스>(婚絲) 등이 케이블 TV를 통해 방송되면서 본격적으로 한국 드라마가 대만에 소개되었다. <별은 내가슴에>(星夢奇緣), <해피투게더>(歡樂時光), <안녕 내사랑>(再見我的愛), <승부사>(熱血刑事) 등의 드라마가 대량 방영되어 주로 일본 드라마에 익숙해 있던 대만 시청자들에게 한국의 신선한 이미지를 전달하게 되었으며 일본 위주의 시장 판도를 바꾸었다. 그 후 2000년 중반 이후에 방영되었던 드라마 <불꽃>(火花)은 기존에 막연하게 자리 잡고 있던 한국 드라마에 대한 관심이 열광적으로 변하는 결과를 가져왔으며, 차인표와 이영애의 인기가 급상승해 이들의 팬클럽이 조직되기에 이르렀다. 특히 2001년 2월 '빠따'(八大, G-TV) 방송국을 통해 처음 전파를 탄 드라마 <가을동화>(藍色生死戀)는 대만 전 TV 매체 및 전 프로그램을 통틀어 시청률 1위를 기록했다. 드라마 주인공들(송승헌, 송혜교)의 인기가 급상승했음은 물론이고 이들 팬들이 드라마 촬영지 방문을 중심으로 한 단체 관광단을 구성하여 한국을 방문하는 사례가 줄을 이었다.

가요 분야에서는 가수 김완선과 장호철이 비교적 일찍이 활발한 활동을 벌이며 한국가요를 알리는 첨병 역할을 해왔다. 그 후 대만의 대형 음반회사인 'Rock Records'(滾石唱片)에서 대만가수들의 한국어 번안곡을 현지에서 유행시키면서 한국의 대중가요가 활성화되었다. 특히 1990년대 말 클론이 <꿍따리 샤바라>를 히트시킴으로써 한국 댄스음악 진출이 본격화되었다. 1998년 3월 대만에서 "南港 101"이라는 공연을 성공리에 개최하고 이후 음반 판매 40만장이라는 기록을 세우기도 했는데, 클론의 진출로 자극적이고 진보적인 일본 유행음악에 결코 뒤지지 않는 역동적인 한국의 음악에 대한 관심이 제고되었을 뿐 아니라 대만의 유명 연예인에서부터 일반 젊은이들까지 첨단 유행의 상징으로서 한국 스타들의 패션을 추종하는 현상이 발생했다. 그 뒤 SES, 핑클, 젝스키스, 유승준, 터보

등이 인기를 끌었고, H.O.T.를 통해 이런 유행이 절정을 이루었다. 고정적으로 한국 최신 유행가요를 방송하는 음악채널 V-Channel을 비롯해 타이베이 시내 곳곳에서 H.O.T. 노래를 들을 수 있을 뿐 아니라 각종 언론매체의 인기순위에서 장기간 수위를 차지하기도 했다고 한다. 1999년 4월에 결성된 대만 내 H.O.T. 팬클럽은 2001년 3월까지 약 2천 명의 극성 회원으로 구성되어 다양한 활동을 전개하기도 했다.

컴퓨터 분야에서 우리보다 최소 몇 년은 앞선 수준으로 평가받는 대만에서 2000년 이후 한국의 온라인 게임이 크게 유행하고 있다. 한국 온라인 게임이 서버 기술도 뛰어나고 그래픽이 좋은 일본 게임에 비해 줄거리가 좋다는 평을 받고 있다. 특히 온라인 게임인 <리니지>(天堂), <드라곤라자>(龍族)를 비롯하여 <레드문>(紅月), <판타지포유>(英雄), <천년>(天年) 등이 큰 인기를 끌고 있는데, 2000년말 소프트웨어 강국인 대만의 인기 온라인게임 톱10 중 6-7개 정도가 한국산이라고 한다. 시장 점유율은 더욱 높아 80-90%에 이르고 <리니지> 유료회원이 75만 명을 넘는다고 한다. 그밖에 한류의 바람을 타고 삼성, LG, SEWON 등 한국의 휴대폰도 점차 판로를 확대하고 있어 대만의 이동통신 시장에 큰 영향을 미치고 있다.

대만의 최고 번화가인 시먼띵(西門町)과 야시장(夜市場)에서 가장 인기 있는 의류 중 하나로 평가받는 것이 한국 패션이다. 이런 패션에 영향을 미친 것은 한국의 드라마와 음악에 대만인들이 호감과 애착을 느꼈기 때문이다. 시먼띵에는 한국 드라마나 스타들과 관련된 상품들이 완벽하게 준비된 한류 연예인 상품점들이 있는데, 여기에는 한국문화에 열광하는 청소년들 즉 '하한쭈'(哈韓族)들로 항상 붐빈다. 드라마 주제곡, VCD, 주인공 사진, 잡지, 공연실황 비디오 등을 비롯해 한국전통 십자수나 연예인 열쇠고리까지 팔고 있다. 그리고 시닝난루(西寧南路) 한국거리에 몰려 있는 한국식당에서는 불고기 외에 돌솥 비빔밥, 순두부, 해물파전, 게장 등 변형된 대만식 한국음식이 아닌 정통 한국 음식들이 유행하고 있다. 그리고 과거에도 일부 대만 사람들이 김치를 좋아하긴 했지만 근래에는 한국식당이 아니어도 김치를 내놓는 곳이 많을 정도로 한국음식이 인기라고 한다. 이런 현상은 한국 드라마에서 봤던 음식에 대한 호기심이나 자기가 좋아하는 인기 스타의 기호식품에 대한 관심 등을 반영하는 것으로써, 한류로 인해 한국에 대한 전반적인 관심이 증대하고 있음을 의미하는 것이다.

이상과 같은 열풍은 최근 들어 다소 완화된 듯한 인상을 주기도 한다. 예컨대 근래 대만에서는 한국드라마 선호현상이 줄어들면서 SBS드라마 <올인>을 비롯해 고가로 수입하여 방영한 한국드라마들이 평이한 시청률을 올리는 데 그쳤다고 한다. 이는 카지노를 배경으로 한 <올인>이 홍콩의 카지노 영화에 식상한 대만 시청자들을 사로잡지 못한 데에서 그 원인을 찾을 수도 있겠지만 이제는 대만방송사들이 편당 높은 가격을 요구하는 한국 드라마의 수입을 자제하고 자체 드라마 제작 비율을 높여가고 있는 데에도 그 원인이 있다고 볼 수 있다. 그러나 다른 한편으론 여전히 대만 빠따 방송국에서 방영한 <대장금>이 현지 기준으로는 경이적이라고 할 수 있는 6.27%의 시청률을 기록했고 <다모>와 <인어아가씨> 등의 드라마로 인기몰이를 계속하고 있다. 그리고 물론 일본에 비할 바는 아니지만 <겨울연가>와 배용준의 인기도 대단하다.

현재 대만의 유선TV 7개, 공중파TV 3개 채널에서 한국 드라마를 방송하여 1999년 이후 한국 드라마 누적 방영 편수는 35편 이상이며, 2003년 중 수출은 표에서 보는 것과 같이 2001년에 비해 3.2배 증가한 810만 달러를 기록하고 있다.

영화의 경우 처음에는 한류바람이 거세지 않았으나 2002년 <엽기

적인 그녀>의 흥행성공으로 대만관객들의 주목을 끌기 시작해 <집으로>가 1,000만 NT$를 넘는 기록을 세웠다. 2003년에는 상영편수가 9편으로 늘어나고 총 흥행 수입도 6,000만 NT$를 기록하여 1.6%의 시장 점유율을 기록하였다. 또한 표에서 보는 것처럼 2003년 대만으로의 영화 수출액은 꾸준한 상승세를 이어가며 전년 대비 407% 상승하면서 90만 달러를 넘겼다.

대만으로의 문화컨텐츠 수출액 (천 달러, %)

	2001년	2002년	2003년	2004년 1-7월
방송 프로그램	2,494 (192.7)	7,085 (184.1)	8,100 (14.3)	-
영 화	125 (20.8)	179 (43.2)	907 (406.7)	-
음 반	4,384 (76.4)	8,692 (98.3)	5,373 (-38.2)	5,427 (74.3)
소 계	7,003 (186.9)	15,956 (127.8)	14,380 (-9.9)	5,427

주: ( )는 전년 동기대비 증감률
　　- 는 자료 미비
출처: 조유진, "최근의 한류 현황과 활용전략"(무역연구소 보고서, 2004. 9).

가요 분야는 보다 극적인 변화를 보여주고 있다. 최근에도 강타, 보아, 동방신기 등이 대만에서 인기몰이를 한데 이어 린(Lyn)과 팀(Tim)이 대만의 음악채널 MTV가 꼽은 "한국의 주목할 만한 신인가수"로 선정되기도 했다. 그렇지만 2003년 중 음반수출은 표에서 보는 것처럼 전년 대비 38.2% 대폭 감소했다. 이는 여러 가지 요인에 의한 것으로 짐작된다. 예컨대 인터넷 등을 통한 무료 음악사이트의 영향도 있겠으나 보다 근본적으로는 대만의 음악팬들이 한국음악에 친숙해짐과 동시에 싫증을 느꼈을 가능성도 있으며, 한국음악시장의 전반적인 침체로 그 전에 느꼈던 한국음악의 새로운 변신을 느끼지 못한 데에도 그 원인이 있을 것으로 본다.

3. 한류의 확산과정과 요인

　　이렇게 대만의 각 분야에서 한국 붐이 일어나게 된 보다 구체적인
과정과 요인은 한류 열풍을 주도한 드라마 분야에 대한 분석을 통해 잘
알 수 있다. 즉 대만에서의 한류는 각 분야에 걸쳐 전개되고 있으나 무엇
보다 그 계기는 텔레비전에서부터 시작된 것이다. 인형극 방송(製播布袋
戱)으로 유명한 한 위성방송국(霹靂衛星台)에서 1996년 한국 드라마를 들
여왔는데, 이 방송국은 설립 초기에 프로그램의 다양화를 위해 수십 개의
한국 드라마를 방영함으로써 한국 드라마 유행의 기초를 다졌다. 예컨대,
<單身新貴族>, <國際列車殺人事件>, <赤色烽火情> 등으로 번역된 것
들이 주로 대만 인구에 회자된 드라마이다. 이후 대만 시청자들은 한국
드라마를 보는 습관이 들게 되었고 주부층을 중심으로 한 많은 시청자를
확보하게 되었다고 한다.

　　그러나 최근의 한국 드라마 붐은 바로 빠따 텔레비전방송국이 주도
했다고 해도 과언이 아니다. 근래에 이르기까지 대만에서는 일본 드라마
가 많은 채널을 점령하고 있었는데, 빠따 방송국은 이런 구조적 조건 하에
서 시장을 분리하는 전략을 추진함으로써 새로운 활로를 마련하고자 했
다. 한국의 트렌디드라마(偶像劇)를 주로 방영한 이 방송국은 후술하는 바
와 같은 한국 드라마의 장점을 통해서, 또는 이영애 등 스타들을 대만에
초청해 이벤트를 하기도 하고, 적시에 TV 원음 테이프와 VCD 등을 출시
함으로써 한국 드라마를 대만 서민들의 생활 영역으로 끌어들이는 데 성
공했다. 빠따에서 한국드라마 붐을 일으킨 이후 民視, 中視衛星, 緯來綜合
台 등 다른 TV방송국에서도 앞 다투어 각자 자신들의 시청자 성향에 맞는
적절한 작품을 골라 방영하기 시작했다. 이렇게 한국 드라마가 대만 사회
에서 크게 유행하게 된 것은 약 70여 개의 케이블 TV를 포함하여 총 81개

에 이르는 많은 유·무선 채널의 존재와 관련 방송국들의 시청률 확보를 위한 새로운 마케팅 전략 추진과 무관하지 않다. 실제로 2001년 가을을 기준으로 한국드라마는 3개의 공중파(民視, 中視, 華視)와 7개의 케이블 TV(八大, 緯來, 霹靂, 太陽, POWER-TV 등) 등 총 10개 채널에서 방영되고 있는 수준이다. 아울러 한국드라마의 방영에 이어 대만방송국들은 한국 인터넷방송국(韓星網站)을 개설함으로써 시청자들의 환영을 받았으며, 인터넷 후원회(線上後援會)까지 생겨나 강력한 시민단체의 역량을 형성하기도 했다.

그러나 해당 분야 전문가들은 한국 드라마가 대만 국민들의 환영을 받게 된 데에는 드라마 자체가 지닌 비교우위도 무시할 수 없다고 지적한다. 즉 대만 현지 분석에 의하면, 먼저 한국 드라마의 수준은 일본 것보다 정밀하지 못하지만 주제와 극본이 우수하고, 배역 진영이 탄탄할 뿐 아니라 제작과정이 엄격하며, 대량의 물적·인적 자원의 투입 하에 좋은 작품이 탄생하게 된다는 것이다. 그리고 주제음악도 "화룡점정(畵龍點睛)의 작용을 한다"고 평가한다.

반면에 대만 드라마는 첫 편을 보면 결말을 알게 되는 식이며, 한국 드라마가 2~3개월이면 끝나는 반면 대만의 경우엔 유사한 장면을 재탕, 삼탕해서 1년 이상씩 질질 끄는 게 보통이라는 분석이다. 또한 관련 인사들의 말에 의하면, 대만은 드라마 시장 자체의 규모가 작은 데다 큰 드라마를 제작할 능력이 부족하고, 게다가 방송국 내 층층이 존재하는 뇌물문화(紅包文化)도 프로그램 제작수준 하락의 주요 원인이라고 한다. 즉 제작자는 방영기회를 얻기 위해 제작비 중 일부를 방송국의 고위층에 뇌물로 주게 되고 따라서 제작비가 줄어들게 된다는 설명이다. 이외에도 대만 드라마의 소재는 현실과 거리가 멀고, 대부분 고부간 갈등 내지 돈 문제를 둘러싼 것인 반면, 한국드라마는 순수한 사랑이나 정염, 그리고 현대적인 생동감 있는 주제를 다룬다는 평을 받는다.

또한 남녀 시청자 및 관객들은 한국 드라마와 영화를 통해 대리 만족을 느낀다고 한다. 남성들은 은막 위의 한국 여성들의 청순하면서도 농염한 자태에 경도되는데, 그들은 대개 붉은 립스틱을 애용함으로써 더욱 가슴 설레게 하고 섹스어필한다는 것이다. 그리고 한국 여성들의 남자에 대한 존중과 정절은 남성우월주의(大男子主義)에 부합하는 것이다. 이는 중화문화권에서 최근 억압당하고 좌절을 겪고 있는 남성이 한국 드라마와 영화를 통해 일종의 공감과 보상을 찾고자 하는 심리를 반영하는 것이라고 할 수 있다. 이에 반해 여성 관객의 경우엔, 한국 여성들이 대범하게 스스럼없이 사랑하고 미워하고 자기의 운명을 스스로 장악하고 있는 모습을 보여줌으로써 그들에게 감명과 동경을 불러일으킨다고 한다. 사랑하고 싶지만 감히 사랑하지 못하는 적잖은 중국인들 마음속에 한국 드라마 중의 남녀 주인공들은 그들의 대리인이 되고 있으며, 미남미녀의 한국 배우들이 대만과 홍콩 및 일본의 우상을 대체하고 있는 것이다.

다른 한편으로 한류의 흡인력은 미국 및 일본의 그림자 가운데 미·일을 능가하는 요소가 내재해 있다는 데 있다. 많은 아시아인들의 마음 깊은 곳에는 숭미친일(崇美親日)과 반미증일(反美憎日)이라는 이중적 정서가 자리잡고 있는데, 한국 영화와 드라마는 바로 이런 이중적 정서의 동시만족을 제공하는 무언가를 가지고 있다는 것이다. 이런 점에서 한국의 유행문화는 중국인들에게 생소함과 익숙함을 동시에 지니고 있는 일종의 신선감을 가져다준다. 같은 뿌리에서 자란 유교문화이지만 한반도는 강렬하고 호기 있는 기풍을 지니고 있어 온순, 겸양, 근검 등의 중국문화 이미지와 대조적인 특징이 있다. 즉 한국 대중문화의 '강렬한 색채'는 대만 일반인들에게 크게 어필한다는 것이다. 이 색채는 바로 한국 현대화의 면모를 반영하는 것으로 남녀 주인공이 타는 차는 모두 현대, 대우 등의 자동차이며 차체의 번쩍임은 바로 한국의 활력과 경쟁력이라는 것이다.

이와 같은 분석은 동일한 중화권 내에서도 중국 대륙과 대만이 차이가 있음을 간접적으로 시사해주는 것이다. 중국의 경우 급속한 현대화 과정에서 청소년들의 대중문화가 부재하다는 점 즉, 한류 열풍의 주요 요인이 새로운 문화에 대한 사회적 욕구는 커지고 있으나 이를 충족시킬 수 있는 현대 문화의 기반은 취약하다는 데 있다. 따라서 한국 문화는 다른 그 어떤 대안 문화보다 개혁개방 이후 새로운 것에 목말라 있는 중국의 신세대에게 강력한 비전을 제시했다고 볼 수 있다. 예컨대 중국은 서구문화의 중국 유입에 비해 서구풍의 대중문화를 여과하여 '아시아화'한 한국의 대중문화를 수용하는 것이 구 공산권 국가들의 급속한 산업화에 따른 문화적 충격과 혼란을 완충시키는 데 효과적이라고 인식하고 있다는 것이다. 또한 중국 정부가 한국 연예인들에게 문호를 개방한 것은 중국인들이 홍콩이나 대만 문화에 너무 깊이 빠지는 것을 막기 위한 것이라는 분석도 있으며, 상대적으로 생경한 구미 문화나 역사적인 반감이 앞서는 일본 문화에 비해 한국 문화는 중국인의 전통적인 가치관에도 매우 가깝게 느껴진다는 점을 들기도 한다.

반면에 대만에서는 일본이라는 강력한 문화가 이미 존재했다는 점에서 중국 대륙과 다르다. 그러므로 대만에서 한국 열풍이 일어나게 된 것은 또 다른 배경과 의미를 지니는 것이다. 대만은 역사적으로 스페인, 네덜란드, 일본 등의 식민 통치를 오랜 기간 받아 왔다. 그런 경험을 통해 대만은 외래문화를 비교적 이질감 없이 받아들이는 데 익숙해져 있다고 할 수 있다. 특히 우리나라보다 훨씬 긴 기간 동안 일본의 식민 지배를 경험했음에도 불구하고 그렇게 반일 감정이 강하지 않은 특징을 지니고 있다. 이런 외래문화에 대한 개방성이나 융통성 및 다양성 가운데 오히려 그간 대만인들의 문화소비 욕구를 충족시켜온 것은 일본의 대중문화였다.

이에는 지난 12년 간 대만 총통을 역임한 리떵후이(李登輝)의 친일정책도 일본 문화의 대만 유입에 일정 부분 역할을 했다고 볼 수도 있다. 대만에서 일본 대중문화는 세련되고 현대화된 트렌드의 대명사였다. 예컨대 1980년대 대만에서는 일본의 가요를 비롯하여 드라마 등이 물밀 듯이 밀려들어와 시먼띵을 비롯한 타이베이 주요 번화가는 일본식 복장과 헤어 스타일을 본뜬 대만 청소년들이 야마하 오토바이와 닛산 승용차를 타고 거리를 누볐다. 그리고 TV채널 중 5개에 달하는 일본위성을 포함해 공중파 채널의 프라임 타임 대에서조차 일본 드라마가 주류를 이루기도 했다. 뿐만 아니라 대만 내 약 2,000여 개에 달하는 일본산 편의점 세븐일레븐(Seven-Eleven)에서는 일본담배 마일드세븐(Mild-Seven)과 아사히(朝日) 맥주를 사려는 사람들로 붐볐다. 이런 일본 문화에 열광하는 부류들을 '하르쭈'(哈日族)라고 칭하기도 했다.

따라서 한류 열풍은 대만에서 새로운 경쟁 문화의 등장으로 인식되고 있다. 즉 소위 '하한쭈'(哈韓族)가 '하르쭈'(哈日族)를 대체하고 있다는 것이다. 이는 일본 문화의 강세 속에 한국 문화가 차별성을 지닌 하나의 대안 문화로 받아들여지고 있음을 의미하는 것이다. 그리고 남성적이고 힘찬 이미지 등을 겸비한 문화적 요인도 크게 어필했지만 한국 사회의 발전과 국가 경쟁력 증대 요인도 한류 파급에 적지 않은 기여를 한 것으로 평가되고 있다. 예컨대 2000년 대만 총통 선거 당시 민진당 후보 진영은 선거 캠페인 송으로 한국가수 클론의 노래를 앞세웠는데, 그 이유가 바로 대만에 앞서 민주화되고 정권교체를 이룩한 한국을 모델화하기 위한 것이었다는 점을 들 수 있다. 2004년 입법위원 선거 때도 한복을 입고 유세를 한 야당의 여성 후보가 당선되었는데, 그 배경을 묻는 질문에 대해 당사자는 대만의 불안과 방황하는 병을 고쳐야 한다는 의미에서 한국 드라마 <대장금>의 이미지를 부각시켰다는 설명이다.

타이베이 서점 서가에 놓인 대장금 책자　　　　　　　사진ⓒ이한우 2004

　　결국 이런 점은 비교우위와 관련하여, 한국의 대중문화가 다른 문화가 하지 못하는 전통과 현대의 조화, 친숙함과 신선함의 병존, 신세대들의 새로운 영웅상 제시, 열등감의 대리만족 등을 가능케 해주었다는 것이다. 다시 말해 보다 거시적인 차원에서, 그리고 해당 지역의 조건과 관련하여 말한다면, 한류 열풍은 사회 내부로부터 제기되는 대안적 문화에 대한 요구에서 그 근본적 요인을 찾을 수 있다.

　　즉, 20세기에 들어 아시아 지역에서 대중문화가 유행하게 된 것은 자본주의적 가치관의 확산에 크게 영향을 받은 것이다. 식민지 경영을 통해 외부 시장을 확보하던 제국주의적 팽창이 한계에 부딪치면서 새로운 내부 시장에 눈을 돌리게 되었고 자본주의 문화의 상업화가 촉진된 것이다. 이런 환경 하에 과거 그 어느 때보다 빠른 속도로 발전한 과학기술을 바탕으로 새로운 매체들이 등장함으로써 전 세계에 걸쳐 미국의 대중문화가 각 영역에 급속히 확산되었다. 아시아 지역에 있어서는 미국의 주도적이고 선점적인 역할에 이어 자본주의적 상업화에 앞선 홍콩과 일본 문화가 부분적으로 독창적인 문화의 틀을 형성해 왔다는 특징을 지적할 수 있다.

그러나 기존에 아시아권, 특히 대만에서 큰 영향을 미쳐온 일본 대중문화의 독특함과 자극성, 심지어 엽기적인 부분들은 그 난해함으로 인해 수용하기 부담스러운 점이 많았다. 또한 홍콩 대중문화의 전반적인 하향 평준화 현상으로 인해 중화권의 문화적 중계기지 역할을 하던 홍콩이 더 이상 문화기지 역할을 하지 못하게 되었다. 따라서 서구문화가 아시아 지역의 초기 자본주의 발전 과정에서 유일한 대중문화 체계로서 오랜 기간 수용되어 왔지만 유교문화적 전통의 중화권 내에서 이질적일 수밖에 없었고, 대안문화로서의 일본과 홍콩 역시 새로운 보완의 필요성을 지니는 것이었다고 하겠다. 이런 점에서 한국 문화는 세련되고 화려한 서구 대중문화를 수용하여 나름대로 실정에 맞게 새로이 가공하고 독자적 특성을 갖춤으로써 기존의 서구 및 일본, 홍콩 문화와는 차별화된 요소를 지니고 있다고 할 수 있다. 현지 언론에서는 이를 일본이나 서구 문화와는 다른 폭발적이고 강력한 힘과 순수함, 그리고 정열이 내재되어 있다고 표현한다. 즉 한국 문화에서는 미국이나 일본 등 국가들의 그림자를 엿볼 수 있으면서 또 그것을 초월하는 독특한 색깔을 개발하고 아울러 같은 유교문화권의 공명을 일으킬 수 있는 공통성을 지니고 있다는 것이다. 다시 말해 "비슷하면서도 다르고, 멀게 보이면서도 가깝게 느껴지는" 한국

특유의 이중적 매력이 있다는 것이다.

그밖에 최근 인터넷의 보급 등 새로운 통신수단의 발전으로 지역 간에 문화적 유행이 시간적 간극 없이 즉시적으로 전파, 침투되기 때문에 대만 등 국가에서 과거보다 훨씬 용이하게 타문화를 접할 수 있다는 것도 중요한 요인 중 하나라고 할 수 있다.

4. 대만의 한류를 어떻게 볼 것인가?

한국 대중문화가 유행하게 된 것이 불과 몇 년 되지 않았다는 점에서, 그리고 현재에도 진행 중에 있다는 점에서 그 효과를 논하기는 아직 시기상조라고 할 수 있다. 그러나 현재까지 나타난 가시적인 결과와 함께 전개 과정에서 드러난 문제점을 중심으로 일종의 중간평가와도 같은 점검을 해 볼 수는 있을 것이다. 이런 측면에서 대만의 사례를 통해 볼 때, 한류는 다음 몇 가지 긍정적 결과를 가져왔다고 평가할 수 있다.

첫째, 해당 지역에서 한국 문화 관련 상품에 대한 수요가 급증함으로써 야기되는 경제적 효과를 들 수 있다. 예컨대 드라마 <가을동화>의 인기에 힘입어 웅진식품은 탤런트 송혜교를 광고모델로 한 쌀음료 '아침햇살'을 국내에서와 같은 내용으로 대만에서 광고하는 조건으로 수출하게 되었으며, 온라인게임 업체 '엔씨소프트'는 2001년 대만에서 온라인 게임 <리니지>에 대한 로열티로 100억원을 벌어들였고, 2002년에는 해외 로열티로 200억원을 벌어들였다. 그리고 대만의 차인표 팬클럽 50여 명이 2001년 6월과 8월에 한국을 방문했으며, 8월 14일에는 M. Net 공연에 대만 참관단 79명이 내한했다. 특히 <가을동화>의 무대가 되었던 속초의 아바이마을, 대관령목장, 피닉스파크 등을 방문 코스로 한 관광상품이 등장하여 수천 명의 대만 관광객들을 유치하였다.

한류로 인한 관광객 유치 증진 효과는 통계 자료를 통해서도 잘 나타나고 있다. 표에서 보는 것처럼 2003년 사스(SARS)의 여파로 아시아 국가의 한국방문 관광객이 대부분 감소하였으나 대만과 말레이시아만이 예외였으며, 2004년 들어 7월까지 대만의 관광객 수는 약 17만 명을 기록하면서 전년 동기 대비 117% 증가해 아시아 국가 중 가장 폭발적이고 꾸준한 증가세를 보여 주었다. 이는 중국(약 15만 명)보다 많은 것으로 아시아 국가 중 최근 '욘사마' 열풍으로 떠들썩한 일본에 이어 2위이다. 이것은 드라마 <가을동화>, <겨울연가> 등의 촬영지 투어 및 유명스타와의 만남캠프, 콘서트 및 팬 사인회 참가 등 외국인들의 흥미를 끌 만한 스타 관련 상품이 다수 개발되어 대만관광객의 큰 호응을 얻었기 때문으로 분석된다. 아울러 한국 드라마의 인기에 힘입어 영상 콘텐츠 산업이 해외시장에서 거두는

국내 관광객 추이 (명, %)

	2001년	2002년	2003년	2004년 1-7월
일 본	2,299,236 (-3.9)	2,244,917 (-2.4)	1,725,638 (-23.1)	1,225,762 (39.3)
대 만	121,849 (4.6)	129,172 (6.0)	185,571 (43.7)	169,181 (117.9)
홍 콩	196,908 (1.4)	168,720 (-14.3)	147,307 (-12.7)	86,434 (7.4)
태 국	41,666 (-27.9)	45,256 (8.6)	42,214 (-6.7)	35,655 (93.0)
중 국	222,170 (14.4)	237,904 (7.0)	190,486 (-19.9)	145,696 (93.4)
싱가포르	52,427 (-16.9)	60,908 (16.2)	59,323 (-2.6)	30,849 (44.9)
말레이시아	37,998 (-12.9)	62,608 (67.8)	72,780 (16.2)	36,440 (44.1)
베트남	7,811 (3.6)	8,919 (14.2)	7,924 (-11.2)	5,112 (41.2)
계	2,980,065 (-2.9)	2,958,404 (-0.7)	2,431,243 (-17.8)	1,735,128 (46.8)

주: ( )내는 전년 동기 대비 증감률
출처: 조유진, "최근의 한류 현황과 활용전략" (무역연구소 보고서, 2004. 9).

효과도 무시할 수 없다. 예를 들면 대만에 대한 수출 단가가 드라마 1회당 1,500 달러 정도로 시리즈 1편당 평균 3만 달러에 이른다고 한다.

둘째, 한국의 대외 이미지를 높인다는 것이다. 대만인들은 기존에 한국을 낙후된 국가로 인식하고 있었으며, 특히 단교로 인해 많은 사람들이 한국에 대해 부정적 이미지를 가지고 있었다. 그러나 최근 대만인들에게 세련되고 현대화된 한국의 이미지를 부각시키게 되었고 우호적인 분위기를 조성하게 되었는데 그것이 바로 한류의 영향이라는 것이다. 과거와는 달리 오히려 한국이 새로운 변화와 발전의 상징으로 인식되고 "한국을 제대로 알자"는 바람이 불어 정규대학뿐만 아니라 사설학원에서도 한국어를 배우는 사람들이 늘어나고 있으며 한국 유학 열풍까지 일고 있다는 것이다.

이는 중국과 베트남의 경우에도 동일하게 발견되는 점이기도 하다. 과거 미국이나 일본의 예속 하에 있는 낙후된 나라의 이미지에서 탈피하여, 현재 중국인들은 한국을 현대화의 상징으로, 개방적이고 세련된 사회로서 선망의 대상으로 보고 있으며, 베트남에서도 한국은 자신들이 추구하고자 하는 경제발전의 이상적 모델 즉 "용으로 승천한 나라"로 인식됨으로써 과거 베트남 전쟁을 통해 한국에 가졌던 부정적 감정과 앙금을 크게 해소시켜 주고 있다고 한다. 이런 긍정적 결과들은 한류에 대한 낙관적 전망의 근거가 되기도 한다. 즉 현재 추세에 기초할 때 한류는 한국문화의 우수성을 해외에 널리 알리는 계기가 될 뿐 아니라 한국의 국가경쟁력을 크게 높이는 역할을 함으로써 각종 상품의 수출 증가, 관광 증대 등을 통해 우리의 경제 발전에도 크게 기여할 것으로 기대하는 것이다.

그러나 이에 비해 한류에 대한 우려의 목소리도 적지 않다. 먼저, 아시아 지역에 불고 있는 한류 열풍이 실제 한국 문화를 제대로 잘 반영하지 못한다는 여론이 비등하는 것으로 나타나고 있다. 국내 언론기관의 한

자료(매일경제신문, 2001. 9. 5.)에 의하면, 총 응답자 1,800여 명 중 8.9%만 이 긍정적인 답변을 한 반면 나머지 대다수는 10대 중심의 일부 계층의 문화만을 반영하고 있거나(55.6%) 우리나라 문화라고 볼 수 없다(30.9%)는 의견이 지배적이었다. 또 응답자의 반수 이상(58.5%)이 정부가 문화산업에 간섭하는 것은 바람직하지 않거나 오히려 정부 차원에서 한류 열풍을 막아야 한다고 대답했다. 이는 한국에서 발생한 문화이긴 하지만 아시아에서 유행하는 한류는 실제 한국의 면모를 깊이 있게 반영하는 것이라고 보긴 어렵다는 의미이다. 이와 관련해 과연 세계에 내놓을 만한 우리만의 콘텐츠를 우리가 확보하고 있느냐라는 자성적 측면에서 한류 열풍을 비판하는 견해도 있다.

또한, 한류 열풍이 실제보다 과장되고 부풀려져 있다는 것이다. 한류 열기가 결코 부인할 수 없는 실질적인 현상이긴 하지만 아직까지는 제한적이고 국지적인 현상에 불과하며 한류의 수용자도 해당 국가 내 주류 계층이 아니고 일부 청소년 사이에서만 나타나는 것이라는 분석이다. 다른 한편에선 마치 오리엔탈리즘이 우리의 실제 삶과는 무관한 서구인의 시선이듯이 중국, 대만, 베트남 청소년들의 시선에 비친 한국에 대한 환상이 한류의 밑바탕에 깔려 있다고 비판하기도 한다. 이런 시각에서 보면 한류란 비슷한 정서를 고유한 동아시아인들에게 가장 싼 값에 최첨단의 현대문화를 인스턴트식품처럼 가장 빨리 맛볼 수 있게 해주는 '종합문화 선물세트'이기 때문에 그들이 허기진 배를 채우고 난 뒤에는 용도 폐기될 것이라는 주장이다. 또한 언론에서 보도하는 바와 같이 당장 우리에게 큰 반사이익을 가져다주는 것은 아니라는 점도 현실적인 측면에서 지적되고 있다.

이 외에도, 중국이나 베트남과 같은 사회주의 체제의 경우 외래문화에 대해 청소년들이 지나치게 경도되는 것을 경계하는 움직임을 보이고 있다. 어떤 언론에서는 소위 '하한쭈'(哈韓族)를 외계인이라고 칭하면서 극도의 반감 심리를 드러내기도 한다. 이에는 2000년 중국 국경절(國慶節) 연휴에 개최 예정이었던 공연("한류 열풍 스타 대 출전")이 무산된 사례에서 나타나듯 기획사 및 공연 대행업체들이 지니는 사기 및 과당경쟁, 지나친 상업주의로 인한 문제들도 부분적으로 있다. 그리고 아직 통제사회로서 중국은 체제 안정을 위협하는 어떤 요인에 대해서도 단호한 입장을 보이고 있다.

비록 한류가 비서구적 특징을 지닌 것으로서 서구자본주의 문화보다 덜 위협적이라고 하더라도 청소년들의 가치관에 큰 영향을 미치는 새로운 사조에 대해 중국 정부가 비록 공식적으로는 민감한 반응을 나타내진 않고 있지만 내부적으로는 경계의 태도를 늦추지 않을 것으로 간주된다. 이는 당국과 사전 계약을 통해 성사된 안재욱의 공연이 "잔디보호"라는 이유로 하루 전날 취소되고, 한국 드라마의 방송 횟수를 제한하고 있는 베트남의 사례에서도 확인될 수 있다. 비록 '도이머이'를 추진하고는 있으나 아직 사회주의국가로서 외국문화의 급속한 유입에 대해서는 일정 부분 거부감을 갖고 있는 것이다.

최근 대만 국회에서도 케이블TV의 골든아워에 한국 드라마를 포함한 외화를 틀지 못하게 하는 법안과 외화 수입 시에 수입가격의 20%의 세금을 부과하겠다는 법안이 상정되는 등 대만 정부차원에서 자국 엔터테인먼트 산업의 보호 움직임을 보이고 있다. 그리고 실제 이런 규정이 제대로 준수되지 않고 관련 부처에서도 규제에 적극적이지 않자 대만 내 관련 단체들의 반발을 불러일으키고 있다. 예컨대 타이베이 연예인 노동조합은 지난 연말에 한류 현상으로 인해 자신들의 생존권이 위협받고 있다고 주장하고, 수입제한 등의 조치를 통해 생존권을 보호해줄 것을 호소하는 진정서를 관계 부처에 제출하기도 했다.

아울러 한류 체험관의 설립 시도 등 한국 정부가 주도적으로 나서 직접적인 개입의 인상을 주는 것은 문화적 팽창 내지 공세적 정책으로 받아들여질 여지가 다분하다고 하겠다. 이런 점에서 정부 개입의 '역효과'를 지적하는 목소리도 적지 않다. 반면 대만의 경우엔 중국이나 베트남과는 달리 개방된 사회로서, 그리고 보다 다원화되고 민주화된 사회로서 차별성을 지니기 때문에 보다 직접적인 판촉과 홍보를 통해 한류의 수요를 창출해야 한다고 주장하기도 한다. 그러나 지나치게 공세적인 자세는 상대 국가가 어떤 사회체제인가를 불문하고 부작용을 초래할 수 있음을 자각해야 할 것이다. 이는 역지사지(易地思之)의 입장에서 중국어 학습 붐을 비롯해 초등학생의 중국 조기 유학에 이르기까지 국내에서 부는 중국 열풍 즉 소위 한류(漢流) 내지 화풍(華風) 현상에 대한 우리 사회 일각의 우려와 비판적 시각을 고려한다면 더욱 그러하다고 하겠다.

5. 대만 한류에 대한 평가와 시사점

대만에서의 한류는 드라마 분야에서의 인기를 시작으로 영화, 대중음악, 패션, 음식, 게임 등 각 방면으로 확산되어 왔다. 다른 아시아 지역에서 비교적 한류 열풍이 뜨거운 곳이라고 할 수 있는 중국과 베트남의 경우에는 급격한 체제전환과 현대화를 경험하는 과정에서 문화적 공백이 발생하였을 뿐 아니라, 경제 및 문화 수준도 한국에 비해 열악하다는 점 등이 한국 대중문화 유행의 주요 요인이라고 간주되고 있다. 이들 국가와는 달리 대만은 높은 소득수준과 사회조건을 구비한 지역이다. 첨단 분야인 컴퓨터 산업에서도 한국을 앞섰고 일본의 영향하에 대중 오락문화도 훨씬 빨리 보급되는 편이었으며 가치관의 변화에서도 우리보다 더욱 현대화(서구화)된 사회일 뿐 아니라 현재 약 80여 개의 유·무선 TV 채널을 보유하고 있는 나라이기도 하다. 이런 대만 사회에서의 한류 현상은 아시아에서의 한류 열풍의 주요 요인이 한국 대중문화의 우수성에 있다는 일반화된 평가가 일정 부분 사실이라는 점을 확인해주는 것이라고 할 수 있다. 한국은 대중문화 방면에서는 이제 수입대체에서 수출지향 단계로 접어들어 아시아 지역에서 일본 다음으로 가장 먼저 문화공급자적 지위를 가지게 되었다고 볼 수도 있다.

이런 점에서 타문화에 대해 비교적 관용적이고 포용적인 자세를 취해온 대만인들에게 한국 문화는 기존의 주류 문화인 일본의 위상에 도전하는 새로운 대안 문화로 인식되고 있다. 한국 대중문화가 지니는 이런 경쟁력은 다른 아시아 지역에서 향후에도 계속 지속될 수 있는 한류의 강한 생명력을 말해주는 것으로 생각할 수도 있다. 그리고 한국은 대만과 같은 유교문화권 내에서도 유사한 정치상황을 경험하고 1992년 단교를 통해 서로 소원해진 관계를 지속해 왔다는 점에서 한류를 양국관계 발전의 전환기적 계기로 활용할 수도 있을 것이다. 또한 지나친 상업주의는 지양한다 하더라도 한류의 부수적 효과로서 자연발생적으로 한국상품에 대한 수요가 증가하는 것마저 배척할 이유는 없을 것이다.

그러나 대만을 비롯한 아시아에서의 한류 현상은 여러 가지 측면에서 양면성을 보여주고 있다. 즉 본문에서 언급한 바와 같은 한류에 대한 상반된 기대와 평가는 바로 한류가 내포하고 있는 이중성을 반영하는 것이다. 아울러 그것은 앞으로의 발전 전망과 관련해서도 역시 두 가지 상반된 가능성을 동시에 시사해주는 것이다. 왜냐하면 한류에 대한 낙관적 기대와 비판적 평가는 우리가 한류를 어떻게 인식하고 앞으로 그것을 어떻게 잘 발전시켜 나갈 것인지 그 실천 방향에 따라 또다시 재평가될 수 있기 때문이다.

한류의 '열풍'과 '유행'은 그 속성상 새로운 모티브가 지속적으로 제공되지 않는 한 장기적으로 유지되기 어렵다. 또 부분적으로는 현재의 형태로 지속되는 것이 바람직한 것인지에 대해서도 의문을 제기하지 않을 수 없다. 그러나 감각적이고 범대중적인 성격을 지닌 고유의 특성을 이용하여 초기에 신속한 문화 전파의 첨병 역할을 수행하는 데 있어서 대중문화는 탁월한 효능을 발휘할 수 있다. 따라서 현재의 대중문화 유행에 국한되지 않고 한류를 보다 한 차원 높게 발전시켜 한국 문화의 보급과 아시아 국가들 간의 상호 이해 증진에 유익한 것으로 활용하도록 해야 할 것이다. 즉 한류는 진정한 한국 문화의 우수성이 무엇인지 우리 자신을 되돌아보는 계기가 되는 한편 그것을 타 지역에 널리 알림으로써 주변 국가들에게 한국에 대한 올바른 인식을 형성하는 데 유익한 것이 되도록 해야 한다.

이와 동시에 타문화에 대한 우리의 인식수준을 높이기 위한 노력도 병행되어야 할 것이다. 한류가 한국 문화에 대한 관심 증대에는 기여하나 시청률 확보나 인기 영합에 급급한 드라마나 연예인들에 대한 단편적 지식을 통해 한국을 이해하려는 데서 오는 편견과 오류를 지적하고자 하는 우리의 비판적 시각은 타문화에 대한 우리의 인식에도 동일하게 적용될 수 있다는 점을 자각해야 한다. 아시아 각국의 문화를 제대로 이해하기 위한 문화센터나 전문도서관 하나 변변한 것이 없는 나라에서 오히려 상대국에 한류 체험관을 건립하고자 시도했던 사실이 바로 현재 우리의 수준을 잘 말해 주는 것이다. 따라서 상호이해의 증진을 위한 노력이야말로 진정한 의미에서 아시아 지역의 공동번영을 도모할 수 있는 문화적 기초가 될 것이다. 그러기 위해서는 보다 장기적이고 종합적인, 그러면서도 호혜적인 측면에서 한류를 전향적으로 발전시키려는 인식과 실천이 필요하다고 하겠다.

동아시아의 한류 韓流

3

청소년들을 파고드는 한류의 마력 : 중국의 한류

이민자

1. 한류의 진원지

한류(韓流)의 진원지로서 중국에서 <사랑이 뭐길래>로 시작된 한국 TV 드라마는 <별은 내 가슴에>, <가을동화>, <겨울연가>, <엽기적인 그녀>, <조폭 마누라>, <북경 내 사랑> 등으로 이어졌고, H.O.T., NRG, 이정현 등은 다양한 음악을 유행시켰다. 중국의 청소년들은 한국 드라마를 보며 유명 탤런트에 열광하고, 한국 가요를 듣고 따라 부르며, 한국 스타들의 패션을 모방하여 한국풍의 옷을 입고, 머리를 색색으로 물들이고, 한국에서 수출된 노래방 문화를 즐긴다. 또한, 한류는 중국인들의 입맛도 바꾸고 있다. 어떤 중국 아이는 식사 때마다 김치가 있어야 밥을 먹는다고 하고, 베이징 중심가에 있는 몇몇 한국 음식점의 단골손님은 이제 중국인이라고 한다.

한국풍의 유행은 불과 몇 년 전까지만 해도 상상도 할 수 없었던 일이다. 이런 유행이 선진문화를 모방하려는 청소년들의 집단심리의 표

출이라면, 왜 홍콩풍, 일본풍, 미국풍이 아닌 한국풍인지 의아해 하는 이
들이 적지 않다. 한국풍의 무엇이 중국인을 사로잡고 있는가?

　　중국에서 가장 급속하게 확산되고 있는 한국 대중문화의 힘은 국내
에서 대중의 관심을 끌었던 한국 문화의 저력이 국외로 표출된 것이라
볼 수 있다. 한국 가요와 TV 드라마가 한국 젊은층을 사로잡을 수 없었다
면, 중국과 동남아에서 그렇게 요란스런 호응을 불러일으킬 수 없었을 것
이다. 이런 면에서 한국 대중문화의 소비자들인 1990년대 신세대들은 문
화전파의 전도사 역할을 한 셈이다.

　　이 글에서는 한국 대중문화가 중국 신세대들에게 인기를 끌고 있는
현황을 소개하고, 왜 한국문화가 유행하는지, 한류 현상을 어떻게 해석할
수 있는지 등을 살펴보려 한다. 아울러 중국 사회변화와 문화적 취향 간의
관계를 고찰함으로써 한국 대중문화가 중국에 확산될 수 있는 사회·문
화적 배경을 이해하도록 할 것이다.

2. 무엇이 한류인가?

　　한류란 중국, 대만, 홍콩, 베트남 지역에서 한국 대중문화(음악, 드
라마, 패션, 게임, 음식, 헤어스타일 등)를 동경, 추종하며 배우려는 문화현
상을 지칭한다. 이 용어는 1999년 중반 중국 언론매체가 처음 사용하기
시작한 신조어로, 2000년 2월 한국 댄스그룹 H.O.T.가 북경공연을 성공리
에 마친 후 중국의 한 신문이 "한류가 중국을 강타했다"란 제목을 뽑으며
공식화되었다. 한국 대중문화를 동경하는 '한국팬 집단'을 중국이나 대만
에서 '하한쭈'(哈韓族)라 하며, 이들의 특징은 한국 음악을 따라 부르고 춤
을 즐기며 한국풍을 따라하는 것을 최고의 가치로 여긴다는 것이다. '하한

쭈’는 대만 최고 유행거리에 일본풍이 휩쓸면서 일본문화를 숭상, 추종하며 모방하는 사람들을 ‘하르쭈’(哈日族)라 부른 데서 유래한다. ‘하르’(哈日)란 대만 방언인 민남어(閩南語)의 음역(音譯)인데, 강렬한 태양볕에 의해 일사병에 걸린다는 뜻이다.

중국에서 한류는 트렌디 풍의 TV 드라마로 시작되어 댄스 음악으로 인기 절정에 이르고 있다. 1993년 중국 지역방송을 통해 <질투>, <여명의 눈동자>가 방영되면서 한국 드라마의 중국 진출이 시작되었다. 중국에서 한류 열풍을 일게 한 것은 1996년 중국중앙방송(CCTV)을 통해 첫 방영되었던 드라마 <사랑이 뭐길래>(愛情是什麽)이다. 이 드라마는 1997년 6월 중국전역에서 방송되어 중국내 방영된 외국 드라마로는 사상 최초로 시청률 1위(16.6%)를 기록했다. 그 후 1998년 <별은 내가슴에>(星星在我心), <해바라기>, <안녕 내사랑>(再見我的愛人)이 방영되면서 드라마 주인공 안재욱의 인기가 급상승하기 시작했다. 또한 안재욱이 직접 부른 <별은 내가슴에> 주제곡 “Forever”의 인기는 한국가요의 중국진출 가능성을 처음 확인하는 계기가 되었다.

한국음악은 중국에서 1997년부터 한국 음악을 소개해 온 ‘서울음악실’(漢城音樂廳) 방송을 통해 널리 알려지기 시작했다. 2001년 11월 중국 주요 도시의 FM라디오에서 방송중인 ‘서울음악실’은 고정청취자가 2천만 명을 웃도는 인기를 보이고 있다. 중국에서 인기 있는 탤런트와 출연작품은 안재욱(<별은 내가슴에>) 외에 차인표(<별은 내가슴에>, <불꽃>), 장동건(<모델>, <이브의 모든 것>, <의가형제>), 김소연(<이브의 모든 것>, <네 자매 이야기>), 한재석(<모델>, <해바라기>), 김남주(<모델>), 김희선(<프로포즈>, <미스터 Q>) 등이고, 가수와 히트곡은 클론(“꿍따리 샤바라”, “댄스”), 베이비복스(“머리하는 날”, “남자에게”), S.E.S(“Love”, “감싸안으며”), 신화, 이정현(“와”, “바꿔”), H.O.T(“캔디”),

N.R.G.("티파니에서 아침을") 등이다.

2000년 2월 H.O.T. 콘서트의 성공은 현재와 같은 한류 열기를 현실화시킨 첫 사건으로, 중국 언론이 한류라는 명칭을 처음 사용하여 이 공연의 열기를 보도했다. 중국내 발행부수 100만부를 자랑하는 음악잡지『땅다이꺼탄』(當代歌壇)이 발표하는 인기순위에서 H.O.T.는 연속 1위를 기록하면서 음악은 물론 춤, 헤어스타일, 패션 등을 모방하려는 풍조가 중국 젊은이들 사이에 조성되었다. 2000년 7월, 2001년 5월 NRG와 안재욱의 중국 공동공연, 2000년 8월, 2001년 5월 안재욱 단독 북경공연은 한류의 열기를 고조시켰다. 베이징 인민 라디오방송국 대중음악 프로그램 총감독에 의하면, 한국의 클론이 중국 진출의 개척자였다면 H.O.T는 한류의 핵심이었고, 그 뒤를 NRG, 베이비복스, SES 등이 보조하면서 한국의 그룹들이 1999-2000년 중국의 가요시장을 점령했다.

2001년 6월 한국가요 팬클럽 '도레미'가 결성되었는데, 이 회원은 베이징, 옌벤, 상하이 등 중국 각 지역에 걸쳐 1만 명에 이르며, 13세 청소년에서 20대 대학생에 이르기까지 한달 평균 3천 명이 넘는 회원이 새로 가입하고 있다. '도레미' 류홍빈 회장에 따르면, "미국은 피부색이 다른 인종이어서 거리감이 있고, 일본의 경우 역사교과서 왜곡과 관련해 감정이 나쁜 편인 반면, 한국음악은 가장 인기가 높다."

중국의 신세대 사이에서는 한국 노래 한, 두 곡쯤 부를 줄 알아야 따돌림받지 않게끔 됐다. 베이징 어디에서나 "행복"(H.O.T), "많이많이"(구피), "나나나"(유승준) 등 한국 노래 음반이 쉽게 눈에 띈다. 한국에서는 유행이 지난 "꿍따리 샤바라"(클론)도 중국곡으로 번역돼 택시 안에서 흘러나온다. "바꿔"(이정현)는 베이징 가라오케를 석권했다. 베이징 교통방송은 1999년 5월부터 "한강의 밤"(漢江之夜)이라는 고정 프로그램을 만들었다. 매일 방송되는 이 방송의 "환락무한"(歡樂無限)이라는 프로그램에

북경 비디오 판매대에 놓인 <대장금>을 비롯한 한국 드라마와 영화   사진ⓒ이민자 2005

서도 거의 매일 한국 노래와 풍물을 소개하고 있다. 베이징 음악방송도 한국 노래 소개에 열성이다.

한국 제품들도 덩달아 인기다. '마늘분쟁'으로 수입 금지된 삼성 애니콜 휴대전화는 한 때 없어서 못 팔 지경이었다. LG 에어컨과 전자레인지도 중국시장을 크게 분할했다. 한류 덕분에 중국에서 한국 상품과 음식 역시 고급품 대접을 받으며 유행하고 있다. 중국 개방의 상징인 선전(深圳)의 화교성 아파트의 한식당 '경회루'에서 백일잔치가 벌어졌다. 메뉴는 시루떡과 백설기, 잡채에 꽁치구이, 진로소주와 OB라거 맥주, 봉봉쥬스… 순 한식이다. 주인공은 한국인? 아니다. 중국인 아오퉁(33, 광고업)씨 아들 첸유군이다. 아오퉁씨는 "뜻 깊은 외아들 백일에 친척과 친구 200 명에게 평소 귀하게 생각하던 한국요리를 대접하기로 했다"고 말했다. 실제 설문조사에 의하면, 중국인들은 한국문화를 TV 드라마, 대중가요, 음식을 통해 접하며, 안재욱, 김희선, H.O.T 순으로 기억하고, 한국상품은 의류(31%)와 전자제품(30%)을 선호하는데, 그 이유로 패션(36%), 디자인(27%), 품질(28%)이 우수하다는 평가를 했다.

중국 신문들도 한류에 관심을 갖고 한국 인기 스타들에 관한 기사를 싣고 있다. 『베이징천빠오』(北京晨報)는 한국 대중문화가 중국에 유행하게 된 과정을 정리하고, 중국에서 인기를 모으는 한국 스타(클론, H.O.T., 안재욱, 핑클)의 생년월일, 신장, 체중, 혈액형, 취미, 가정배경 등을 포함한 자세한 인적상황과 사진을 소개하고 있다. 베이징 최대 석간신문인 『베이징완빠오』(北京晩報)도 안재욱 콘서트 관련 기사를 세 차례나 실었다. 80위안(약 1만 2천원)짜리에서 1천 위안(15만원)에 이르는 비싼 입장권 7천여 장이 거의 매진되었기 때문이다.

중국이나 동남아 현지인의 한국 대중문화에 대한 호응을 한국언론에서 집중보도하면서, 한류는 한국 내에서 더욱 거대하게 포장, 과장되고 주목받게 된 측면도 있다. 국내 주요 한류 관련 언론매체 보도실적을 보면, 국내 주요 일간신문과 방송에서 2000년 총 50회, 2001년에는 1-6월간 총 83회, 7월 88회, 8월 220회로 급증하였다.

3. 누가, 왜 한류를 선호하는가?

● 시장화 이후 문화 취향의 변화

1990년대 중국은 사회주의 사회가 해체되고 새로운 소비사회가 출현하는 변화를 겪게 되었다. 시장경제의 확산으로 사회주의체제 하에서 형성되었던 가치관의 변화가 발생했고, 자본주의적 가치관을 받아들인 도시 중산층들은 새로운 소비취향을 보이기 시작했다. 급속한 현대화, 시장경제로의 이행과정에서 중국사회 전체가 일종의 아노미 현상을 겪고 있다고 볼 수 있다. 대도시를 중심으로 확산되고 있는 가치관 변화를 단적으로 보여주는 것이 서구문화 추구와 배금주의 현상의 만연이다. 문화대혁명 시기(1966-1976) 부(富)의 추구는 자본주의적 성향으로 비판받으며 범죄행위로 간주되었던 반면, 1990년대 중국사회에서 부(富)의 축적은 성공의 상징, 능력의 발휘라고 인정받고 부러움의 대상이 되었다.

다음 표에서와 같은 가치관의 변화, 서구지향적 소비취향의 확산은 1990년대 말부터 시작된 한국 대중문화의 유행으로 나타났다고 볼 수 있다. 서구문화를 선호하는 소비취향을 만족시키면서 동양인의 정서에 맞도록 재구성된 한국 대중문화는 중국인들에게 서구문화를 직수입하는 것보다 훨씬 친숙하게 느껴졌을 것이다.

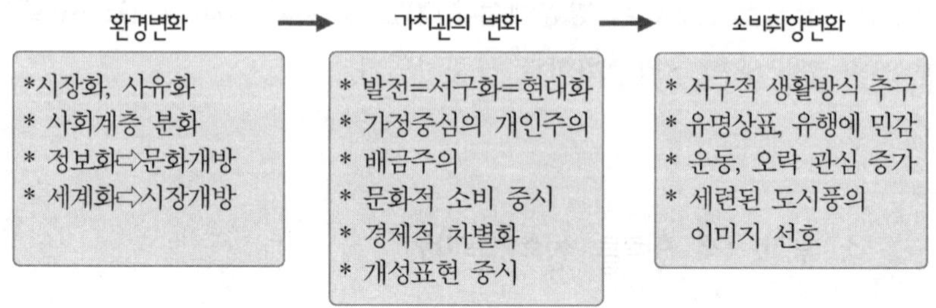

● 한류 소비층: 중국판 '오렌지족'

중국에서 한류 바람을 일으킨 핵심 소비자는 10대 후반-20대 초반의 도시 신흥부유층 자녀들이라 할 수 있다. 1992년 덩샤오핑(鄧小平)의 남순강화(南巡講話) 이후 시장화, 사유화가 급속히 진행되고, 정보화정책의 추진으로 IT산업이 발전하자, 1990년대 후반 민영기업가나 전문경영인을 중심으로 신흥부유층이 형성되었다. 이들 신흥부유층의 자녀들은 가족계획 이후 출생한 세대로 부모들의 한 자녀에 대한 지나친 관심과 애정은 이들을 '작은 황제'(小皇帝)로 만들었다. 문화대혁명 기간 궁핍과 개성의 억압을 경험한 부모 세대는 자녀가 원하는 것은 무엇이든지 누리도록 해주려 하므로, 중국 오렌지족의 고소비 풍조는 갈수록 심해지고 있다. 원하는 것은 무엇이든 구매하려는 이런 신세대들이 중국에서 새로운 소비계층이 되고 있다.

신흥 부유층 자녀들의 '문화적 구별 심리'가 한국 문화의 유행을 주도하고 있다. 이들의 유행문화는 다른 계층의 청소년들에게 세련됨의 상징으로 보이고 모방해야 할 모델문화가 된다. 중국 신세대는 한국풍을 모방하여 자신들의 소비취향을 다른 계층의 청소년들과 차별화하고자 한다. 이들에게 한국 대중문화 모방, 한국음악 여행, 한국제 의류와 전자제품(휴대폰, 디지털 카메라, 컴퓨터, CD플레이어 등)의 소비는 부(富)와 신분의 상징으로 간주된다.

　한국에서 1980-90년대 청소년들 사이에서 '압구정동 오렌지족 문화'를 모방해야 세련된 도시 아이로 변신하는 것이라 생각했던 문화현상이 중국에서도 발생하고 있다. 한국의 오렌지족들이 해외 유명 브랜드 소비품을 사용해야 '왕따'라고 지칭되는 따돌림을 당하지 않고 부유층으로 행세했던 것과 유사한 현상이 중국 청소년층에서도 나타나고 있다. 2000년대 중국 도시의 신세대들은 한국 유명가수의 노래를 한, 두 곡 흥얼거리고, 삼성 휴대폰을 사용하고, 한국풍의 헤어스타일과 옷을 입어야 유행에 뒤지지 않는 '세련된 아이'로 인정받는 실정이다. 이런 과시적 소비가 이들을 다른 계층 아이들과 구별짓는 '문화적 상징' 역할을 하고 있다.

　중국 신세대는 2박 3일 간의 한국 관광을 위해 중국 노동자의 두달 치 평균 월급인 4천 위안(한화 60만원)을 선뜻 지불한 재력가의 아들딸답게 한국 관광 중 왕성한 구매력을 과시했다. 원화·위안화·달러로 가득한 이들의 지갑은 반으로 접히지 않을 만큼 두툼했다. 30명 인솔을 책임진 한 관광 가이드는 이들에게 환전해 준 금액이 하루 평균 600만원이 넘는다고 말했다. 동행한 부모들은 자녀가 사고 싶어하는 것에 돈을 아끼지 않는 한편 이 변덕스러운 폭군의 비위를 맞추느라 절절매는 모습이었다. '하한쭈'는 휴대폰, 디지털 카메라, 컴퓨터 같은 고가 소비재를 사는 데 거리낌이 없다. '한류의 고향'으로까지 몰려오는 한류 마니아들은 누구일까? 그들은 한류 상품의 고객이며, 1) 10대-30대 초까지의 젊은층, 2) 외국문물과 접촉이 자유롭고 개방적인 성향이 강한 그룹, 3) 경제력이 강한 상류층의 자녀들이다. 중국에 드라마를 수출하고 현지 콘서트를 열고 있는 한 기획사 관계자는 "10대 마니아 중 상당수는 중국 공산당 중앙당과 베이징시 당 간부 자녀들"이라고 했다.

충칭 시내 한 백화점에 걸린, 한국 배우를 모델로 한 카메라 광고　　　사진ⓒ이한우 2004

한국의 '오렌지족' 문화가 경제적 부를 문화적으로 표현하는 하나의 모델을 제공했듯이, 중국에서 한국 대중문화는 부유층 자녀들의 문화적 욕망을 표출하는 하나의 출구라 할 수 있다. 이런 맥락에서 다음과 같은 연세대 김현미 교수의 한류 분석은 주목할 만하다.

"아시아지역 내부에서 번지고 있는 대중문화를 우리가 이해하는 한 가지 방법으로서, 문화 생산과 소비의 '동시성'을 인정하는 것은 중요하다. 아시아 지역의 급부상한 '신중산층'과 그들의 소비적 욕망은 한국을 비롯한 중국, 대만, 홍콩 등에서 동시적으로 체험되고 있다. 그들의 10대, 20대 자녀들은 부모의 경제적 자원을 문화적 자원으로 재빠르게 변화시키면서 '개성'과 '차별'을 통해 자신들의 정체성을 구성하고 싶어한다. 한국의 댄스음악이나 현란한 이미지들은 적당히 반항적이지만 결코 일탈적이지 않고, 동시에 역동적이며 화려하다."

한편, 한류의 유행은 한국에 대한 중국인의 이미지 변화와 밀접한 관련이 있다. 한국이 경제적으로 중국보다 낙후한 국가로 보였다면 한국 대중문화는 중국의 청소년에게 매력적이지 않았을 것이다. 한류를 선호하는 중국의 10대는 한국 대중문화가 취향에 맞고, 신선하며, 재미있다는 것 이외에, 세련되고 화려한 한국 대중문화의 모방이 '도회적, 현대적' 이미지를 표현하는 하나의 방법이라고 생각한다. 따라서 한국문화 유행의 저변에는 '세련된 선진문화'라는 한국의 국가 이미지가 중요한 역할을 하고 있다.

● 한국화된 서구문화의 친화성

중국인들의 선진문화에 대한 문화적 소비욕구가 한류로 표출되었다면, 중국인들은 왜 한국 대중문화에 매료되는가?

첫째, '한국화된 서구문화'가 본래의 서구문화보다 중국인들의 기호에 맞았기 때문이다. 동양인의 정서에 맞도록 가공되지 않은 미국식 서구문화는 문화적 거부감이 있을 수 있는 반면, 한국문화는 서구문화를 한국인(동양인)의 정서에 맞도록 조합한 것이므로 중국 청소년들에게 신선하면서도 낯설지 않다. 서구식의 화려하고 세련된 생활양식을 배경으로 동양적 가치관이 담긴 주제를 다루는 한국 드라마는 볼거리 외에 정서적 공감대를 형성할 수 있다는 면에서 중국인들에게 더욱 와 닿을 수 있다. 특히 트렌디드라마는 대중들 사이에 유행하는 관심사를 다루기 때문에 경제적 발전 수준을 반영한다. 이런 면에서 중국의 바로 몇 단계 앞에서 경제발전하고 있는 한국의 드라마는 중국인들이 도전하거나 상상할 수 있는 미래를 보여준다는 면에서 공감대를 형성할 수 있으며 생동감 있는 가상현실을 보여줄 수 있다.

중국 신문기사를 통해서도 한류의 배경이 '서구문화의 한국화'라는 것을 확인할 수 있다. 『베이징칭니엔빠오』(北京靑年報)는 "한국은 자기 문화를 원료로 삼아 구미의 조미료를 섞어 가장 맛있는 빵을 만들어냈다고 썼다. 생경한 구미문화나 역사적인 반감이 앞서는 일본문화에 비해 한국문화는 중국인의 전통적인 가치관에도 매우 가깝게 느껴진다"고 한국 대중문화를 평가했다. 또한 『베이징르빠오』(北京日報)는 "한국 가요 흡인력 엄청나…"란 제목 하에, "한국 가요가 유럽·미국·일본의 대중음악적 요소와 자국문화를 조화시키는 데 상당한 성공을 거두어 한국적인 독특한 색채를 굳혔다"고 분석했다.

둘째, 한국 대중문화는 저렴한 비용으로 첨단 유행의 서구문화를 소비할 수 있다는 면에서 '경제적'이다. 중국 신세대의 문화 소비취향은 미국문화로 대표되는 세련되고 현대적 감각을 지닌 서구문화를 소비하고

자 한다. 그러나 어떤 문화가 유행하기 위해서는 문화적 취향 외에도 소비
비용이 저렴하고 모방하기 쉬워야 한다. 이런 면에서 한국 대중문화는 일
본, 미국문화에 비해 저비용으로 소비자의 욕구를 만족시킬 수 있는 장점
이 있다. 중국 청소년 입장에서 보면, 한국 탤런트나 가수는 세련된 서구
문화 이미지를 충족시키는 동시에 상대적으로 저비용으로 한국제 의류나
소비재를 구입하고 한국음식을 즐기며 한국문화를 모방할 수 있다. 또한
한국문화에 대한 동경을 만족시키기 위해 한국음악여행을 하며 스타를
직접 만나는 체험도 할 수 있다. 한국 방문을 통한 한국문화 체험은 청소
년들의 호기심을 더욱 고조시키고, 입소문은 유행을 더욱 부채질한다. 만
일 중국 청소년들이 직접 일본 혹은 미국문화를 소비하려고 할 때 그 비용
은 한국문화에 비해 훨씬 높을 것이다.

● 대안문화로서의 한류

한국 가요는 미모의 가수, 빠른 음악, 격렬한 춤을 통해 젊은층의
열정을 표출한다. 한국 드라마는 빈부차로 인한 갈등, 성공을 위한 야망과
사랑의 선택 사이에서의 방황, 유교적 전통문화와 서구문화 간의 갈등 등
을 다루어줌으로써, 중국 도시인들이 현재 직면한 혹은 직면할 가능성이
있는 문제들을 제기하여 시청자의 눈길을 끌고 있다.

중국에서 한국 가요와 드라마가 인기를 끄는 이유는 중국 문화 컨
텐츠가 소비자의 취향 변화를 반영하지 못하기 때문이다. 중국 드라마는
사회주의 국가의 방송심의 규정이나 시대에 뒤떨어진 제작관행 등으로
인하여 정치교육을 연상시키는 혁명극이나 역사극이 주류이기 때문에 급
속히 변화하는 도시 신세대의 관심과는 거리가 있다. 중국에서는 정부가
심사제도를 통해 문화 컨텐츠에 대해 엄격히 통제, 규제하기 때문에 창작
이 자유롭지 못하다. 이런 상황에 적응하여 중국의 작가들은 스스로 한계

를 정하고 창작에 임하다보니 작품이 위축되고 재미가 없어지게 된다. 중국의 방송 프로그램은 10-20대가 아니라 30대 이상을 겨냥하고 있고, 정부의 강력한 통제 하에 있기 때문에 상품성보다는 정치적 홍보의 효과를 반영한 내용물이 적지 않다. 중국 가요 역시 40대 이상 시청자들 기호에나 적합한 느린 템포의 음악이 주류이기 때문에 해외 유행음악에 민감한 신세대들의 취향에 맞지 않는다.

중국 베이징의 한 청소년과의 인터뷰에서도 한류의 매력을 확인할 수 있다. 그는 이렇게 말한다. "2년 전 CD로 처음 접한 H.O.T에 완전히 빠졌다. H.O.T. 노래는 모두 가지고 있는데, 어느 것 하나 버릴 것이 없는 명작이라고 생각한다. 중국 음악은 템포가 느려 한국 음악과 같은 맛이 없다. 일본 음악과 일본 대중문화는 많이 접해 보지 못했지만, 너무 상업적이고 매끈해서 한국 것과 같은 폭발적인 에너지와 힘이 없는 것 같다."

중국은 개혁기 소득이 증가하면서 문화소비 욕구가 높아졌으나 이를 채워줄 컨텐츠가 부족한 실정이다. 개혁 초기에는 홍콩과 대만문화가 유행했으며, 1980년대 후반에는 미국문화, 일본문화가 유행한 후 한국문화가 유행하고 있다. 시장경제 사회로 변화된 개혁기에도 중국 국영방송이 제공하는 관방 대중문화는 사회주의적 잔재가 남아있기 때문에 중국의 신세대는 자본주의적 색채가 짙은 서구화된 한국문화를 선호하고 있다. 중국의 한류란 급변하는 도시 젊은층의 문화적 취향을 만족시켜 주지 못하는 중국 대중문화의 공백을 메우기 위해, 한국 대중문화가 '대안문화'로서 선택된 것이라 볼 수 있다.

한국예술종합학교 정진홍 교수 역시 "중화권에 부는 한류는 일시적 현상이 아니라 나름의 사회학적 이유가 있는 현상"이라 강조했다. 한류는 중국 및 중화 상권의 문화적 중계기지 역할을 하던 홍콩이 더 이상 문화 베이스 역할을 하지 못하자, 그 틈새를 우리가 파고든 셈이다. 한국풍의 문화가 중국의 급속한 산업화가 초래한 중국 내의 문화적 충격과 혼란을 완충하는 역할을 해 주고 있다. 한류가 유행하던 초기에는 한국 대중문화는 대안문화로서 선택되었기 때문에 일시적인 현상이라는 견해도 있었다. 그러나 2004년까지 한류가 지속되고 있다는 것은 한국 대중문화가 중국에서 경쟁력이 있음을 보여준다고 하겠다.

● 정보화에 따른 문화개방

21세기 정보화시대의 소비취향은 사람과 상품의 직접 이동 없이도 가시적 통신매체를 통해 국경을 넘어 급속히 전파된다. 중국 역시 1990년대 후반 정보화와 함께 신세대의 문화적 취향이 변화하기 시작했다. 홍콩 위성 TV 펑황(鳳凰), 한국 KBS 위성 1, 2와 같은 위성방송이나 케이블 TV를 통해 중국인들이 해외문화를 보다 빠르고 쉽게 접할 수 있게 된 것은 한류 확산에 중요한 역할을 했다. 방송이나 인터넷 등 다양한 통신매체를 통해 홍콩 및 서구문화에 노출된 중국 신세대는 문화적 취향이 서구화되기 시작했고, 이런 기호의 변화는 한국식 서구 문화에 열광하게 되는 기초작업을 한 셈이다.

중국정부는 권위주의적 통치체제를 유지하고자 하므로 인터넷, 위성방송, 케이블 TV 등을 통해 해외의 뉴스나 정보가 중국으로 들어오는 것에 민감하게 반응한다. 그러나 중국 정부는 정치적으로 민감한 내용(파룬공, 대만독립, 민주화, 인권 관련 논의 등)을 차단하는 데 주력하는 반면, 자본주의 문화의 확산에 대해서는 덜 민감하고, 오히려 정치적 억압에 대한 국민들의 불만을 무마하는 차원에서 문화적 개방에 비교적 관대한 편이다. 중국의 극장가에는 자본주의 문화의 상징이라 할 수 있는 할리우드 영화가 상영되고, 도시 가정에서는 불법복제한 해외영화나 한국산 뮤직비디오를 VCD, DVD를 이용하여 쉽게 감상할 수 있다. 경제성장으로 TV,

PC, VCD 등 다양한 통신매체가 보급되자 서구문화의 충격이 중국사회에도 가해지고 있다. 한류에 열광하는 중국의 대중문화는 개혁기 문화적 취향의 변화를 단적으로 보여준다고 할 수 있다.

또한 한류의 유행은 중국 문화 및 방송의 상대적인 개방, 상품화와 관계가 있다. 중국 국영방송은 제작과정에서는 유행에 둔감하지만, 경제적 독립채산제가 실시된 후 광고수입을 올리기 위해 시청률에는 민감해지고 있다. 국영방송이 시청률을 높이기 위해 해외의 재미있는 드라마를 방영한 것이 한국문화를 중국에 소개하는 창구 역할을 했다. 예컨대 2002년 중국에서 방영된 외국 드라마 중 한국 드라마는 67부로 전체의 20.5%로서 대만이나 미국 일본 등을 제치고 2위를 차지했다.

● 한국 TV 드라마의 경쟁력

한국 TV 드라마의 특징

> * 세련되고 화려한 배경
> * 순수하고 강렬한 사랑
> * 가족 중심의 끈끈한 가족애가 배어있는 한국적 정서
> * 남성 이미지: 의협심, 책임감 강한 家長, 강한 리더십
> * 여성 이미지: 세련된 도회풍, 순종적, 당당함
> * 기복 있는 감정구조와 생동감 있는 대사
> * 빠르고, 짜임새 있는 스토리 구성

한국 TV 드라마는 위와 같은 이미지와 특징을 전달하며 중국에서 환영받고 있다. <사랑이 뭐길래>, <별은 내가슴에>, <애인>, <모델>, <가을동화> 등의 드라마는 매 작품이 신선한 바람이 되어 중국 대륙 가정으로 불어 들었다. <사랑이 뭐길래>의 시청률이 높아지면서 중국인들이 한국 드라마에 재미를 느끼기 시작했다. <사랑이 뭐길래>, <토마

토>, <가을동화>는 중국인들이 가장 많이 접한 한국 드라마라 할 수 있다. <사랑이 뭐길래>는 30대 이상의 장년층 세대의 시청률이 높은데, 이들은 한국이 지닌 강한 가족공동체, 유교질서 등에 정서적 호감을 보였다. 대학생들 사이에서는 <가을동화>가 유행했는데, 이들은 출연자의 용모와 패션, 높은 생활수준, 아름다운 배경 등에 관심을 보였다.

그러면 중국인들이 한국 TV 드라마를 즐겨보는 배경이나 이유는 무엇일까? 중국인들의 한국 드라마에 대한 반응은 "재미있고, 배우들의 연기가 뛰어나며 사람의 마음을 사로잡는 대사가 인상적이다"는 것이다. 한국 드라마 중 다수가 애정, 우정, 가족 간의 사랑을 주제로 하고 사회변천과 중대한 사건을 배경으로 하며 젊은이들의 연애와 결혼을 소재로 삼아 시대성, 기복 있는 감정구조, 짜임새 있는 스토리 구성, 세련된 풍경, 아름다운 화면 등의 요소를 고루 갖추고 있다. 그 밖에도 개성 있는 연기자, 뛰어난 연기, 생동감 있는 대사 등이 있다. 거기에 은은한 배경음악이 작품의 완성도를 더욱 높여준다. 한국 드라마의 이러한 특징은 지루하고 침울한 중국 드라마에 비해 모든 면에서 우위를 점하고 있다.

한국 드라마는 독창성과 신선함, 최고의 오락성을 가지면서도 독특한 스타일과 깊이 있는 내용으로 아시아 관중의 영혼을 사로잡아 오랫동안 영상시장을 독점해오던 일본 드라마를 따라잡고 대등한 수준에 이르더니 심지어 그 기세를 초월하는 양상을 보이고 있다. 한국 드라마에는 미국 할리우드과 일본 드라마의 성공요인이 녹아 있고, 관중을 사로잡는 미남미녀가 있으며 사랑의 슬픔과 기쁨, 만남과 헤어짐이라는 불변의 공식이 담겨 있다. 한국 드라마 성공의 관건은 무엇보다 강렬한 색채이다. 이 색채란 바로 한국 현대화의 면목을 나타내는 것이다. 남녀 주인공이 몰고 나오는 차는 모두 한국의 현대, 대우 등이며 반짝거리는 차는 바로 한국의 활력과 경쟁력을 대변한다.

　　한국 대중문화는 세련되고 화려한 서구 대중문화를 수용하여 나름대로 실정에 맞게 독자적으로 가공, 창조함으로써 기존의 서구문화 또는 일본, 홍콩문화와는 달리 "폭발적이고 강력한 힘과 순수함과 정열이 배어 있다"는 점에서 독특한 개성과 경쟁력을 지니고 있다. 대만의 유력한 연예전문지『따청잉쥐빠오』(大成影劇報) 편집국장에 의하면, "한국 드라마는 일본 드라마에 비해 훨씬 강력하고 선 굵은 테마에 가족적 가치관 등이 담겨 있으며, 순수한 사랑과 정열을 리얼하게 보여주기 때문에 인기를 끈다."

　　위와 같은 한국 드라마 자체의 경쟁력 외에 드라마의 주제나 가치관이 중국에서 공감대를 형성할 수 있도록 중국사회가 변화한 점을 지적할 수 있다. 중국은 개혁기 계층분화, 가치관의 변화, 문화적 소비취향의 변화를 경험하고 있다. 1990년대 초반까지만 해도 사회주의 사회에서 교육받은 중국 사람들은 기혼여성의 직장생활을 당연하게 여겼으며, 저임금정책으로 인하여 어느 가정도 가장의 수입만으로는 생계유지가 어려웠기 때문에 여성이 경제적으로 남성에게 의존할 수 없는 조건이었다. 그러나 1990년대 중반 도시의 계층분화가 급속히 진행되면서 신흥부유층이 형성되기 시작하자, "여성이여! 집으로 돌아가자"라는 주제 하에 기혼 여성의 직장생활을 둘러싸고 논쟁이 붙었다. 일부 경제력 있는 신흥부유층을 중심으로 가장은 부인이 직장생활을 중단하고 자녀교육과 가사를 전담하길 기대했고, 동시에 여성들 중에도 일하지 않고 소비하는 유한계급의 삶을 동경하는 이들이 증가하기 시작했다.

　　중국사회의 가치관 변화와 맞물려 1996년 방영된 한국 드라마가 바로 <사랑이 뭐길래>이다. 이 드라마 속에서 '대발이 가정'의 부자는 중국 남성들에게 그동안 경제적 무능력으로 인해 상실되었던 전통사회의 가부장적 권위의 부활을 보여줌으로써 '강한 남성, 순종적인 여성'이라는 중국 남성들의 숨겨진 욕망을 만족시켜 주었다. 반면 중국 여성들에게는 경제력 있고 민주적이며 부인과 딸을 보호, 배려하는 책임감 있는 가장의 모습을 보여줌으로써, 가정으로 돌아가 남성에 의존하며 부르주아적 소비생활을 동경하는 중국 여성들의 바람을 대리만족시켰다. 중국인들이 지적하는 한국 드라마에 나타난 남성상, 여성상에서도 이를 확인할 수 있다. "중국 남성 관중의 눈에 한국 여성의 외모는 청순하면서도 농염한 아름다움을 풍긴다. 또한 남성을 존중하는 한국 여성의 정서는 남존여비사상에 영합하는 듯하다. 중국문화권에서 최근까지 억압받고 좌절하던 남성들은 한국 영화를 보며 공감하고 보상받는 느낌을 받는 것 같다." 만일 <사랑이 뭐길래>가 1980년대 말 중국사회의 배경 속에서 방영되었다면 그렇게 높은 시청률을 기록할 수 없었을 것이다.

한편, 한국 TV 드라마가 중국인들에게 인기를 얻게 된 것을 계기로 한국의 TV 드라마 제작진은 한류를 겨냥하고 기획작품을 만들기 시작했다. 이런 기획제작은 한류가 일시적 유행으로 그치지 않고 지속적으로 유행하게 하는 힘이 될 수 있다. 예컨대 2004년 4월부터 일본 NHK 위성방송을 타고 있는 <올인>은 일본 대중문화 시장을 의식하고 기획부터 제작까지 '올인'한 작품이다. 도입부터 미국 라스베가스 카지노를 보여주다가 제주도와 제주 호텔 카지노를 보여준 것은 일본인들로 하여금 제주도에 와서 카지노를 즐기게 하려는 제작진의 복선이다. <올인>은 한국의 제주도를 세계에 알리고자 하는 의도로 제작된 고도의 기획 드라마라고 할 수 있다. 또한 최근 한중 합작으로 중국에서 촬영하는 드라마도 증가하고 있다. 첫 한중 합작 드라마인 <북경 내사랑>이 2004년 5월 10일부터 KBS 2TV 월화 드라마로 방영되는 것을 비롯해 <비천무>, <명랑소녀 구혼기>, <눈꽃 바람> 등이 중국을 촬영무대로 제작되었다.

충칭 시내 극장에서 상영하는 한국 영화 <내 여자 친구를 소개합니다>　사진ⓒ이한우 2004

4. 한류를 어떻게 볼 것인가?

한류를 어떻게 해석할 수 있는가? 즉, 중국인들의 한국 문화상품 소비가 한국에 대한 긍정적인 평가로 이어질 것인가? 낙관적 전망에 의하면 중국에서 한류가 유행하면 중국인이 한국에 대해 긍정적인 이미지를 갖게 된다는 것이다. 반면 부정적 전망에 의하면 저급한 대중문화의 확산이라 할 수 있는 한류는 한국에 대한 부정적 이미지를 형성할 수 있으며, 한류는 일시적 유행일 뿐 그 문화적, 경제적 토대가 빈약하므로 위축될 것이라고 한다. 중국인들이 한류를 보는 상반된 시각을 소개하면 다음과 같다. 중국『런민르빠오』(人民日報)는 한국 문화의 유행을 한중 문화교류 차원에서 고무적인 현상이라고 다음과 같이 평가했다.

"최근 2년 동안 점차 한국문화의 열기가 뜨거워지고 있다. TV에서는 한국 드라마를 방영하고, 영화자료관에서는 한국영화전을 열고, 공연장에서는 한국 연극, 음악, 춤을 공연하고 있다. 이런 한국 문화의 유행을 '한풍'(韓風), '한조'(韓潮), '한류'(韓流)라 부르며, 이것은 최근 북경 무대에서 하나의 문화현상이 되고 있다. 한국문화열은 중한(中韓) 양국 문화교류의 결과라는 측면에서 축하할 일이다. 동시에 '한풍'이 불어온 후 우리의 현대 예술은 어떠한가? 라는 질문을 피할 수 없게 되었다. 최근의 '한조'는 우리에게 적지 않은 생각할 문제를 남겼다. … 한류는 분명히 실체가 존재할 뿐만 아니라 이에 대해 배울 것이 적지 않으므로 우리가 긍정적으로 주목해야 한다. 한류의 성공 이유는 사회와 인생에 대한 깊은 관심, 휴머니즘과 세태 풍자, 진실하고 농축된 생활의 맛을 표현했기 때문이다."

그러나 중국 지식인이나 40세 이상의 장년층은 한류란 일시적인 유행에 불과하다는 지적과 함께 현란한 서구문화의 확산에 거부감을 보이기도 한다. 예컨대 북경사범대학(北京師範大學) 왕(王)교수는 "중화권 지역에서 불고 있는 한류 열풍은 일부 10대 청소년 사이에서만 나타나는 일시적인 현상에 불과하다. 특히 한류 열기를 주도하는 청소년들은 문제아들이 대부분이어서 기성세대는 오히려 한류에 대한 거부감을 보이기도 한다"고 평가했다.

국내에서도 한국 대중문화가 유행하는 이유, 그 평가를 둘러싸고 다양한 시각이 공존하고 있다. 첫째, 유교문화와 서구문화를 환상적으로 잘 조합하여 아시아적 정서에 맞게 세련되게 가공했다는 시각이다. "미국과 일본으로부터 일찍이 문화충격을 경험한 한국은 자본주의 문화의 중개자가 될 수 있었다. 유교문화가 남아 있어 친숙하고, 서양문화에 비해 자극적이지 않다는 의견도 있다. 중국에서 일본문화가 찬밥인 것은 반일감정 때문으로 보인다."

한류의 바탕에는 '아시아 문화'라는 정서적 공감대가 위력을 발휘한다는 지적도 있다. 연세대 조한혜정 교수는 "한류 현상을 돌발적인 흐름으로 보면 안 되고 탈서구화에 따른 다중심성 사회의 맥락에서 파악해야 하며, 홍콩, 일본 열기에 이어 한국이 중심에 등장한 이유는 가족중심의 한국문화가 주는 친근감이 주효했을 것"이라고 했다. 또한 "한국문화는 서구 대중문화를 나름대로 수용하고 유교적 정서로 어느 정도 거른 '한국적 서구문화'이기 때문에 중국인이 수용하기 용이했다"고 한다.

둘째, 연세대 김현미 교수는 한류의 유행을 '세속적인 자본주의적 욕망의 포장 능력'이라는 측면에서 설명한다. "한국의 드라마는 너무나 정형화된 가부장적 남녀역할을 보여주지만, 동시에 부르주아적 연애문화의 환상을 불러일으킨다. 한류는 한국 대중문화의 질적인 우수성이나 문화적 고유성 때문에 생겨난 것이라기보다는 아시아 지역에서 새롭게 부상하는 욕망들과 다양한 갈등을 가장 세속적인 자본주의적 물적 욕망으로 포장해내는 '능력' 덕분에 탄생한 것인지 모른다. … 지금으로선 '한류'가 우리 사회에서 열망했던 고부가가치 문화산업의 시대를 선도하기보다는 아시아 일부 지역의 문화공동화를 메울 수 있는 값싼 상품의 하나로 존재할 뿐이다."

셋째, 한국의 일부 지식인들은 한류를 일단 고무적인 현상으로 받아들이지만, '한국적인' 고급문화들이 많은데도 불구하고 10대 위주의 댄스음악이나 저급한 트렌디드라마만이 중국에 소개되는 것에 대해 우려한다. 한국의 대중문화는 한국적이기보다는 국적불명의 혼합문화이고, 미국 대중문화의 영향을 강하게 받고 있다는 점에서 한국 대중문화의 아시아 수출이 한국에 대한 부정적 이미지를 만들어 낼 수 있다는 지적도 있다. 이런 문제의식에서 출발하여 한국문화의 우수성을 소개할 수 있는 다양한 '한국적' 문화상품이 개발되어야 하다는 주장도 나오고 있다.

물론 한국의 고급문화가 중국에 소개되어 호평을 받은 적도 있다. 2001년 10월 극단 학전이 시도한 뮤지컬 <지하철 1호선>의 중국공연이 성공하자, 『베이징칭니엔빠오』(北京靑年報)와 『베이징완빠오』(北京晩報)는, "우리는 <지하철 1호선>을 통해 '한류'가 한국문화의 전부가 아니라는 것을 알 수 있게 되었다. '한류'가 한국문화를 대표할 수는 없다. <지하철 1호선> 같은 작품은 한국예술의 최고수준이다. 그런데 우리는 한국문화에 대한 인식이 일천하다. 다른 한류물과는 달리, 이 뮤지컬은 과장된 복장과 유행음악 없이 보편적인 정서에 호소한다. 이 뮤지컬은 현재 한국의 대도시 서울 사람들의 진실된 생활을 보여준다"라고 갈채를 보냈다. <지하철 1호선>의 흥행 이유는 무엇인가? 백두산에서 인연 맺은 한국 남자를 찾아 서울에 온 연변 처녀가 직면하는 뒷골목 풍경들을 통해 오늘의 서울과 한국을 통렬하게 풍자하고 있는 작품 스타일을 중국 관객들이 흥미롭게 받아들였다고 공연단은 전했다. 중국 언론의 <지하철 1호선>에 대한 긍정적인 평가가 '한류의 부정'에서 시작한다는 점은 시사하는 바가 많다.

대중문화의 수출 대신 고급문화를 수출하자는 주장은 당위성은 있으나 현실적으로 어떻게 문화상품 시장에서 경쟁력을 확보하느냐의 문제가 따른다. 중국 신세대들은 한국적 특색을 지닌 고급문화가 아닌 한국화된 서구문화를 원하고, 이런 소비취향이 한류라는 유행을 만들어 냈다. 유행은 대중문화의 속성이므로 한국의 고급문화 역시 유행을 타고 확산되는 것을 기대할 수는 없다. 물론 대중문화의 소비층은 연령별 혹은 문화적 취향에 따라 다양하며, <지하철 1호선>의 흥행은 한국문화 진출의 새로운 가능성을 열어 준 것도 사실이다. 그러나 보다 다양한 소비층을 겨냥한 한국 고급문화의 수출은 상품성만으로는 경쟁력이 약한 것이 현실이다. 한국적 고급문화의 중국 수출을 위해서는 한국 정부가 한국문화를 중국에 소개하여 국가 이미지를 높인다는 차원에서 문화홍보 프로그램을 통해 추진할 필요가 있다. 독일의 경우 전 세계 많은 나라에 독일문화원을 두고 적극적으로 독일문화를 홍보하는 데 자금을 투자해 왔고, 이런 문화적 투자는 제2차 대전의 전범이라는 국가 이미지를 바꾸는 데 중요한 역할을 했다고 본다. 한국도 이제 경제적 진출 외에 문화적 진출을 통해 국가홍보에 관심을 기울일 때가 왔다고 본다.

5. 한류 효과의 양면성과 전망

중국에서 한류 발생의 중요한 요인은 중국 신세대 소비층의 취향변화를 만족시킬 수 있는 대중문화의 부재에 기인한다고 생각된다. 한국 대중문화는 하나의 '대안문화'로서 중국 청소년들의 개성과 열정을 표현하기 위해 선택된 셈이다. 한국 대중문화가 중국 청소년들에게 대안문화로서 열풍을 일으키게 된 것은 서구문화를 동양문화적 정서에 맞도록 세련되게 가공했기 때문이다. 한국 대중문화가 아시아 지역으로 확산되는 데 대해 다양한 비판과 우려가 없는 것은 아니지만, 적어도 중국 청소년들에게 한국 가요와 드라마는 매력적이고 상품성이 있다. 한국 대중문화는 중국 문화 컨텐츠 시장에서 '신세대'라는 특정 고객들에게 강한 영향력을 발휘하고 있다.

그러면 한류는 과연 수익성 있는 상품인가? 한류가 한국 상품을 중국에 소개하는 데 경제적으로 효과적이라 보는 시각이 있다. 한류는 잘 관리할 경우 국내 문화산업의 규모를 키우며, 우리 문화산업이 세계문화 산업시장에서 국제경쟁력을 높이는 계기가 될 것이라는 낙관적인 전망을 하는 보고서도 있다. 삼성전자는 2000년 안재욱을 광고모델로 기용하여 모니터 시장에서 1위(25%)를 차지했으며, 2천위안(元)대의 고가품인 MP3 플레이어 시장에서도 35% 점유율을 차지하고 있다. 삼성전자 중국 총부 마케팅 관계자는 한국의 스타 마케팅이야말로 일본 기업이 흉내낼 수 없는 한국 고유의 기법이라고 말했다. 중국의 유명 휴대폰 제조업체 TCL은 최근 파격적인 모델료(2년간 16억원)를 지급하고 탤런트 김희선과 전속 계약을 맺었다. 또한 강원도 속초의 <가을동화> 촬영지를 찾은 대만, 중국 관광객이 지금까지 3천 명이나 되고, 안재욱을 보러 온 마니아들이 천 명에 달한다. 한국관광공사에서는 이들이 쓰고 간 돈이 80억원에 이른다고 계산한다.

　　　　많은 기업들이 중국시장 진출을 위해 한류를 활용하여 이미지의 상품화를 시도하고 있지만, 수익성 있는 상품화로 이어지기 어렵다는 지적도 적지 않다. 중국 음반시장에서 정품이 10만장이면 불법음반은 20-30배에 달한다는 게 음반업자들의 공통된 느낌이다. 때문에 가수들은 음반 발매를 꺼리고 일회성 콘서트에 주력한다. 또한 중국에서 한국 가수의 공연을 추진하는 기획사들은 중국경찰(公安), 관료들의 횡포로 인하여 다양한 어려움과 손해를 경험한 바 있다. 공짜표 요구는 일상적인 일이지만 그 액수가 엄청나다. 안재욱 공연을 추진했던 한 기획사는 공안당국에 유료 좌석 50%를 무료로 제공해야 했다. 또한 2001년 7월 중국 선양(沈陽)에서 공연을 추진했던 기획사 담당자에 의하면, "중국에선 마지막 순간에 공안이나 소방국에서 꼬투리를 잡으면 공연을 할 수 없으므로 관료들에게 1억대의 뒷돈을 준 경우도 있다"고 한다. 이를 통해 볼 때 한류를 마케팅에 활용하여 수익성 모델을 만드는 것은 다양한 난관에 직면할 수 있다.

한편, 한류란 일시적인 유행에 불과하고 중국인들이 '서구문화의 중국화'에 익숙해지는 순간 한류 시장은 축소될 것이란 전망도 있다. 이런 비관적 전망에도 불구하고 한류가 유지되기 위한 생명력은 어떻게 새로운 히트 상품을 지속적으로 제공할 수 있는가이다. "스타의 부재는 유행의 끝"을 의미한다는 사실을 고려할 때, 참신한 스타의 발굴과 마케팅에 주력할 필요가 있을 것이다. 한류가 1990년대 말부터 시작되어 현재까지 지속되고 있는 현황을 보면 일시적인 현상이라고만은 할 수 없는 힘이 있다고 하겠다. 한국 대중문화가 중국에서 지속적인 영향력을 발휘하는 것은 아직도 중국의 문화 컨텐츠 시장에서 경쟁력이 있다는 것을 반영한다고 볼 수 있다. 중국인들이 한국 대중문화에 익숙해질수록 한국에 대해 긍정적 이미지를 형성하게 된다는 점을 고려한다면, 한류는 문화적 유행에서 더 나아가 한국 상품에 대한 소비 증가, 문화적 교류의 효과도 기대할 수 있다.

동아시아의
한류 韓流

4

'쏠롱고스 식', 몽골에 뜨는 '무지개' : 몽골의 한류

김선호

1. '쏠롱고스 식'

'쏠롱고스 식'(CОЛОНГОС ШИГ: 한국처럼)은 요즘 몽골의 라디오 방송에서 자주 들을 수 있는 몽골식 한류의 상징어이다. 1990년 개혁 개방과 함께 그 해 3월 26일 한국과 수교를 맺고 빠른 속도로 관계 발전이 이루어지고 있는 몽골에서 중국에서와 비슷한 시기에 나타난 한류가 바로 '쏠롱고스 식'이다. 이는 단순히 한국의 대중문화를 접하고 좋아한다는 정도가 아니라 좀 더 적극적인 한국문화의 수용이라는 양태를 나타낸다.

한·몽 수교 이후 몽골의 빠른 정치적 변화와 여기에 수반되는 경제적인 문제 등으로 인하여 초기 몽골에서 '한국풍'이란 것은 경제적인 것 외에 문화적 측면에서는 크게 기대할 게 없었다. 더욱이 경제적인 어려움은 몽골사회가 어떤 외래의 독특한 형태의 문화를 적극적으로 수용하는 데에 많은 제약을 주었다. 특히 260만 정도의 적은 인구에 수도 울란바타르의 60~70만, 무작정 상경 인구를 포함하여 비공식적으로 80만 명까지 추정되는 편중된 인구를 가진 몽골로서는 외국문화의 범람 혹은 지배라는 단어가 오히려 적합하지 않은 점도 있다. 왜냐하면 이미 1950년대 중국 노동자의 대규모 이주로 울란바타르를 중국화시켜 유목문화권인 몽골의 정체성을 위협했던 경험을 하였기에, 그 후 항상 문화적 정체성을 지켜야 한다는 분위기가 전 사회적으로 강했다. 나아가 어느 한 문화가 오랜 기간 머물면서 그 사회의 색깔을 바꿀 수도 없는 것이어서, 어떻게 보면 몽골에서 '쏠롱고스 식'은 단순하고 짧은 사회 일면의 현상이라고 간과할 수도 있다는 것이다.

그러나 최근 중국과 기타 아시아권에서 나타나고 있는 적극적인 한류 현상과 비교하여 볼 때, 나름대로 몽골사회에 깊은 영향을 주고 있고 또 적은 인구의 사회임에도 불구하고 상당 기간 유지되고 있어, 몽골 한류에도 주목할 필요가 있다고 본다. 먼저 몽골인들이 한국을 보는 관점에서부터 출발하여, 현재 몽골에 나타나는 한류의 특성을 살펴보고, 그에 따른 문제점과 향후 변화에 대해 전망해 보자.

2. 몽골 한류의 배경

과거 고려시대 '고려양 몽고풍'(高麗樣 蒙古風)은 우리와 몽골의 적극적인 문화적 교류를 나타내는 말이었다. 물론 민족주의에 편향된 역사가들은 이 용어가 강제적 몽골문화 강요라는 주장을 하기도 하지만 이제 그렇게 주장하는 사람은 없다. 정치적·물리적 지배보다는 문화교류가 더 자연스럽게 이루어졌다는 것이 지배적인 관점이라는 것이다. 사실 우리민족과 북방 유목민족들과의 문화교류는 오래전부터 이루어져 왔었다. 단지 중국과의 교류, 즉 문명국, 대국과의 교류라는 사대주의가 북방유목

민족들과의 교류를 비천한 것으로 여기게끔 만든 것이다. 결국 편협된 시각에서의 제한적 문화교류는 사실과 다르며 이것은 현재 몽골의 한류를 설명하는 데에 반드시 필요한 역사적 배경인 것이다. 이것은 근·현대에 이르러 장기간 문화적 단절을 겪었음에도 불구하고 몽골과 우리 민족간에 불과 10여년의 교류에서 그 발전 형태가 양적으로나 질적으로 굉장히 빠른 속도로 이루어진 것을 이해하는 데에도 도움이 된다.

● 몽골 개혁 이후 한·몽 간의 교류 발전

몽골과 한국과의 1990년 수교 이후 정치적으로 한·몽관계가 정점에 이른 것은 1991년 10월 푼살마긴 오치르바트 몽골대통령이 방한했을 때이다. 몽골대통령의 방한에는 40여 명의 몽골정부 각 부처의 수행원들이 동행하였고, 방한 중 한·몽협정 체결, 외교관 및 관용여권 소지자에 대한 사증면제협정 체결 등이 이루어졌다. 이러한 정치적인 관계발전은 사회 다른 분야에 있어서도 적극적인 교류를 유도하기 시작하였다.

이후 특히 경제 및 학술계 등의 교류가 급진적으로 이루어졌으며, 1994년에는 무엇보다 11월에 개설된 서울-울란바타르의 직항로 덕분에 과거 북경 경유로 불편했던 한·몽간의 인적, 물적 교류가 이제는 좀더 활발히 발전할 수 있는 계기가 되었던 것이다. 이렇게 제1단계 기초적인 관계발전의 시기를 거치고 제2단계 실질적인 관계발전이 시작된다.

제2단계 시기인 1995년에서 2000년 사이 한·몽관계는 두 가지 형태로 설명될 수 있다.

첫째, 한국인들의 몽골 진출이 비즈니스 그룹과 선교 그룹이라는 형태로 나뉘어져, 몽골사회로의 접근이 더 적극적으로 이루어졌다는 것이다. 몽골은 한국인들에게 있어서 호기심의 대상이었던 것은 분명하지만 비즈니스 그룹은 주로 서비스업 특히 유흥업에 투자하여 몽골사회의 긍정적인 발전에 기여한 면은 극히 적었고, '한탕주의'로 부작용을 낳았다. 선교단들은 한국선교사들 간의 반목으로 인구가 적은 몽골인들을 갈라놓는 부작용을 낳았다. 그 폐해가 몽골인들의 분열을 조장할 정도로 심각하여 1997년 몽골정부는 한국인들에게 장기비자를 일시 금지했던 사건도 있었다.

둘째로 몽골인들은 이 시기에 한국에 와서 불법체류를 하며 3D업종에 종사하여 돈을 벌어 금의환향하려는 현상이 있었다. 2000년 한·몽 포럼에서 발표된 몽골측 자료에 의하면 연인원 20만 명, 즉 몽골인구의 10%가 한국을 다녀갔다고 추산되기도 하였다. 상당수의 몽골인들이 이른바 코리안 드림을 이루기도 하였지만, 한국에서 부당한 대우를 많이 받음으로써 한국에 대한 이미지가 매우 나쁘게 남게 되는 부작용도 있었다.

이러한 관계발전은 개별적으로 보면 많은 문제를 안고 있었지만 전체적으로는 몽골인들이 한국이라는 국가의 존재를 인식하고 과거 자신들이 지배하였던 국가라는 민족적 우월감으로부터 반대로 일종의 물질문명에 따른 동경의 대상으로 여기게 된 변화를 가져왔다. 결국 몽골에 한류가 생성되는 1990년대 말기 몽골과 한국과의 관계는 동전의 양면과 같은 긍정적인 부분과 부정적인 부분이 병존하는 형태적 특징을 가지고 있다.

● 몽골인들에게 있어서의 한국

1990년 수교에서 현재까지 몽골인들에게 한국은 배워야 하는 대상이라는 의식이 발전해왔다. 2000년대에 들어선 현재 많은 자원을 보유하고 있으나 빈곤에서 벗어나지 못하고 있고, 그것은 정치적인 문제, 경제시스템의 문제, 그리고 무엇보다 선진국으로 발돋움하고자 하는 국민들 간의 연대의식 등이 부족한 때문이다. 여기서 몽골에 장기 거주하고 있는 한국인들을 분석하여 몽골인들이 그들을 통해서 보는 한국을 간접적으로 인식해 보고자 한다.

　현재 몽골에 장기 거주하는 한국인수는 공식집계로 500 명에 이른다. 여기에 유동인구를 합치면 몽골에 거주하는 한국인은 1,000 명에 가깝다고 한다. 이들을 몽골에 이주한 시기별과 직업적인 특성에 따라 대략 3세대로 나누어 볼 수 있다.

　1세대는 한·몽 수교 직후에 몽골인과 손을 잡고 한국에서 소자본을 가지고 들어와 크게 성공하지도, 그렇다고 눈에 띄게 망하지도 않고, 현재 요식업이나 유흥업을 하는 사람, 또는 봉제공장이나 보세의류 상인들을 일컫는다. 이런 유사한 입국자가 1990년대 중반까지 주류를 이루었고, 여기에 학자들과 선교사들이 동시에 들어왔었다. 경제적인 목적을 가지고 들어온 사람들 중에는 소기의 목적을 달성한 사람들도 존재한다. 이들 중 몽골사회에 유흥업을 들여와 자본주의 사회의 어두운 면을 보여주었던 부류들은 몽골인들에게 그리 좋은 한국의 이미지를 심어주지는 못하였지만, 일부 젊은 세대나 부유층들에게는 또 다른 세계를 경험하게 해주는 역할도 하였다.

　주지하는 바와 같이 적은 인구, 즉 적은 규모의 시장인 몽골에서 상업을 한다는 건 정통 비즈니스 세계에서는 이해하기 어려운 정말 엉뚱한 생각이다. 몽골인조차 자신의 나라에서 러시아인이 아닌 다른 나라 사람이 와서 장사를 한다는 건 좀체 납득하기 힘든 일이라고 한다. 러시아에 이미 1세기 가까이 영향을 받은 폐쇄적인 사회에 뚫고 들어가 한국인 1세대들은 잘 버텨나가고 있다는 것이다.

　2세대는 순수하게 한국에서 자기 자본을 들고 와서 몽골에 정착하려는 사람들이다. 이런 사람들은 다수가 성공에 대한 의욕은 매우 강하나 이들 역시 몽골에 대한 사전지식이 부족한 사람들로서 사기 아닌 사기를 당하는 사람도 있고 어떤 불이익이나 마음의 상처를 심하게 받는 경우도 있다. 이들은 특히 1세대들에게 자문을 구하거나 동업을 하는 과정에서 한국인들 사이에 불협화음을 일으켜, 몽골인들에게는 한국이 1960년대 이후 1980년대까지 잘 살아 보자는 연대의식을 바탕으로 경제성장을 하였지만 전통유목사회와 같은 끈끈한 인간애는 결여된 것으로 보였다고 할 수 있겠다.

　　마지막으로 3세대는 한국에서 엄청난 투자자를 업고 시작하는 사업가나 기타 부류의 사람들을 이른다. 3세대가 정착할 때 관심이 이들에게 쏠렸고, 과연 몽골내의 한국사회가 어떻게 변할까에 관심이 모아졌다. 김대중 대통령의 몽골 국빈방문도 한국으로의 관심을 다시 모으는 중요한 사건이기도 하였다.

　　초기 관계발전단계에서 몽골인들에게 있어서 한국이란 경제발전의 모델 혹은 몽골에 대한 적극적인 지원을 아끼지 않고 몽골에 투자를 위해 과감히 모험을 하는 바람직한 국가로 비쳤다. 그러나 점차 쌍방향 교류의 형태로 바뀌는 1990년대 중반 이후 부정적인 부분이 나타나면서 한국의 이미지가 몽골에 긍정적으로만 비치지는 않는 형태로 바뀌었다. 그러나 부정할 수 없는 것은 3세대의 적극적인 몽골 투자와 그리고 몽골사회에서 많은 영향력을 행사하는 한국방문 경험이 있는 다수의 몽골인들의 '한국소개'라는 정보제공에 힘입어 1990년대 후반에 이르면 몽골인들이 한국이 적어도 짧은 기간 안에 경제발전을 이룩한 국가라는 정도는 모두 알게 되었다는 것이다.

　　결국 이러한 배경에 힘입어 몽골 매체의 한국에 관한 적극적인 이슈화가 몽골 내에 한국 이미지 심기를 더욱 심화시켰다. 몽골인들의 한국에 대한 인식은 긍정적인 면과 부정적인 면을 모두 가지게 된 후 몽골 젊은 층을 중심으로 '한국문화의 수용'이라는 형태로 1990년대 후반부터 가시화되기 시작한다.

3. 몽골 한류의 형태적 특성

● 몽골에서의 '한국풍'

일반적으로 유목사회가 받아들이는 외래문화는 반드시 자신들의 정체성을 파괴하지 않는 범위 내에서 농경사회의 경우보다 널리 그리고 빨리 받아들여진다. 몽골에서 1990년대 후반부터 불기 시작한 '한국풍'은 곧바로 '한국처럼'으로 적극적인 수용의 형태로 이루어졌고 그 다양성은 또한 매우 크다.

1994년 <투캅스>가 TV방송에서 방영되었지만 몽골사회에서 그리 커다란 반향을 불러일으키진 않았고 오히려 영화보다는 드라마를 통한 한국 사람들의 삶의 형태가 그대로 몽골로 옮겨지기 시작하며 '한국풍' 바람이 불기 시작한다. 몽골에서는 제작기술 및 제작비 문제 등으로 인해 자체 제작 드라마가 없었기 때문에 한국 것과 기타 주변 아시아 국가들의 프로그램을 수입 방영하는 과정에서 나타난 것이다. 1999년 몽골국영방송에서 방영한 <모래시계>는 그 인기가 높아 울란바타르 TV방송에서 다시 재방영되었으며, 몽골의 안방극장에 한국 드라마 붐을 일으키기 시작하였다고 몽골리안 타임스(Mongolian Times)는 분석하였다.

2001년도에 이르러서는 한국드라마의 영향력이 더욱 커져 이 당시 방영된 <장미와 콩나물>, <첫사랑> 등은 몽골인들 사이에서 선풍적인 인기를 끌었고, 옷과 휴대폰, 액세서리 등은 상상을 초월할 정도로 유행하였다.

특히 아리랑 TV의 몽골지역 방송은 몽골인들에게 더욱 자주, 가까이 한국을 접할 수 있는 기회를 주었다. <호텔리어> 등은 청소년들에게 인기를 끌었는데, 재미있는 것은 <장미와 콩나물>의 최진실의 본명은 모르고 모두 극중 인물인 "미나"를 그녀의 본명으로 알고 있었다는 것이다.

드라마에 빠져 들어가는 정도 역시 상당히 깊다는 것을 알 수 있다. 어떤 면에서는 중국과 같이 한국의 배우들에 대한 선망보다는 극중에 나오는 캐릭터가 몽골인들에게 더 중요하였다.

특히 몽골에서의 '한국풍'은 일반인들에게 미치는 영향이 매우 강하다는 특징도 있다. 2003년 10월 12일자 뉴욕 타임스(New York Times)는 "몽골에 부는 한국 바람" 이라는 제목으로 몽골인들의 한국문화 수용에 관한 보도를 하였다. 타임스는 "몽골의 2개 방송사들이 한국 TV드라마를 방영하면서 매일 저녁 다른 집을 방문하는 것이 실례가 될 정도가 됐다. 이 시간대에는 몽골의 극진한 손님환대라는 전통도 잠시 뒷전으로 미뤄진다" 라고 하였다. 또한 이 신문은 "고비사막 관광 도중 자동차 바퀴가 펑크 난 채로 간신히 유목민 텐트에 도착하여 도움을 요청하였는데 한국 TV 드라마를 보던 남자주인이 드라마가 끝난 후에야 곤경에 빠진 관광객을 도와 줬다" 는 현지 관광안내인의 말을 소개하기도 하였다. 타임스는 몽골과 한국의 여러 방면에서의 유사성을 몽골에서 한국바람의 원천이라고 설명하였다.

국토는 넓고 인구가 적은 몽골에서 외국 연예인에 대한 특집방송을 한다는 것은 보기 힘들다. 왜냐하면 여러 지역에서 일어나는 국내뉴스와 국제뉴스만 전하는 데에도 상당한 시간이 할애되고 전력이 풍부하지 않은 상황에서 역시 프로그램의 다양성은 생명이기 때문이다. 그런데도 불구하고 몽골 국영방송의 편성책임자 울지히시 나랑게렐씨는 "최진실 특집" 이라는 형식으로 일주일 내내 같은 시간대에 한국영화를 방영하기도 한다고 한다. 즉, 몽골에서의 한류는 그 깊이가 남다르다는 것이다.

2003년 7월 25일에는 한국 여성그룹 베이비복스가 몽골 울란바타르 시 나담 체육관에서 공연하였는데 70만 울란바타르 시민 중 35,000여 명이 행사장으로 몰리는 진풍경이 일어났다. 이 공연에는 바가반디 대통령도 초대되었다.

2005년 나담 축제에서의 한국상품점   사진ⓒ김선호, 2005

　　2004년 8월 몽골독립 83주년, 그리고 서울시와 울란바타르시의 자매결연 10주년을 기념하는 행사에서는 안재모와 북한 귀순배우 김혜영이 월드몽코리안 페스티발에 참여하여 오후 7시부터 3시간 동안 몽골 최대의 공연장 UB팔레스 특설무대에서 공연하여 성황을 이루었다. 특이한 것은 중국 등과는 달리 최근 한국의 신세대 연예인은 물론 현일, 진정숙, 박안숙, 장만철씨 등 민속예술가들도 몽골인들에게 많은 사랑을 받았다는 것이다.

　　더욱이 2004년 6월 하회별신굿 탈놀이가 몽골 문화부 초청으로 12차례 몽골에서 공연되었다. 이처럼 한국 신,구문화예술이 모두 몽골인들에게 모두 환영받는다는 점은 몽골에서의 한류가 단순한 대중문화의 전

몽골 내 방영된 영화, TV드라마 및 공연

연도	내용	분석
1994	영화 <투캅스>	공동체 의식이 강한 몽골사회에서 선과 악의 대결이라는 이원론적 메시지는 크게 환영받지 못하였음
1999	드라마 <모래시계>	혁명과 사회주의를 겪은 몽골의 현대사에서도 보이는 인간 내면의 갈등이 몽골사회에 신선한 충격으로 다가갔음 (재방영도 있었음)
2001	드라마 <장미와 콩나물>, <첫사랑>	드라마 속 한국생활이 동경의 대상이 되고, 멜로드라마라는 장르가 몽골인들의 각박한 생활환경에 관심을 불러 일으켰음
2001	드라마 <호텔리어>	자본주의에 익숙해지기 시작한 몽골인들, 특히 젊은층에게 동경의 대상이 되는 생활이 드라마 속의 주인공을 추종하는 형태로 한류의 기반이 형성되기 시작함
2002	앙드레 김 패션쇼	송승헌 등 연예인 대거 출연하여 울란바타르 전체가 축제 분위기일 정도로 몽골인들의 "흠모"가 보였음
2003	영화 최진실 특집	최진실 출연 영화 일주일간 방영. 최진실 개인보다는 극중 인물로서의 최진실이 더 많은 관심을 받으며 한국영화 주간을 만들었음
2003	베이비 복스 공연	몽골대통령의 공로상 수여가 있을 정도로 대성황을 이룬 베이비복스의 공연은 어려운 경제에서 국민을 하나로 묶어주는 역할을 한 것으로 높이 평가 받음
2004	안재모, 김혜영 공연	역시 대통령 초청 등의 국빈 대우를 받음

파로만 볼 수 없다는 특징을 나타낸다.

몽골에서의 '한국풍'은 결국 다양한 형태로 한국을 접한다는 단순한 접촉의 의미보다는 자신들 문화 안에 깊이 심어놓는 형태로 보이는 것이 가장 커다란 특징이라고 하겠다. 즉, 몽골인들에게 있어서 적극적인 한국풍의 수용은 과거 한·몽 간에 새로운 관계발전을 기대한다는 몽골인들의 기대심리와 물질문명에 대한 동경심, 그리고 한국과 몽골관계의 전통적인 부분에 대한 친밀감 등이 어우러진 형태라고 할 수 있다.

몽골의 한류, 즉 '쏠롱고스 식'(한국처럼)은 무엇보다 먼저 학문분야에서 강하게 나타난다. 몽골인들에게 개혁 개방이후 제일 먼저 유행하였던 것은 한국어 배우기와 한국현대사 연구하기였다. 지금도 수많은 몽골학생들이 한국에 와서 한국어를 배우고 돌아가 몽골사회에 한국 알리기를 하고 있다. 한국에서 몽골에 간 선교사는 물론 청년봉사단 등이 제일 먼저 요구받는 것은 한국어를 가르쳐 달라는 것이다. 이것은 물론 한국으로의 취업이 가장 커다란 동기를 차지하고 있고, 실제 한국현대사 특히 경제발전과정을 배워 몽골에서 필요한 인재가 되려고 하는 학생들도 많다. 예를 들어, 바가반디 전대통령의 딸은 서강대에서 경제학을 배우고 돌아가 몽골경제 부흥에 일조하고 있다. 1999년부터는 정기적으로 한국어능력시험이 몽골의 수도 울란바타르에서 시행되었다. 이전에 부정기적으로 시행하였던 한국어능력시험은 이해 10월부터 1년에 한번씩 시행되는 정기적인 시험으로 자리 잡았고 평균 200여 명의 학생들이 응시하여 어휘와 문법, 듣기, 읽기, 쓰기 등의 4개 영역을 초급, 중급, 고급으로 나누어 실시한다. 이외에도 한진그룹의 21세기한국연구재단 등에서는 몽골학생들을 선발하여 장학금을 지급하고 한국에서의 유학을 지원하고 있다.

2004년 유니세프 한국위원회 몽골시찰단원으로 몽골을 방문한 『서울신문』 임영숙 주필은 몽골에서의 한국어 교육열풍을 소개하며, 현재 몽골 전국 10개 대학에 한국어학과가 개설되어 있고, 약 1,400 명의 몽골학생들이 등록되어 있을 정도라고 하였다.

이러한 '한국을 배우자'는 교육분야에서의 한류는 몽골의 엘리트그룹에 한국의 이미지를 심는다는 데에 그 의미가 크지만, 일부 한국의 교육기관에서는 가난한 야만의 나라에서 온 고학생 정도로 멸시하는 사건들도 있어 부작용도 적지 않다.

그 다음은 역시 예술분야에 있어서의 한류 열풍이다. 한국 드라마는 전술한 바와 같이 1999년부터 몽골인들에게 인기를 끌고 있다. 그러나 중국에서의 한국 드라마 열풍과 같이 출연하는 한국 배우들에 대한 열광적인 면보다는 극중 인물에 대한 선망이 더욱 커서 실제 한국 문화에 대한 동경인지 한국문화가 만들어내는 외형적인 부분에 대한 동경인지는 현지조사를 통한 연구가 필요하다.

음악에 있어서도 한국 대중음악들이 상당한 위치를 차지하고 있고 몽골 젊은이들에게는 더더욱 인기를 끌고 있다. 몽골인들이 직접 한국 가수들의 공연을 접할 수 없을 때에는 한국 가수들의 중국 공연 비디오테이프를 방영하기도 할 정도이다. 예를 들어, 2002년 1월 15일 금요일 UBS방송에서는 한국 가수들의 중국 공연실황을 방영하기도 하였다.

의식주면에서 대중문화의 변화와 한류의 흐름은, 우선 의상의 변화에서 살펴볼 수 있다. 우리나라의 보편적인 복식 문화의 원천은 이제 어떤 특정 연예인이나 특정인을 추종하는 흐름이 아니다. 그저 자신에게 맞고 편안하고 자신을 표현하는 흐름으로 전환되었고 이것은 역으로 각종 연예인들에게서 두드러지게 표현되고 있다. 오히려 정반대로 연예인들이 평범을 추구하는 현상인 것이다. 이런 연예인들이 몽골의 젊은 층의 눈을 자극하였고 그것은 엄청난 속도로 전파되어 급기야 '한국의류점'(韓國衣類店. Solongos Khuvtsasni Delguur)이라는 새로운 상권(商圈) 형성에 기여하는 계기로 작용하였다.

2005년 7월 몽골의 전통적인 축제 '나담'(Naadam)이 열리는 울란바타르 공설운동장의 입구에서 수백 개의 노점상들 중 한국 물품을 파는 가게('쏠롱고스 바라': 한국물품)도 눈에 띄었는데, 물품은 대부분 옷과 신발 등이었다.

울란바타르 시내 백화점의 김치 판매 코너

사진ⓒ김선호 2005

　　식생활 부분의 의식변화는 더욱 놀랄 만한 것이다. 원래부터 매운 음식을 가리고 채소보다는 육식을 즐겨하던 몽골인들에게 한국음식은 그들이 받아들이기에 어려운 부분이었으나, 한국을 한 번이라도 방문했던 몽골인이라면 다시 한국의 매운 음식을 찾는 게 예사로 되었다. 그에 따라 한국음식점은 수십 개에 다다르고 그 중에서도 몽골인들에게 인지도를 높여 품격 있는 음식점으로 자리잡아가고 있는 음식점도 몇 군데가 된다. 김치를 비롯하여 삼겹살과 기타 찌개의 전파는 몽골인들 자신도 놀라는 부분이다. 몽골인들에게서 한국의 음식은 중국 다음으로 종류나 맛의 면에서 다양한 음식으로 알려졌고, 한국음식을 배우려는 몽골인들도 생겨나게 되었다.

　　1990년대 중반 한국의 청년봉사단이 몽골에 비닐하우스 농법을 전수하여 풍부한 야채를 공급하게 되면서 실제로 몽골인들의 영향균형에 많은 기여를 하였다.

나담 축제가 열리는 공설운동장 주차장에는 10대 중 7대가 한국산 자동차이다. 사진ⓒ김선호 2005

　　현재 울란바타르 시내에서 가장 큰 종합 슈퍼마켓의 식품코너는 한국 상품으로 넘쳐나고 있으며, 특히 몽골인들이 가장 많이 찾는 육류코너 바로 옆에 한국 김치 코너가 있고, 현장에서 조리 판매하기도 한다.

　　몽골인들에게 가장 강하게 한국을 인식시켜주는 것 가운데 하나는 자동차이다. 어려서부터 말을 타는 것과 빠른 이동을 중시하는 민족전통에서 현대사회의 문명의 이기인 자동차는 몽골인들에게 매우 깊은 의미를 갖고 있다. 따라서 현재 자동차 시장점유율 1위를 차지하는 한국산 자동차는 한류의 또 하나의 파생효과이면서, 몽골인들에게 한국의 이미지를 강하게 각인시키는 역할도 하고 있는 셈이다.

4. 몽골 한류의 양면성

● 긍정적인 부분

한류가 몽골의 젊은 차세대들에게 한국에 관한 깊은 인상과 한국문화에 대한 동경심을 자극하고 친한국파를 몽골에 깊숙이 심어 놓는 데에는 상당히 긍정적인 부분이 있다. 이에 따른 경제적인 파급효과, 특히 향후 몽골이 자원개발로 경제적 강대국이 되는 과정에서 한국 경제계가 누릴 수 있는 이점 또한 많다. 결국 이러한 다양성을 가지고 있는 몽골에서의 '한국풍'은 상당한 경제적 효과를 기대할 수는 있다는 것이다.

특히 몽골에서의 한류는 일방적으로 몽골사회에 유행하는 '한국풍'에서 한걸음 더 나아가 과거 고려시대 '몽고풍'(蒙古風)과 '고려양'(高麗樣)과 같이 상호교류의 측면이 매우 강하다는 긍정적인 부분이 있다. 만약 한류가 일방적인 문화 전파라면, 1세대 기간이 18~20년에 불과한 몽골사회에서 짧은 시간에 유행하고 없어질 현상인데, 상호교류의 형태로 몽골에서의 한류가 다른 곳에서보다 좀 더 친밀감을 가지고 상호보완적인 형태로 장기간 지속될 가능성도 있기 때문이다

그 예로 몽골리안 타임스(Mongolian Times)의 보도에 의하면, 1999년 9월 울란바타르시 탄생 360주년을 맞아 한·몽 친선 합동문화공연이 거대하게 개최되었고, 특히 한국의 전통여성국극 황진이는 몽골인들에게 굉장한 환영을 받았다. 그리고 2002년 2월 몽골의 립스틱 그룹과 한국의 'hips boys'그룹은 공동으로 몽골에서의 공연에 이어 한국에서도 공연하였다. 2002년 11월 22일 CNN '스타월드' 프로그램에 '아시아의 스파이스 걸스'로 소개되는 등 국제적인 명성을 얻은 몽골 그룹 '립스틱' 리더인 델게르마(19)양은 『조선일보』와의 인터뷰에서 "한국말 열심히 배워서 한국

에서 가수로 활동할래요"라며 경희대 국제교육원에서 1년 6개월 과정의 한국어교육을 받고 있다고 하였다.

이 두 가지 예는, 전통적인 부분과 현대적인 부분에 있어서 모두 몽골과 한국 예술문화의 쌍방향 교류 내지는 합동공연이라는, 이른바 '함께'라는 부분이 많이 강조되어야 함을 말해준다. 이러한 몽골과 한국이 함께 공유할 수 있는 문화예술의 접목으로 몽골·한국의 우호적인 결합이 양국 관계의 장기적 발전을 이끌어낼 수 있으며, 해양세계뿐만 아니라 대륙세계로 뻗어가야 하는 한반도의 필수적인 발전방향과 부합하게 될 것이다.

몽골에서의 한류는 또한 몽골시장에서 약진할 수 있는 환경을 우리에게 안겨주는 역할도 하였다. 대표적인 사례로, 한국산 자동차는 몽골에서 달리고 있는 자동차의 63%(현대 56%, 기아7%)로 독보적인 시장점유율을 보이고 있다. 드라마에 나오는 차량을 직접 운전할 수 있다는 것이 가장 커다란 구매동기로 한류 덕을 톡톡히 보고 있는 것이다. 물론 현대-기아는 이러한 한류 편승에 안주하지 않고 '품질경영'이라는 모토로 중고차 중심의 시장 특수성을 감안한 고객중심 서비스 제공을 선언하고 실행중이어서 몽골의 자동차시장은 장기간 현대-기아가 독점할 것으로 보인다.

또한 몽골에서의 한류는 역으로 '한국에 몽골 바로 알리기'라는 쌍방향 화합의 방향을 만들어 내었다. 2001년 한국에 유학과 취업으로 온 오트공 바야르씨와 뭉흐 자르갈 몽골인 부부는 몽골은 한국을 많이 알고 있지만 한국은 몽골을 잘 모른다는 안타까움에 2004년 4월부터 2개월간 '몽골바로알기' 운동을 벌였다. 아시아에서 휴대전화 보급률이 가장 빠른 몽골에 대하여 "아직도 그곳 도시에서 말을 타고 다니냐?"는 질문을 수없이 받아왔던 이들은 몽골 출신 불법 노동자문제 등으로 한국인들의 몽골에 대한 나빠진 인식을 없애고 더불어 사는 운동을 펴게 된 것이다.

● **문제점과 부정적인 부분**

몽골에서의 한류는 다분히 우리에게는 기회임에 틀림없다. 그러나 첫 번째 문제는 이러한 기회를 부정적인 면으로 이끌고 가는 주체 세력이 다름 아닌 한국인들이라는 데에 있다.

한국을 다녀온 몽골인들은 주변사람들에게 한국에 대하여 물질적인 것 이외에는 대부분 부정적인 면을 전파한다. 한국에 대한 이미지는 일부 문화현상에서 긍정적인 기회를 가져다주었음에도 불구하고 어느 한 한국유학생의 견해는 전혀 다르다. 그의 의견인 즉, 몽골인들은 점차 일본을 더 좋아하는 면을 보이고 있다는 것이다. 예를 들어, 일본 프로 스모계에 진출한 몽골 씨름 선수를 연일 대서특필하며 그의 일거수일투족은 물론 그의 능력을 인정하는 일본사회를 극찬한다는 것이다. 이것은 몽골인들이 물질문명만 추구한다면 차라리 일본을 택하겠다는 것이다. 이것은 긍정적인 면에서 보여주었던 한국과 몽골의 문화적 결합이 한국인들에 의해 문명이 야만에게 주는 혜택이라는 일반적인 우월감으로 흐를 때 나타날 수 있는 현상이다. 자칫 몽골에서의 한류는 '악류'(惡流)로 변해 버릴 수도 있다는 것이다. 한국을 좋아하고 한국의 문화를 받아들이는 몽골사회 한복판에서 얼마 전 한국인들은 우월감 때문인지 몽골사회를 무시해서인지 대낮에 한국 유흥업소와 관련 있는 한국 폭력배들끼리 칼부림을 하는 사건까지 일으켰던 것이다. 이로 인한 몽골 미디어는 연일 비판기사를 실었고 몽골인들의 한국에 대한 이미지는 한없이 추락하였다.

두 번째 문제는 몽골의 빈부격차가 날로 심해지는 상황에서 한국문화는 몽골의 어느 한 계층에게만 우호적이어서 몽골사회에 악영향을 준다는 것이다. 한 통계에 의하면 몽골에서 남녀노소를 막론하고 집 없이 떠돌아다니는 이들이 6,000여 명에 달한다고 한다. 울란바타르의 경우 이러한 부랑민들은 여름에는 톨강 주변에서 살다가 영하 20~30도를 오르내리는 혹한이 계속되는 한 겨울에는 온수파이프가 연결된 맨홀에서 겨울을 난다. 맨홀 밑에 사는 사람들은 부모의 학대로부터 집을 나온 가출 소년, 소녀들이 혼숙을 하며 살기도 하지만 한 가족 전체가 사는 경우도 있다. 극빈자 이하가 1%라는 것이다. 반면에 우후죽순처럼 하루가 다르게 늘어나는 유흥업소에는 젊은 몽골판 오렌지족들과 신흥 부자들이 흥청거리며 광란의 밤을 보낸다. 그런데 이러한 유흥업소들은 대부분 한국인들에 의해 경영되고 있으며 몽골 여종업원들은 이상과 현실에서 꿈을 접은 어린 몽골 여성들이라는 것이다. 현재 울란바타르 시내 30여개 유흥업소의 90%는 한국인이 경영하고 있다.

이러한 경제적인 면 외에도 선교사들조차 몽골인들의 분열을 조장한다는 시각이 있다. 즉 선교사들은 적은 인구의 울란바타르시에서 어렵게 선교를 하는데 그 선교사들의 수가 너무 많아 몽골 신도들을 유치하기 위하여 서로 경쟁적으로 물질적인 유혹이나 상대방 비방 등을 일삼아 몽골 신도들이 서로 반목하는 경향까지 있다는 것이다.

또 한 가지 한국에 왔던 몽골 노동자들은 대부분 반한(反韓) 인사가 되어버린다는 것에 주목하여야 한다. 몽골에서의 한류가 몽골인들의 한국행을 부추기며 물질적 풍요와 문화적 인종적 유사성에 따른 한국사회에의 자연스런 진출에 도움을 주는 반면 한국에서 받은 온갖 부당한 대우를 통해 그들은 반한 인사가 되어 버린다. 2003년 11월 『경향신문』 김종목 기자의 보도를 인용하면, "지난 13일 몽골의 수도 울란바토르 시내의 한 카페. 기자를 포함한 한국인 일행이 자리에 앉자마자 주변에 있던 몽골인 손님들의 적대적인 시선이 쏟아지기 시작했다. 언짢은 표정으로 수군대던 이들은 곧 자리에서 일어섰다. 이들 중 20대 중반으로 보이는 청년은 업소 문을 나서며 불쑥 한 마디를 내뱉었다. 'XX놈.' 어디서 배웠는지 분명한 한국어 욕설이었다."

예상치 못한 이들의 적대감에 기자 일행은 모두 곤혹스러움을 감추지 못했다. 울란바타르 도로 곳곳에서 쉽게 볼 수 있는 한국산 자동차 물결이며 TV 등을 통해 쉽게 접할 수 있는 한류 열풍에 들떠 있던 자부심이 단번에 날아가는 순간이었다.

현지 가이드 돌마(35)도 때를 놓치지 않고 "한국으로 돌아가면 '사장님들'에게 외국인 노동자들을 제발 '인간'으로 대하라고 전해 달라"고 속내를 털어놓았다. 1993년에 이민 온 교포 오선희씨(37·여)는 "한국에서 돌아온 몽골인들이 늘어날수록 반한감정의 골도 깊어지고 있다"면서 "이곳에서는 '한국인들은 백인에게는 굽실거리고 다른 인종들은 천대한다'는 인식이 널리 깔려 있다"고 전했다.

바로 이러한 부분은, 한국문화를 선망했던 몽골인들을 바로 한국문화를 멸시하는 몽골인들로 돌아 세우는 결과를 낳는다.

지금까지의 분석에 의하면 몽골에서의 한류의 특성은 따라하거나 단순한 동경보다 훨씬 강한 의미의 '쏠롱고스 식'(СОЛОНГОС ШИГ: 한국처럼)으로 나타났다는 것이다. 한국과 똑같이 되겠다는 적극성은 우리가 몽골의 미래를 보고 몽골에 한국의 이미지를 계속 심으면서 친근한 이웃으로 만들어가야 할 기회이다. 과거 십수 년간 한국과 몽골의 교류는 이제 최고 정점에 이르면서 이웃나라인 중국에서 그리고 동양 각국에서 나타나는 한류현상과 연결되어졌다. 물론 쌍방향의 동등한 교류형태로 '함께'라는 개념으로 발전할 경우 몽골의 한류는 가장 이상적으로 두 나라를 이어주는 가교 역할을 할 수 있을 것이다.

그러나 이러한 몽골 한류의 특성에 반하여 그 전망은 오히려 밝지만은 않다는 것이다. 부정적인 면에서 보았듯이 몽골인들에 대한 한국인들의 우월감과 멸시가 커다란 문제를 일으키는 핵심적인 요인으로 작용하여 결국 한국 스스로가 몽골에서의 한류를 '악류'(惡流)로 전환시킬 수 있는 것이다.

적극적으로 한국문화를 수용하려는 몽골사회를 한국이 겸손하게 상호교류의 형태로 끌어안으면, 부수적으로 경제적인 그리고 다른 다양한 면에서의 성과를 얻을 것이지만, 반대로 지금과 같이 일시적인 우월감에 도취되어 몽골사회에 악영향만 준다면 오히려 한국과 몽골사이를 갈라놓는 결과를 초래할 것이다.

이 갈림길에서 생각해 보건대, 밝은 전망보다는 걱정이 앞서는 것이 몽골 한류의 현주소이다.

동아시아의

한류 韓流

5

대장금 식당에서 보는 한국 드라마 : 베트남의 한류

이한우

1. 〈대장금〉 이야기로 시작하는 하루

2004년 12월 어느 날, 베트남 하노이 UNDP 자료실. 한국인인 내가 들어서자, 40대 초반인 마이(Mai)가 한창 TV에서 방영중인 〈대장금〉이 재미있다고 칭찬을 아끼지 않는다. 50대인 늉(Nhung)은 〈천국의 계단〉이 더 감동적이라고 한다. 이들의 대화는 〈대장금〉에서 한국의 전통문화가 베트남 문화와 어떻게 비슷한지, 〈천국의 계단〉이 어떻게 시청자들의 눈물샘을 자극하는지에 대한 이야기로 이어진다. 〈가을동화〉, 〈겨울연가〉가 동아시아 각국의 시청자들을 TV 앞에 묶어 놓더니, 이젠 어딜 가나 〈대장금〉 이야기다. 하노이와 호찌민시에는 '대장금'이라는 이름을 붙인 음식점이 성업중이다. 〈천국의 계단〉은 호찌민시에서 먼저 방영되었는데, 이를 녹화하여 비디오로 먼저 본 하노이 사람들도 있었단다.

이러한 한국 대중문화 확산에 대하여 많은 논자들의 평가는 엇갈린다. 평가야 어떻든, 한국 드라마, 영화, 음악 등 문화상품은 동아시아에서 여전히 상당한 인기를 누리고 있다. 한류의 확산으로 동아시아 각국의 국민들은 서로 친근감을 더 갖게 되었음을 부정할 수 없다. 특히 TV 드라마, <겨울연가>의 유행이 가져온 한국과 일본과의 밀접해진 관계를 시사주간지 파 이스턴 이코노믹 리뷰(Far Eastern Economic Review)의 한 기사는 "연속극 외교"(Soap-Opera Diplomacy)라고 부르기도 하였다. 외교관이 하는 역할의 수백 배의 효과를 가져왔다고도 할 수 있다. 베트남 사람들도 한국 TV 드라마, 영화 등에 매료되며, 한국과 한국인을 더 가깝게 느낀다. 베트남 내 한류의 실상이 어떤지, 그 사회경제적 효과는 무엇인지 찾아나서 보자.

2. TV 드라마로부터 퍼진 베트남 한류

● TV 드라마 및 영화 상영

베트남에서 한국 대중문화의 본격적 확산은 텔레비전 드라마의 베트남 내 방영을 통하여 시작되었다. KBS 제작 <느낌>이 1997년에 매주 2회 두 달간 호찌민시TV에서 방영되어 초기에 인기를 끌었고, SBS 제작의 <금잔화>도 1997년에 호찌민시TV의 전파를 탔다. 1998년에는 <내 사랑 유미>, <아들과 딸>, <의가형제> 등이 호찌민시TV를 통해 베트남 내에 방영되었고, <느낌>이 베트남 중앙방송인 VTV를 통해 전국에 재방송되었다. 이 밖에도 1998, 99년간 <첫사랑>, <사랑을 그대 품 안에>, <별은 내가슴에>, <형제>, <예스터데이>, <마지막 승부> 등이 방영되었다. 1997년 이후 1999년 5월까지 베트남 내에 소개된 한국 드라마는 14편이었다.

이 가운데 가장 주목을 받은 한국 드라마는 MBC 제작 <의가형제>로, 1998년에 호찌민시TV에서 처음 방영된 이후, 하노이TV, 다낭TV 및 VTV3에서도 재방송되었다. 이 드라마에 출연했던 장동건, 이영애 등 한국 연예인들이 베트남 사회에 소개되었고, 특히, 주인공 역할을 한 장동건은 베트남 국민들로부터 큰 인기를 얻게 되어, '국민배우'라는 평을 받게 되었다. 이 드라마는 암으로 사망하면서 장기를 기증하는 의사의 이야기를 그린 것으로, 장동건이 의로운 인물로 부각됨으로써 큰 인기를 얻을 수 있었다.

또한 안재욱을 주인공으로 등장시킨 <별은 내 가슴에>도 큰 인기를 얻었다. 당초 이 드라마는 정식 수입 이전에 비디오테이프 대여점에서 불법으로 복제된 테이프가 대중들에게 널리 퍼졌던 것이다. 놀이공간이 많지 않은 베트남에서 비디오 시청은 여가시간에 즐기는 일 가운데 중요한 한 가지다. 이 드라마의 인기는 스무 개 정도의 테이프를 밤새 보며, 그것도 두, 세 차례나 보는 사람이 많았다는 데서 알 수 있다. 이러한 인기에 부응하여 이 드라마는 1998년 동나이(Dong Nai), 끼엔장(Kien Giang), 바리아 - 붕따우(Ba Ria - Vung Tau) 등 지방 TV에서부터 정식으로 방영되었고, 안재욱의 인기는 급상승하였다. 이 드라마에서 안재욱이 밤무대 가수로서 부른 "Forever"는 베트남 젊은이들에게 널리 유행하였다.

이후에, <순수>, <해바라기>, <웨딩드레스>, <종합병원>, <장미와 콩나물>, <모델>, <토마토>, <황금시대>, <보고 또 보고>, <미스터 Q>, <모래시계>, <가을동화>, <불꽃>, <안녕 내 사랑>, <올인> 등이 방영되었다. 1999년부터 2001년까지 베트남 내 TV에 소개된 한국 드라마는 총 30여 편에 이르며, 연간 방송편수로 보면 1999년 45편, 2000년 60편에 이르렀다. 최근에는 <겨울연가>, <유리구두>에 이어, <대장금>, <천국의 계단>이 큰 인기를 끌었다.

　　TV 드라마의 인기에 이어 한국 영화도 베트남에 널리 확산되었다. 지금까지 <복수혈전>, <주노명 베이커리>, <연풍연가>, <편지>, <패자부활전>, <찜>, <해가 서쪽에서 뜬다면>, <엽기적인 그녀>, <시월애>, <달마야 놀자>, <오 해피데이> 등이 수입되어 상영되었다. 이 가운데, <찜>은 10여만 명의 관객을 동원하는 성과를 올렸고, <엽기적인 그녀>도 15만 명 이상의 관객을 동원하였다고 한다. 얼마 전부터 "좋은 친구들"이라는 회사가 호찌민시 중심가 다이아몬드 플라자에 극장을 세우고 한국영화의 보급에 본격적으로 나섰다.

● 한국 대중가요의 소개

　　한국 대중음악의 베트남 내 소개는 그다지 활발히 진행되고 있지 않다. 베트남 내에서 유행한 한국 대중음악은 드라마 삽입곡(nhac phim) 정도다. 이 가운데 인기 있는 노래들을 베트남어로 번안하여 부르기도 한다. 앞서 언급한 "Forever"와 <겨울연가> 주제곡이 대표적이다. 가슴 깊이 파고드는 겨울연가 주제곡은 하노이 중심에 있는 호안끼엠(Hoan Kiem) 호숫가에서 듣는 게 제격이다.

　　이따금, 거리의 상점에서 한국의 최신 유행 가요들이 흘러나오고, 한국 댄스 음악에 스텝을 맞춰 운동하는 DDR을 볼 수 있으며, 최신 유행하는 한국 가요들을 모아 만든 CD가 판매되고 있으나, 아직은 널리 보급되어 있지 않고, 젊은이들의 한국 대중가요 가수들에 대한 관심도 비교적 많지 않다.

　　이러한 한국 대중음악의 베트남 내 소개가 지체되는 것은, 한국과는 달리 베트남 내에서는 팬클럽의 결성 등 집단을 형성하면서까지 대중가요 가수들에게 열광하는 분위기가 확산되어 있지 않은 상황과도 관련이 있다. 작사가 띠엔훙(Tien Hung)은 베트남 가수들에 대한 팬클럽이 하

노이보다 호찌민시에 더 많지만 아직은 그다지 보편화되어 있지 않다고
한다. 베트남에서 스타 팬클럽은 현재 30여개가 있으나, 10개 정도가 적극
적으로 활동하고 있을 뿐이다.

한국 음악이 아직 본격적으로 소개되고 있지 않은 또 다른 이유로
는, 중국의 상황과 비교하여 볼 때 한국 기획사들이 수년전부터 한국 대중
음악을 전파하기 위하여 중국에는 진출해 있었지만 베트남에는 없었다는
점도 들 수 있을 것이다.

● 한국 연예인의 베트남 공연

한국 드라마의 확산으로 이에 출연했던 연예인들의 인기는 베트남
내 공연으로 이어졌다. <의가형제>로 일약 베트남 내 대스타가 된 장동
건은 1999년 유니레버사 후원하에 호찌민시TV의 초청으로 베트남 내 공
연을 가졌다. 유니레버사는 클로즈업 치약 세 개 이상 구매 고객에게 공연
초대권을 한 장씩 교부하는 방식으로 광고함으로써 판매용 치약이 한 시
간만에 완전 소진되었다고 한다.

SBS가 제작한 <모델>이 1999년말 2000년초에 방영된 후 김남주의
인기가 높아지자, 2000년 6월에 김남주는 호찌민시를 방문하여 "사이공
밤의 색깔"(Sac mau Dem Saigon)이라는 공연에 참가함으로써 그의 인기를
확인하였다. 여기에서 그는 아름다운 흰색 드레스를 입고 등장하여 고급
스럽고 화려한 이미지를 보여주었고, 베트남 최고 인기가수인 람쯔엉(Lam
Truong)과 함께 젊은이들에게 잘 알려진 한국 노래 "Forever"를 부름으로써
베트남인들에게 친근감을 더했다. 베트남에서 가장 큰 인기를 누리고 있
는 장동건과 김남주는 2001년 8월 쩐득르엉(Tran Duc Luong) 베트남 국가
주석(대통령)의 한국 방문시 연회에 초대받기도 하였다. 이후 <유리구
두>에서 인기를 얻은 김현주도 2003년 9월 판반카이(Phan Van Khai) 베트

『사랑받는 한국 필름과 배우』 책자 표지 　　　　사진ⓒ이한우 2001

남 수상의 한국 방문시 오찬 회동에 초대되었고, 베트남 고위관료들의 사인 공세를 받았다.

<별은 내 가슴에>로 얻은 인기를 몰아 2001년 7월에 안재욱의 호찌민시 공연이 기획되었다. 그 즈음은 그가 출연한 영화 <찜>이 베트남에서 상영되어, 여성으로 분장한 코믹한 연기로 인기가 오르고 있던 때였다. 이 공연은 호찌민시 통일경기장에서 열릴 예정이었는데, 대중스타가 이러한 대형 경기장에서 가지는 대형 공연은 베트남에서 최초였다는 것이다. 그러나, 관계당국은 당초의 허가를 번복하여 공연 하루 전에 경기장 잔디보호라는 명목으로 공연불가 통보를 함으로써 무산되고 말았다.

● 연예 관련 출판물의 증가

1997년 이래 한국 드라마의 소개와 함께 일기 시작한 베트남 내 한국 대중문화에 대한 관심에 부응하여, 출판계에서도 한국문화를 소개하는 작업이 진행되었다. 그 대부분은 한국의 전통문화에 대한 소개가 아니라 현대의 한국 연예인, 드라마 및 영화에 대한 소개가 주종을 이룬다.

1999년에는 당시 호찌민시 국가대학교 학생이었고 이후 베트남 내 인기 있는 신문인 『뚜오이 째』(*Tuoi Tre*: 젊은이)의 기자가 된 쭝응이아(Trung Nghia)와 베트남에 유학하고 있던 한국인 김현재가 『사랑받는 한국 필름과 배우』(*Phim & Dien vien Han Quoc duoc Yeu thich*)라는 한국 연예인들에 관한 화보집을 발간하여 초, 재판 합하여 4만부를 판매함으로써 한국 대중문화의 확산에 기여하였다.

베트남 젊은이들에게 인기 있는 대중문화잡지에 한국 연예인들이 등장하는 것은 늘 있는 일이다. 하노이시 문화정보국에서 발간하는 연예 · 패션잡지 『스크린 · 무대』(*Man anh San khau*) 및 까마우(Ca Mau) 성에서

한국 배우들을 표지 모델로 한 『스크린・무대』잡지 표지　사진ⓒ이한우 2001

발간되는 연예주간지 『덧 무이』(*Dat mui*: 곶)에는 거의 매호마다 한국 연예
인을 소개하는 특집 기사 및 최근 동정이 실리며, 현재 한국 내에서 방영
되고 있는 드라마를 소개하는 기사가 실리기도 한다. 이제 한국 연예인들
이 잡지의 표지 모델로 등장하는 것은 매우 흔한 일이며, 한국 연예인들
사진을 실은 달력도 많이 만들어지고 있다. 심지어는 한국 연예인들의 사

진이 연예계와는 무관한 내용의 가정 관련 책자의 표지를 예쁘게 꾸미는 데 사용되기도 한다. 연예전문잡지 이외에 호찌민시 문화정보국 발행의 『문화·예술』(*Van hoa Nghe thuat*) 잡지,『뚜오이 째』(*Tuoi Tre*) 신문,『부녀』(*Phu nu*) 신문 등 일반 사회관련 잡지 및 신문에도 한국 연예인에 관한 기사가 빈번히 실린다.

3. 한류는 왜, 어떻게 퍼졌나?

한국의 대중문화가 베트남 사람들에게 잘 받아들여지고 있는 이유는 무엇일까? 베트남 내 한류의 주요 진원지인 TV 드라마를 중심으로 그 원인을 파악하자면 다음과 같다.

● 문화상품에 대한 소비욕구 증대

베트남은 1975년 통일 이후 남부의 사회주의체제로의 전환과 경제발전을 추구하지만, 1970년대 후반 경제적 침체로 개혁을 수행하지 않을 수 없는 환경이었다. 1970년대 말 정치지도자들 가운데서 개혁을 요구하는 목소리가 나오기 시작하였고 부분적 경제개혁이 수행되었으나, 개혁파와 보수파 간의 갈등으로 개혁정책을 본격적으로 수행할 수 없었다. 1980년대 중반에 이르러 경제적 침체를 극복하기 위한 요구가 거세져 1986년 말 유명한 "도이머이"(Doi Moi) 정책을 결정하고 시행하기에 이르렀다. 이후 전면적 개혁정책이 집행되었고, 1989년 대부분 상품의 가격이 시장에서 결정되도록 하는 단일가격체계로 전환함으로써 베트남 경제체제는 시장경제화 되었다고 하겠다. 이후에도 베트남은 "공업화, 현대화"

의 캐치프레이즈를 내걸고 산업화에 온 힘을 다하고 있다.

이에 따라 베트남 경제는 지속적으로 높은 성장을 나타내었는데, 1990년대 초부터 중반까지 10%에 가까운 성장률을 나타내었다. 2000년 기준 일인당 국민소득은 공식적으로는 연간 평균 미화 400 달러 수준에 머물러 있으나 실제 구매력은 그 보다 훨씬 높다고 평가할 수 있다. 구매력지수로 평가한 1인당 국민소득은 2,000 달러 정도가 된다.

경제성장에 따른 구매력 향상과 수입확대에 따라 질 높은 상품에 대한 소비욕구가 자연스럽게 증가하였다. 소비자들의 욕구는 단지 물질적 제품에 대한 것뿐 아니라 삶의 질과 관련된 분야에서도 증가하였다. 그 중 가장 중요한 것이 여가시간 활용과 관련한 오락관련 제품의 소비욕구 증대다. 외국인 직접투자에 힘입어 여가시간 활용의 주요 수단인 컬러 TV 수상기의 대량생산으로 제품가격은 낮아졌고, 경제성장에 따른 소득 증대와 결부되어 전국적으로 TV 수상기의 보급이 확대되었다.

그러나 베트남인들의 소비욕구 증대에 걸맞게 베트남 내에서는 오락성 필름들이 충분히 생산되지 않았고, 이 공백은 외국 것의 도입으로 채워졌다. 가장 대표적인 것이 TV 드라마다. 베트남은 개혁과정에서 국내에서 높은 제작비용을 들여 프로그램을 제작하지 못하는 부분에서 외국 필름을 도입하여 국내 TV에 방영함으로써 싼 값으로 시청자들의 욕구를 충족시켜왔다. 이런 과정에서 전세계 필름이 베트남 시청자들에게 소개되었다.

● 한국 대중문화의 상대적 우수성

이제 한국의 대중문화, 특히 TV 드라마 부문이 완숙기에 들었다는 것도 한국 문화상품이 외국에서 인기를 얻는 원인이 된다.

먼저, 베트남 사람들은 한국 드라마에 등장하는 배우들의 외모가 잘 생기고 예쁘다는 점을 우선적으로 꼽는다. 이와 더불어 한국 배우들의 연기력이 뛰어나고 자연스러우며, 심지어 한국의 아역 배우들조차도 연기력이 뛰어나다고 칭찬한다. 하노이의 연기학원에서는 교습자료로 한국 드라마를 사용할 정도라고 한다. 또한, 드라마의 배경이 아름답고, 극중 장치들이 물질적 풍요를 보여주어 볼거리를 제공한다. 경제적 생활수준이 상대적으로 낮은 상태인 베트남인들에게 선진의 한국 문물을 드라마를 통하여 볼 수 있다는 것이 베트남 시청자들에게는 또 한 가지의 즐거움이다.

다음으로, 내용구성상 한국 드라마가 가지는 몇 가지 특징을 들 수 있다. 한국 드라마는 대체로 베트남인들의 일상생활 속에도 흔히 있는 일들을 소재로 하고 있어, 시청자 자신이 극중 인물인양 생각하여 몰입하도록 만든다. 또한 여자들 간의 질투, 상인들 간의 다툼, 회사와 가족 내 갈등 등이 매우 사실적이고 심도 있게 표현되어 생동하는 인간관계를 느낄 수 있어 극중 긴장감을 주고, 다음 편을 보도록 끄는 마력을 갖고 있다는 것이다.

더불어, 주인공이 죽지 않고, 언제나 권선징악, 해피엔딩으로 끝나는 베트남 드라마의 고정관념을 깨는 신선함이 한국 드라마에 있다. 베트남 사람들이 틀에 박힌 구성인 베트남 드라마에 식상해 있어, 역동적 내용을 담은 한국 드라마에 매료된다. <의가형제>에서 보듯이, 주인공은 죽지 않고 해피엔딩으로 끝난다는 베트남 드라마의 전형적 패턴과는 달리, 한국의 드라마는 이루어질 수 없는 사랑과 주인공이 죽는다는 포맷으로 베트남 시청자들에게 새로움을 느끼게 한다. 그래서 한국 드라마는 "죽어야 뜬다"고 베트남 유학생 김현재는 말한다. 주인공이 죽어서 드라마가 인기를 얻는다는 것이다.

또한 많은 생각을 가지지 않고 편안한 마음으로 보고 단순히 즐길 수 있다는 점도 장점으로 든다. 베트남에 소개되는 한국 드라마의 대부분은 가벼운 내용을 담고 있어 주로 청소년들의 호응이 높다. 이에 반해 일부 지식인들은 삶의 고뇌와 철학이 담겨 있다는 이유로 중국 드라마를 선호하기도 한다. 베트남 증권위원회에 근무하는 한 직원은, 중국 드라마를 보면 여러 가지 생각을 해야 하지만, 한국 드라마는 단순히 보고 즐길 내용이라고 하였다. 그간 베트남에 소개된 한국 드라마와 영화 가운데 배우들의 코믹한 연기를 그 내용으로 담은 것이 많았다는 점도 인기의 비결 가운데 하나다.

● 문화적 친화력

한국 드라마가 인기 있는 또 다른 이유는 한국과 베트남의 사회가 유사한 문화적 특성을 가지고 있어, 공감하는 부분이 많다는 것이다. 베트남에 소개된 외국 필름 가운데 서양 필름을 보는 것은 단지 이국적인 문화를 '구경'하는 정도이나, 아시아 국가들, 특히 중국과 한국의 드라마 내용은 시청자들로부터 많은 공감을 갖게 한다.

베트남인들은 가정 내 가족들 간의 관계, 자녀교육 방식, 연인들 간의 삼각관계 등을 다룬 내용에 동일한 정감을 갖는다. 특히 가족 드라마의 경우, 가풍중시, 경로효친, 장유유서 등의 전통을 통해 가족들 간의 정을 진하게 느낄 수 있다는 점은 베트남인들에게도 공감을 일으킨다. 예를 들어, MBC 제작 <아들과 딸>은 1970년대 한국의 시골을 배경으로 한 것이어서, 배경설정에서 현재의 베트남 시골 풍경과 유사한 부분이 많았고, 이 드라마 가운데 남아선호사상, 고부관계, 시누이-며느리관계 등 유교문화적 요소들이 베트남 문화와 유사성을 나타내 장년층에게도 인기를 얻었다. 또한 MBC 제작 <보고 또 보고>도 가족 간의 갈등과 화해를 담고 있어 젊은 층뿐 아니라 전 연령층에 공감을 갖게 하였다. 그러면서도, 자립적인 생활, 유교적 굴레로부터 벗어나려는 행동 등에 나타나는 바와 같이, 한국문화가 유교적 유산을 가지고 있으면서 동시에 이를 변용해가는 특징을 나타냄으로써, 급속한 변화를 겪고 있는 베트남 사회에 전통과 현대가 잘 결합된 모형을 제시해 주고 있다는 점에서 한국 드라마는 주목을 끈다.

일본 및 중국 드라마와 비교해볼 때, 한국 드라마는 베트남의 현대사회에 친화력이 강하다. 일본 드라마가 처음 베트남에 소개되어 인기를 얻은 것은 1994년 방영된 <오싱>이었다. 여기에서 주인공은 전후의 가난하고 어려운 환경 속에서 고난을 극복해가는 과정을 그리고 있어, 당시 낮은 경제발전 수준 하에서 고난극복 과정에 있던 베트남 사람들에게 동질감과 희망을 안겨줌으로써 인기를 얻었다. 그 이후 소개된 일본 드라마는 현대 샐러리맨의 생활이나 경제수준이 높은 문화를 배경으로 한 것이어서 배경과 소재 면에서 베트남 상황에 부합하는 부분이 적어 인기를 얻지 못하고 말았다.

중국 드라마는 역사물이 많아 현실과 격리된 소설적 요소가 강하며, 현대적 배경의 한국 드라마와 다른 영역에 있다고 하겠다. 한 발 앞서 산업화과정을 겪은 한국에서 만들어진 필름은 현대사회에서 생기는 문제를 소재로 하여 내용을 구성하였기에 현대화 과정에 있는 베트남인들에게 공감할 수 있는 부분이 많기에 시청자들의 인기를 얻을 수 있었다. 즉, 중국 드라마의 배경은 과거지향 적이지만, 한국 드라마는 현대화 과정에서 베트남이 지향하는 바를 제시하는 미래지향적 배경을 가졌다고 할 수 있다.

● 기업 마케팅 전략

당초 한국 드라마의 보급은 기업의 지원 하에 저가 또는 무료로 제공되었다. 문화관광부의 2002년『문화산업백서』에서도, 국가별 방송프로그램 수출액에서 베트남은 1999-2000년간 통계가 없다가 2001년에야 약 35만 달러를 기록하였는데, 이는 같은 해 일본 약 120만 달러, 중국 약 250만 달러에 대비된다. 이후 베트남에 대한 방송프로그램 수출은 2002년 53만 달러, 2003년 40만 달러로 조금 더 증가하였을 뿐이다.

기업들은 상품판매전략의 일환으로 TV 광고에 접근하기 위하여 드라마 수입을 지원하였고 우호적인 조건하에 TV 광고를 할 수 있었다. 베트남 측에서도 저가로 프로그램을 도입하여 시청자들의 욕구를 충족시킬 수 있다는 점에서 기업들의 제안을 받아들임으로써, 비교적 용이하게 필름의 도입과 방영이 이루어졌다.

이러한 마케팅 전략은 1994년 <오싱>의 베트남 내 TV 방영에서부터 시작되었다고 할 수 있는데, 일본 기업들은 필름을 제공하고 드라마 방영 전후에 기업광고를 내보낼 수 있었다. 한국 대기업들도 텔레비전 광고를 얻기 어렵게 되자 아예 드라마를 사서 방송국에 주었다고 한다. 회당 드라마 수입 및 더빙 비용이 1,000-1,200 달러였는데 비하여, 방송 프로그램 앞뒤로 각 30초씩 붙인 광고를 비용으로 환산하면 3,600 달러 상당액이어서 해당 기업으로서는 오히려 광고비를 절감한 효과를 갖게 되었다. 예로써, 동종 업종의 한 외국 기업이 그보다 10여배의 광고비를 지출하고도 브랜드 인지도에서 LG보다 떨어졌던 것은 이러한 한국 기업의 마케팅 전략이 주효했기 때문이었다는 평가다. 1999년 장동건의 베트남 공연은 유니레버사의 마케팅 전략이 작용한 것이었고, 2000년 김남주의 공연은 LG가 후원한 것이었다. 김남주의 공연시 관람객들은 내내 전광판의 LG 광고를 보아야 하였다.

한편 기업은 자사 제품의 판매에 주로 관심을 가지지만, 한국기업의 지명도 확대는 곧 한국에 대한 우호적 인상을 강화하는 것으로 나타나기도 한다. 한국의 TV 프로그램 가운데 국민 전체의 사랑을 받은 프로그램으로 <장학퀴즈>를 들 수 있다. 이를 모방하여, LG전자는 베트남에서 <Duong len Dinh Olympia>(올림피아드로의 길)라는 고등학생 대상 퀴즈 프로그램을 오랫동안 지원해 왔다. 그 성과는 자못 크다고 할 수 있다. 이제는 퀴즈 프로그램의 봇물이 터져, LG뿐 아니라 삼성(Kham pha The gioi: 세계를 발견하라), Kotex(Nu sinh va Tuong lai: 여학생과 장래), P/S 등 외국기업 및 베트남 기업도 퀴즈 프로그램을 지원한다. LG가 퀴즈 프로그램의 한류를 일으킨 셈이다. 이처럼 기업들은 제품 홍보뿐만 아니라 기업 이미지 홍보에도 노력함으로써 간접적이고 장기적 이익을 획득하고 있다.

4. 한류의 사회경제적 효과

● 우호적 한국 이미지 증진

전반적으로 볼 때, 한국 대중문화의 베트남 내 확산은 발전된 국가로서의 한국의 이미지를 부각시키는 데 기여하고 있다. 이제까지 베트남인들에게 한국에 대한 인상은 경제발전을 이룬 국가로서 선망의 대상인 동시에 베트남전쟁에 참가하여 전쟁을 치룬 당사자라는 점에서 복합적이었다. 또한 개혁과정에서 한국인의 베트남 투자가 베트남 경제성장에 기여하고 있다는 긍정적 측면의 이면에는 베트남에 진출한 한국기업에서 일어난 노동자들에 대한 구타 및 욕설, 노사분규, 비윤리적 남녀관계 등 한국인에 대한 인상을 나쁘게 하는 요인들이 도사리고 있었다. 이러한 가운데 베트남 내 한국 드라마의 방영은 한국인에 대한 인상을 좀 더 긍정적으로 변화시킨 순기능적 역할을 하였다. 인터뷰에서 한 베트남 여성은 전쟁 당사자로서 한국에 대한 부정적 인식이 한국 드라마를 보고 긍정적으로 변하였다고 술회하였다. 전쟁중 한국군에 의해 양민학살이 있었던 지역에 사는 젊은이들도 TV를 통해 한국 대중문화를 접한 후 좋은 인상을 갖게 되었다고 한다.

이러한 한국 것에 대한 소개는 "한국 알기"로 이어져, 한국어를 배우려는 사람들의 수를 늘렸다. 호찌민시의 경우 현재 호찌민시 국가대학교 내 동방어대학 및 외국어정보대학에 한국어학과가 설치되어 있고, 개방대학 등에서 한국어를 교양필수 제2 외국어로 지정하였으며, 호찌민시 내 여러 개의 사설학원에서 한국어 교습을 하고 있다.

그러나 한편으로는, 한국문화의 무분별한 유입에 경계의 목소리를 내기도 한다. 베트남 내 방영되는 한국 드라마 대부분은 감각적인 것이 많아 청소년들에게 사치풍조, 향락문화, 권모술수 등 좋지 않은 영향을 줄 수 있다는 점에서 경계의 대상이 되고 있다. 또한 드라마 내용 중 싸움을 하거나, 실연의 아픔을 술로 달래고, 여자들이 술에 취해 자살하며, 사장이 고용인을, 교사가 학생을 구타하는 장면 등은 베트남의 정서에 맞지 않으며 한국인들에 대한 부정적 인상을 강화시킨다. 어떤 드라마는 내용보다는 상품, 특히 화장품 광고를 위해 제작된 듯한 느낌을 주는 것도 있어, 청소년들에게 소비풍조를 조장시킨다.

예로써, <엽기적인 그녀>는 베트남 사람들에게 신선한 충격이었다. 왈가닥 여성으로 출현한 전지현의 행동이 유교문화에 익숙한 동아시아 사람들에게 쉽게 받아들일 수 없는 것이었지만, 많은 웃음을 안겨주었던 것은 사실이다. 내가 하노이 중심에 있는 '8월 극장'에서 이 영화를 볼 때도 너무나 재미있어 하는 베트남 관객들과 함께 있었다. 그러나 그 명성에 이 영화를 본 어느 고위 인사가, 여성이 남성을 종 부리듯 하는 내용 등이 지나치다 판단하여 영화상영을 중지시켰다는 소문도 있다.

한국 대중문화의 유행은 급속한 외국문화의 확산이 가져올 베트남 문화적 영향을 우려하는 목소리들을 불러 일으켜 베트남 지배층에 경각심을 주기도 하였다. 이러한 움직임은 2000년 중반부터 베트남 신문에 한국문화의 급속한 베트남 침투를 우려하는 기사를 게재하는 것으로 나타났고, 베트남 정부는 2001년 초 당시 두 편이었던 한국 드라마 방영 편수를 한 편으로 제한하는 간접적 제한조치를 취하기도 하였다고 한다. 이러한 제한은 한국 드라마가 부적절한 연애 내용을 주로 다루고 있어 베트남 사람들에게 정서적으로 좋지 않은 영향을 주고 있다고 판단한 때문이었다. 베트남측에서 한국 드라마가 너무 화려하고 선정적이어서 부적합한 내용이 많다고 주의를 부탁해오기도 했다는 것이다. 이러한 제한조치는 당시 4월 제9차 공산당대회를 앞두고 있는 시점이어서 무분별한 외국문화의 유입을 경계하는 목소리들이 높았기 때문이었다.

● 모방 소비문화의 확대

베트남인들, 특히 젊은이들은 한국 대중문화에 친숙하게 되었다. 한국인들을 만나는 베트남인들은 한국 드라마에 등장하는 인물에 대하여 아느냐고 묻고, 한국의 연예계 사정에 대한 정보를 더 얻고 싶어 한다.

또한 드라마에서 본 인물들의 외모에 지대한 관심을 나타내고 이를 모방하려 애쓴다. 헤어스타일에서 한국 연예인을 본떠, '김남주식 화장', '김희선 머리핀' 등이 베트남 젊은 여성들에게 인기를 끌었다. 헤어스타일에서는 스트레이트파마나 머리칼 색깔을 갈색이나 노랗게 또는 붉게 물들이는 풍조가 유행하고 있다. 화장에 있어서는 입술을 진한 색으로 칠하고, 볼에 반짝이는 가루를 뿌리는 등 전체적으로 색조화장품 사용이 늘어 화장이 진해지는 경향이다.

의상에서 한국제품은 멋진 디자인과 높은 품질로 인정받고 있다.

베트남 멋쟁이들은 의상에 있어서도 여성의 경우 몸에 꼭 맞는 의상을 선택한다든가, 남성의 경우 정장에 관심을 보인다. 호찌민시의 패션가에 있는 옷가게에는 한국 연예인들의 사진이 내걸리고, 주로 동대문 등지로부터 수입해온 한국 옷들이 전시, 판매되고 있다.

웨딩카로 장식된 한국 자동차 앞에 선 호찌민시의 신랑, 신부　　　　　사진ⓒ이한우 2002

● 한국제품의 판매 증가

이상의 한국풍의 유행과 결부되어 한국제 또는 한국 브랜드 물품에 대한 소비가 증대하고 있다.

그러나 한류 이전에도 이미 한국 상품 몇 가지는 베트남 시장에서 경쟁력을 갖고 있었다. 가장 두드러진 예로써, 초코파이가 베트남 국민들에게 널리 보급된 것은 오래 전 이야기다. 한국산 자동차도 한류 확산 이전부터 계속 베트남에 다량으로 유입되었다. 한국차의 도입은 품질과 가격 면에서 경쟁력 있는 중고 한국차를 수입하면서 시작되었다. 소형 트럭과 미니버스는 70%가 한국차다. 호찌민시 택시의 많은 수가 또한 한국차인데, 절반 이상은 되는 듯하다. 이들 대부분은 중고제품을 들여온 것으로, 차 몸체에 한글을 그대로 달고 다닌다. 특히 신형 트럭의 대부분은 한국산으로, 1번 국도를 지나는 신형 트럭 열 대 가운데, 여덟, 아홉 대는 한국제다. 현재는 베트남 내 조립생산 라인이 있어 외국산 승용차의 수입이 금지되어 있는데, 마티즈, 라노스, 누비라 등 베트남에서 생산된 한국 브랜드 승용차가 인기를 얻고 있다. 그것은 한국 소형차가 비교적 좁은 베트남의 도로사정에 알맞으며 가격면에서 경쟁력이 있기 때문이기도 하다. 호찌민시 중심의 노트르담 대성당은 결혼 기념사진 촬영 장소로 분주한 곳인데, 막 맺어진 커플들을 태우고 온 차 가운데 대우 라노스를 여러 대 발견할 수 있다. 이렇게 기존에 베트남 시장에서 경쟁력 있던 한국 상품들은 한류로 인해 매출이 급성장했다기보다는 그 신뢰성을 높여 안정적 기반을 다지게 된 이득을 얻었다고 하겠다.

한류의 확산 이후 새롭게 한국 제품에 대한 선호가 높아진 분야는 화장품, 의류 등이다. 호찌민시 중심에 한국의 포스코개발이 건설한 다이아몬드 백화점에서는 많은 한국산 제품을 발견할 수 있다. 그러나 한국산 제품은 베트남 또는 중국 제품에 비하여 품질은 높으나 가격이 비싸 일반 베트남인들이 쉽게 구매하지는 못하는 편이란다. 한국 옷값은 베트남 노동자의 수입에 비하여 상대적으로 비싸, 주로 외국인회사에 다니는 고액 수입자들이 주 고객이라고 한다. 예로써 티셔츠 한 벌은 5만 동으로, 호찌민시 노동자 평균 월급 50만 동의 10분의 1 값이다. 베트남사회과학원에 근무하는 찌(Chi) 양은 일반적으로 한국 제품은 중국 제품에 비하여 세 배 정도 비싸다고 하였다. 예를 들어, 청바지 값이 베트남 제품은 20만 동,

호찌민시 다이아몬드 플라자에 걸린
한국 배우를 모델로 한 화장품 광고

사진ⓒ이한우 2002

중국제품은 9만 동이나 한국제품은 30만 동이라고 한다. 한국제 청바지 한 벌 값은 이제 이 연구기관에서 갓 일을 시작한 그가 받는 월급과 같아, 살 엄두를 내지 못한다고 하였다.

LG생활건강의 라끄베르, 이지업, 드봉 화장품은 외국계 화장품 가운데 브랜드 인지도 및 시장점유율에서 상위를 다투고 있다. 2000년 기준 베트남 내 화장품 시장에서 LG의 시장점유율은 색조화장품 부문에서 2위, 기초화장품 부문에서 3위를 차지하였다. 브랜드 인지도에 있어 최고급 (prestige) 화장품 분야에서는 시세이도, 삐에르 까르댕, 랑콤 등 세계적으로 유명한 브랜드들이 차지하고 있으나, 고급(premium) 화장품 분야에서는 LG의 라끄베르가 단연 수위를 차지하였고, 이지업도 3,4위를 차지하였다. 2001년에는 LG의 화장품이 시장점유율 1위로 올라섰다고 한다. 베트남 내 화장품 시장이 아직 중저가(mass) 제품 위주로 형성되어 있기 때문에 현재 중저가 제품의 시장점유율이 높고, 그보다 가격이 높은 고급 및 최고급 화장품의 수요는 한정적인 상황이지만, 베트남의 경제성장과 함께 수요 증가가 예상되므로 LG를 비롯한 한국 화장품의 판매는 성장세를 지속하리라 본다.

최근에는 이동통신 분야에서도 한국 상품의 약진은 두드러진다. 한국 제품의 인기에 부응하여 단말기 부문에서 삼성전자의 애니콜의 판매도 증가하고 있고, 노키아, 모타롤라 등과 경쟁하고 있다. 최근 이동통신 사업 분야에서 베트남이 CDMA 도입을 결정하여, SK텔레콤, LG전자, 동아일렉콤 등 국내 통신장비업체가 공동 투자한 합작회사(SDL텔레콤)가 2002년에 이동통신 서비스를 개시하였다

● **자본주의 속성 인식의 확대**

베트남 시청자들은 외국기업에서 우호적인 조건으로 제공하여 방

<대장금> 열풍으로 생겨난 하노이의 대장금 식당　　사진ⓒ이한우 2005

영되는 TV 드라마와 그 광고를 보면서도 자본주의 기업의 상술에 그다지 부정적 시각을 갖고 있지는 않다. 기왕에 자본주의적 요소를 도입하여 사회주의체제를 개혁하고 있는 과정에서 불가피한 일이라는 견해가 대부분이다. 즉, 한류는 곧 자본주의 속성에 대한 인식을 확대하는 계기로 작용하고 있다고 하겠다.

그러나 몇 가지 사례에서 보는 바와 같이 한국 대중문화의 소개가 기업의 마케팅 전략으로 인한 지나친 상업주의와 접맥될 때 오히려 부정적 시각을 낳고, 장기적으로 기업과 국가의 이미지를 손상케 하는 결과를 가져올 수도 있다. 또한, 대중문화 자체가 지니고 있는 상업주의도 장기적으로는 부정적 영향을 가져올 것이다. 지나친 문화상업주의를 경계해야 하는 이유가 여기에 있다.

예를 들어, 1999년의 장동건 공연에서는 클로즈업 치약 광고를 겸하였는데, 장동건의 공연 이후 이 치약의 매출이 급신장하였다고 한다. 그러나 하노이 소재 경제학연구소의 한 연구원은 장동건 공연 티켓에 치약을 끼워 팔아 표 가격을 상당히 높게 매겼고, 그 당시 공연을 관람한 사람들은 너무 많은 치약을 구입하여 이를 평생 써야 할 정도였다고 냉소적으로 말하였다. 그의 견해로는 그랬기 때문에 장동건의 인기가 그 이후로 하락하였다고 한다. 사실보다 과장된 표현이었지만 그냥 흘려버릴 말은 아니다. 또한, 한 한국배우가 공연에서 한국 노래가 아닌 외국곡을 불렀고, 게다가 노래하는 가운데 가사를 잊어먹는 등 불성실하게 임하였다는 것을 베트남 코미디 프로그램에서 풍자한 것이라든지, 공연 티켓을 구입하였으나 과도하게 판매하여 공연장 안으로 들어가지 못하고 밖에서 구경하여야 했다는 사람들의 증언 등은 잘 갖추어지지 않은 공연에 참가함으로써 연예인 개인이 불이익을 받을 수 있다는 점을 나타내준다.

그러나 베트남 유학생 김현재는 배우의 인기가 하락하는 것은 외부적 요인이기 보다는 극중 배역 때문이라고 말한다. 예를 들어, 장동건은 <의가형제>에서 의로운 의사 역할을 함으로써 큰 인기를 얻었지만, 그 이후 <모델>에서 냉정하고 계산적인 인물로 나옴으로써 그의 인기가 하락하였다는 것이다. 베트남 사람들이 극중 역할과 실제 상황을 구분하지 않아 생긴 결과였다는 것이다.

그럼에도 불구하고 스타 마케팅의 그늘은 여전히 존재한다. 사실이야 어떻든 부정적 담론이 형성된다면 감수할 수밖에 없으며, 그 영향은 전반적으로 한국인 및 한국제품 전체가 떠안아야 하는 것이다.

● 사회의 다원화

베트남 내 한국 드라마의 방영은 일반적으로 지방방송으로부터 시작하여 중앙방송으로 전파된 특성을 나타낸다. 베트남에서 방영된 한국 드라마 가운데는 지방방송에서 방영하여 인기를 얻자 이후에 중앙방송에서 재방송으로 전국에 송출하는 경우가 많았다. 현재 베트남에 있는 TV 방송국은 중앙에 VTV1, VTV2, VTV3, 각 직할시 및 성별로 하나씩의 지방방송이 있어, 사람들은 보통 네, 댓 개의 채널을 선택하여 볼 수 있다. 중앙방송 가운데 VTV3이 교양 및 오락 기능을 주로 담당하고 있으며, 지방방송은 여러 부문의 프로그램을 복합적으로 방영한다. 개혁정책 집행과정에서 중앙의 지방에 대한 통제가 이전보다 완화된 것과 더불어, 지방의 선도적 행위에 중앙이 뒤따르는 현상이 생기고 이는 탈중앙집중화 과정을 가속화시킬 것이다.

사회주의 체제하에서 대중매체의 역할은 공산당과 정부의 정책을 홍보하고 국민들을 동원하는 데 일차적 목표가 있었다. 이에 따라 언론은 국민들을 사회주의적 인간형으로 만드는데 중요한 역할을 수행하여 왔다. 그러나 개혁과정에서 사람들의 소비욕구가 증대하고 대중매체가 다양화,

다원화되어 TV나 간행물이 점차 국민들의 즐기는 수단으로서의 기능을 확대하고 있다. 이러한 대중매체의 오락기능 강화는 중앙통제를 약화시키는 요인으로 작용하고, 사회를 다원화하는 데 기여할 것이다.

이와 더불어, TV 드라마와 영화를 통한 베트남 내 한국 대중문화의 확산은 기존의 베트남 대중문화의 변화를 가속화하는 요인으로 작용하고 있다. 베트남 젊은이들은 드라마를 통하여 본 연예인들의 생활을 동경하고, 모델, 배우, 가수 등 연예인이 되고 싶어 하며, 자본주의 문화에 급속히 익숙해져 간다. 이들은 중앙정부에 의해 통제되어 공급되는 문화와는 다른 자율적 문화를 형성해 나감으로써 사회의 다원화에 기여하게 될 것이다.

5. 베트남 한류에 대한 성찰

이제 베트남에서 자본주의 물결은 거부할 수 없는 흐름이다. 이에 자본의 논리와 결부되어 생산된 대중문화상품의 유입 또한 막을 수 없다. 이 과정에서 베트남의 전통문화 및 사회주의 문화는 외부의 문화적 충격에 대응하여 갈등하고 변용될 수밖에 없다. 모든 특정 문화가 그 근본에서는 융합의 과정을 통하여 탄생한 것임은 이미 여러 논자들이 지적한 바다. 기존 문화와 새로운 문화 간의 갈등은 계속되어 또 다른 새로운 문화를 만들어 갈 것이다.

앞서 설명한 바와 같이 한류의 확산은 자본주의 소비문화의 확산과 밀접한 관계를 맺는다. 한류의 형성과 확산은 한국 대중문화의 상대적 우수성만이 아니라 베트남 대중들의 소비욕구 증대와 한국 자본의 공략이 복합적으로 작용한 결과라고 하겠다. 즉, 수입국의 유인력과 공급국의 추동력이 결합되어 나타난 현상이다.

베트남에서 한류는 다른 국가에서와 마찬가지로 긍정적, 부정적 측면을 모두 포함하고 있다. 소비풍조 조장 및 퇴폐적 자본주의 문화의 유입 등이 부정적 측면이라 한다면 한국 대중문화의 확산이 베트남 사회의 다원화에 기여하리라는 점이 긍정적 측면이라 할 수 있다.

외부문화의 부정적 측면에 대한 베트남에서의 경계심리 또한 적지 않음에 비추어, 양국의 문화 교류에 있어 신중한 자세가 요구된다. 일반적으로 한국인들이 베트남인들에 비하여 경제적으로 부유하여 우월의식을 갖고 있는데, 베트남 사람들은 외국과의 전쟁을 오랫동안 치룬 나라 국민답게 애국심도 한국인들보다 강하며 경제적 부만을 가지고 우열을 평가하지 않는다는 점을 인식하여야 한다. 이전에 우리가 일본인을 경제적으로만 부유한 '이코노믹 애니멀'이라고 했던 것과 같은 생각을 베트남인들이 한국인들에 대하여 가질 소지는 충분히 있다.

그간의 한류 확산과정에서 발생한 몇 가지 문제점을 지적함으로써 향후 양국의 문화교류과정에서 지향하여야 할 바를 제시하고자 한다.

그간의 한국 대중문화는 TV 드라마를 중심으로 베트남에 확산되었는데, 그 구성내용의 대부분은 현대사회의 소비적인 모습들을 반영한 것이었다. 따라서 다양한 실제 한국문화를 반영하고 있지 못하며, 베트남인들이 일부분의 대중문화를 한국문화 전체인 것으로 받아들일 가능성이 높다. 이에 비추어 다양한 부문에서의 문화교류 노력이 요구된다.

최근에는 지나치게 많은 프로그램이 한꺼번에 베트남에 유입되어 여러 편이 동시에 방영됨으로써 베트남 대중들로 하여금 한국 드라마가 대동소이하다는 생각을 갖게 하고 한국 것에 대한 신선감을 잃도록 만든다. 결국 이러한 현상은 베트남 내 한국 열풍을 가라앉히는 요인으로 작용할 것이다.

또한 베트남 내에서 인기를 얻고 있는 한국 연예인들 가운데 일부는 민간문화사절로서의 자기인식이 부족하다는 점을 지적해야 하겠다. 어느 연예인은 성실하지 못한 자세로 공연에 임하거나, 비공식석상에서였지만 베트남 내에서 인기를 얻어 봐야 수입에 그다지 보탬이 되지 않는다는 말을 내뱉기도 하였다고 한다. 베트남 내 한류현상에 대하여 연예인 본인이나 그를 후원하여 마케팅을 펼치는 기업은 상업적인 면에서만 그 이해득실을 따지기보다는 국가간 문화교류의 일환이라는 점을 인식하여 절제 있는 행동을 해야 할 것이다.

이상과 같은 부정적 측면에도 불구하고 베트남으로의 한국 대중문화 유입이 베트남 사회변화에 긍정적으로 작용하는 요인들이 있는 것은 분명하다. 한국 대중문화 유입의 긍정적 측면을 극대화하고 부정적 측면을 억제함으로써, 양국 문화교류의 성과가 베트남 사회의 다원화와 국민들 삶을 풍성하게 하는 데 기여할 수 있기를 바란다.

동아시아의 한류 韓流

은행나무 침대에서 배용준 난화까지 : 싱가포르의 한류

김상

1998, 99년경 싱가포르의 주택가 클레멘티 쪽 한 극장에서 뜻밖에도 한국영화 <은행나무침대>가 상영되었다. 그러나 그 영화를 보기 위해 극장 앞에 줄을 선 사람은 찾아보기 어려웠다. 그로부터 5년 후인 2004년 4월. 한국 탤런트 배용준은 싱가포르에서 열리는 난화 명명식에 참석하기 위해 비행기에 몸을 실었다. 싱가포르의 국화이기도 한 난화의 새로 개발된 품종에 이름을 붙이는 명명식에 초대받은 것이었다. 싱가포르의 창이공항에서는 그의 팬 600 명이 모여 배용준의 도착을 기다리고 있었다. 배용준을 기다리고 있는 것은 싱가포르 사람들만이 아니었다. 환영객 속에는 단지 그의 모습을 보기 위해 태국, 베트남, 말레이시아, 인도네시아 등지에서 날아온 사람들도 상당수였다. 배용준은 입국장에서 환호 속에 국빈급 대접을 받고 시내로 들어갔다.

1. 한류의 상륙과 유형

● 영화에서 시작된 싱가포르의 한류

싱가포르는 말레이반도의 최남단 적도 부근에 서울보다 약간 큰 면적과 350만의 인구를 가진 조그만 도시국가이다. 그러나 1인당 국민총수입(GNI)은 21,000 달러가 넘는 아시아의 부국이기도 하다. 싱가포르의 공용어는 영어이지만, 인구의 77% 정도가 중국계이기 때문에 중국어는 싱가포르에서 대단히 중요한 언어이며, 중국 경제의 규모가 가속도가 붙어 확대되자 중국어의 비중이 점점 높아지고 있다. 싱가포르는 영국 식민지를 오랫동안 경험했기 때문에 상당히 서구적인 문화성향을 가지고 있으면서도 중국인들의 전통적인 관습이나 문화도 변형된 형태로 존속하고 있다.

이러한 싱가포르에 한류가 시작된 것은 대만과 홍콩, 중국에서의 한류 확산에 영향을 받은 바 크다. 싱가포르에 한류가 상륙한 것은 2000년 이후이다. 싱가포르에서의 한류는 중국과 대만보다 2-3년 늦게, 대만이나 중국과는 달리 영화에서부터 시작되었다.

싱가포르 사람들은 아시아의 선진국이라는 프라이드가 강하다. 그런 싱가포르 사람들에게 홍콩류는 자신들의 뿌리인 중국에서 온 것이며, 일본류는 일본측의 수년간의 노력 끝에 이루어진 것이어서 놀라운 현상이 아니었다. 서구문화에 대한 친근감은 식민지시대로부터의 역사적 세습이 큰 원인을 제공하였다. 그러나 한류는 이들에게는 전혀 뜻밖의 현상이었다. 대만과 중국의 한류에 대한 소식을 접하던 싱가포르 사람들은 새로운 천년이 시작된 2000년에 대만과 일본에서 큰 인기를 얻은 한국영화 <쉬리>(生死諜變) 이변에 대해 관심을 보였다. 그전까지 싱가포르 사람들이 한국에 대해 알고 있던 것은 싱가포르와 함께 신흥공업국으로 가난을 벗어난 '아시아의 네 마리 용'(四小龍) 중 하나라는 것, 일본 식민지였다는 것, 한국의 대표식품인 김치, 부정부패 정도였던 것 같다. 특히 대중문화에 대해서는 거의 관심이 없었다. 한국 연예인에 관한 보도는 홍콩의 4대 천왕인 리온 라이(黎明)가 한국 탤런트와 사귄다는 소문이 있다는 기사 정도였다. 이들의 무관심은 탤런트 김희선의 이름이 김선희로 잘못 보도되기도 했던 데서 나타난다.

그러나 <쉬리>에서 시작된 관심은 싱가포르에 새로운 문화현상을 일으키는 출발점이 되었다. 2000년 10월 싱가포르의 언론은 기자를 한국에 파견하여 <쉬리>에 관한 내용을 보도하는 등 특별한 관심을 보였다. 2001년이 되자 싱가포르 매체에서는 한국영화에 대한 재평가와 새로운 인식이 일어났다.

2001년 봄이 되면서 싱가포르에서는 전에 없이 <시월애>(穿越愛情海), <비천무>(飛天舞), <하루>(生命的第一天)가 거의 동시에 극장가에서 상영되었다. 이중 특히 <시월애>와 <비천무>에 대한 반응은 상당했다. 바닷가의 집 앞에 있는 편지함을 매개로 2개의 시간대 차원에서 전개되는 영화 <시월애>는 중국어 유선TV 채널인 채널U에서 이듬해인 2002년 설날(구정) 다음날 밤에 편성될 만큼 호응을 얻었다. 당시 이 세 편의 한국영화가 극장에서 상영된 데는 채널U와 쇼 브라더스의 협력이 결정적인 역할을 했고 그 협력의 대가로 채널U는 이 영화들의 TV방영권을 얻었다. <비천무>는 홍콩영화와 흡사한 측면이 많아 15개 상영관에서 개봉한 <쉬리>보다 한 곳이 더 많은 16개의 상영관에서 상영되었다. 또한 싱가포르의 대표적인 중국어신문 『리엔허자오빠오』(聯合早報, 이하 『자오빠오』로 약칭)는 2001년 3월 19일자 "한류가 싱가포르를 삼면으로 기습하다"('韓'流三面襲師城)는 제목의 기사에서 한국 영화와 TV드라마, 한국가요를 소개했다. 특히 이 신문은 <8월의 크리스마스>(八月照相館),

배용준이 등장하는 드라마의 싱가포르 방영　　　　　　사진ⓒ곽환 2004

<쉬리>, <거짓말>(謊言), <돼지가 우물에 빠진 날>(猪墮井的那天), <춘향전>(春香傳), <비천무>, <시월애>, <하루> 등 한국영화에 대한 호평과 자세한 보도를 했다.

같은 해 가을이 되자 한국 대중문화에 대한 싱가포르 사람들의 관심이 점점 고조되었다.『자오빠오』는 10월 17일 "한국의 영화와 TV드라마가 아시아에 충격을 주다"(影視韓流衝擊亞洲)라는 기사에서 한류가 아시아시장을 신속하게 점거하고 있다고 보도했다. 한류의 발단이 된 <쉬리>는 싱가포르에서 30만 싱가포르 달러(한화 2억4천만원 상당)의 흥행수입을, 2002년 1월에 상영된 <JSA>(邊界風雲)는 불과 며칠 사이에 7만5천 싱가포르 달러(한화 6천만원)의 흥행수입을 올렸다. <친구>(朋友)는 싱가포르에서 흥행에는 실패했지만 오우삼 감독의 선정지상주의적 영화나 일본의 범죄 코미디물과 비교해볼 때 오히려 입체적이고 절제되어 있다는 좋은 평가를 받았다.

2002년에는 본격적인 한류의 물결을 타고 <엽기적인 그녀>(我的

野蠻女友)가 소개되었다. 2001년에 상영된 전지현의 <시월애>는 7만 싱가포르 달러의 흥행성적을 냈지만, 불과 1년 후인 2002년에 상영한 <엽기적인 그녀>는 50여만 싱가포르 달러의 흥행성적을 올려 한국영화의 인기가 폭발적으로 올라간 것을 알 수 있다. 한류의 확산과 더불어 한국영화의 판권 가격도 폭등했다. 예전에는 1만 싱가포르 달러대였던 한국영화가 이제는 10만 싱가포르 달러대로 뛰어버렸고, 작품에 따라서는 100만 싱가포르 달러대를 호가하는 경우도 있다. 이밖에도 <조폭 마누라>, <여우계단>, <가문의 영광> 등도 상영되었다. 배용준이 영화배우로 데뷔한 영화 <스캔들>도 2004년 5월에 개봉되었고, <태극기 휘날리며>는 2004년 7월에 상영되었다.

● 한류의 기폭제, TV드라마

<불꽃>(火花)과 <가을동화>(秋天的童話)

일부 젊은 층들이 <비천무>, <시월애> 등의 영화를 보고 한국의 대중문화에 관심을 갖게 되었을 무렵 때맞춰 수입된 한국의 TV드라마는 한류의 물결을 일으키고 정착시키는 역할을 했다. 특히 <불꽃>과 <가을동화>는 싱가포르 사람들의 마음을 단숨에 휘어잡아 그 후 한국 드라마가 대거 방영되는 데 큰 기여를 했다. 2001년 5월 6일 중국어 유선TV 채널인 채널U가 개국하면서 <가을동화>, <불꽃>, <이브의 모든 것>(愛上女主播), <아름다운 날들>(美好的日子), <토마토>, <미스터 Q> 등 한국의 드라마를 대거 수입하여 방영했다. 시티TV 채널에서도 <해바라기> 등을 방송했다. 이중에서도 특히 <불꽃>과 <가을동화>는 한류의 형성과 확산에 결정적인 역할을 했다.

<불꽃>과 <가을동화>가 방영된 후 싱가포르 사람들은 한국 드라마의 수준에 놀랐으며, 유선채널에서는 한국 드라마의 상품적 가치를 인

식하게 되었다. 싱가포르 방송사에서는 2001년 한류를 3부작 특집으로 제작하기도 했다. <가을동화>는 싱가포르에서 방영되기 전 대만에서 폭발적 인기를 모았기 때문에 싱가포르의 신문, 잡지, TV, 인터넷 등의 매체를 통해 이미 싱가포르 시청자들에게 알려져 있었다. 때문에 방영 전부터 시청자들의 기대는 높았고, 이 기대를 겨냥하여 첫 회가 방송되기 전부터 <가을동화> 소설, VCD, OST가 발매되었다. <가을동화>는 방영 초부터 인기를 끌었고, 남매로 함께 자란 두 남녀의 이룰 수 없는 사랑이 매회 시청자들을 울렸다. 대만에서 <가을동화>가 방송되면서 "내세에는 한 그루의 나무가 되고 싶어"라는 대사의 중국어 버전인 "下輩子我要当一顆 樹"라는 말이 유행했는데 싱가포르에서는 이 대사의 영어버전인 "I want to be a tree in my next life"라는 휴대폰 문자가 유행할 지도 모를 일이라고 보도됐다. <불꽃>과 <가을동화> 이후 싱가포르에서는 한국의 대중문화뿐 아니라 한국스타에 대한 관심이 급증했다. 매체들은 드라마 내용 외에 이영애, 송승헌, 송혜교, 원빈에 대한 자세한 인적사항을 소개하면서 그들의 모든 것을 시시각각 상세하게 다루었다. <가을동화>에 대한 인기가 너무 높았기 때문에 방송사에서는 재방송까지 했다.

<겨울연가>(冬季戀歌)

<가을동화> 이후 싱가포르의 유선TV, 특히 채널U에서는 한국드라마가 단골메뉴로 등장했다. 한국에서 인기 있는 드라마는 즉시 수입됐다. <줄리엣의 남자>, <피아노> 그리고 국내에서는 기대에 미치지 못했던 <여름향기>에 대한 판권도 2003년에 사들였다. 한국에서 큰 인기를 모은 <천국의 계단>은 2004년 9월 시티TV에서 방영되었다.

그러나 최근 들어 싱가포르에서 가장 화제가 된 인기작은 역시 <겨울연가>이다. 일본 열도를 강타하여 일본에 한류 열기를 가져온 이 드라

마는 2002년 겨울 싱가포르도 강타했다. <겨울연가>가 방영되면서 싱가
포르 국민들 사이에서 배용준, 박용하, 최지우의 인기가 치솟았다. 배용준
이 2004년에, 난화 명명식에 초대받아 국빈급 대우를 받은 것도 바로 <겨
울연가>의 인기 때문이다. 박용하는 <겨울연가>에서의 상혁 역으로 싱
가포르 사람들에게 인기를 얻어 2003년『자오빠오』창간 80주년 기념행
사에 초청받기에 이르렀다. 박용하는 이날 싱가포르 정부청사 앞 무대에
서 노래를 불렀다.

　　<겨울연가>의 인기를 반영하듯 싱가포르 최고 번화가인 오차드
로드에는 한글 간판 '겨울연가'(冬季戀歌, Winter Sonata)를 단 술집이 있을
정도다. <겨울연가>의 인기로 인해 싱가포르 관광객이 2001년의 71,240
명에서 2002년에는 11.4%가 증가한 79,380 명이 한국을 방문했다는 주장
도 있다. <겨울연가> 삽입곡은 "그때부터 지금까지"(從開始到現在)를 비
롯하여 모두 대만의 인기가수 장신저(張信哲)가 불러 중국어권에서 널리
인기를 얻었다.

● 대중음악 · 게임 · 만화

　　중국이나 대만에서의 인기에 비해서는 떨어지지만 싱가포르에서도
한국의 대중음악이 착실히 위치를 잡아가고 있다. 중국과 대만에서 한국
의 대중음악이 젊은 연령층을 열광케 하는 것은 현란한 율동과, 세련된
스테이지 매너, 과감한 노출과 섹시한 의상, 그리고 역동성 때문이다. 이러
한 한국 대중음악의 특성은 폐쇄사회에서 개방사회로 변화하고 있는 중국
의 청소년들을 열광시켰고, 멜로디에 중점을 둔 대중음악이 주류를 이루
는 대만사회에서 한국의 역동적인 음악은 청소년들을 흥분시켰다. 이러한
특성은 싱가포르에서는 통하지 않았다. 물론 2001년 한류가 형성되던 시
기에 일부 청소년들은 한국 그룹의 노래를 들으며 숭배하기도 했다. 당시

열일곱 살인 한 여학생(吳雪妮)은 HOT의 토니 안을 좋아하여 그와 비슷하
게 생겼다고 생각되는 원숭이인형을 가방에 잔뜩 달고 다녔다. 그렇게 하
면 자기의 우상과 하루 종일 함께 마주한다는 기분이기 때문이었다.

　　그러나 싱가포르는 오랜 세월 서구의 식민지로 지배되면서 서구문
화의 세례를 받은 지역이다. 영어를 공용어로 불편 없이 사용하면서 서양
의 새로운 유행음악을 즉각 받아들일 수 있는 사회에서는 뭔가 특별한
음악적 특성이 있어야 호응을 받을 수 있다. 서구의 대중음악은 영어가사
를 통해 싱가포르 사람들에게 직접적으로 전달되고, 이들은 거리낌 없이
그 곡을 따라 부른다. 홍콩이나 대만의 대중음악이 싱가포르에서 인기 있
는 것도 같은 이유이다. 싱가포르 인구의 77%를 차지하는 화인(華人)들은
홍콩이나 대만 가수의 노래를 익숙한 멜로디와 리듬뿐 아니라 가사까지
이해한다. 때문에 홍콩이나 대만 가수의 신곡은 곧 바로 싱가포르로 유입
된다. 중국계 싱가포르 가수의 노래 역시 홍콩이나 대만의 대중음악 스타
일에서 크게 벗어나지 않는다. 싱가포르 사람들은 서구의 앞선 음악을 소
화해내는 한편 중화문화권의 음악을 공유한다. 한국가요는 언어의 장벽
에 부딪혔다.

　　그러나 한국의 TV드라마가 공감대를 형성해가면서 드라마에 삽입
된 한국의 대중음악도 점차 빛을 보기 시작했다. 한국 음반을 거의 찾아볼
수 없었던 싱가포르의 큰 음반매장에 <이브의 모든 것>, <호텔리어>
등 한국 드라마의 OST 음반이 일본의 아무로 나미에, SMAP의 음반과 함
께 전시되기 시작했다. 최근에는 오차드 로드에서 한국 드라마 음악을 쉽
게 들을 수 있다. HMV 등 대형매장에는 이제는 한국 드라마 음악 부스까
지 마련되었다. 이들은 드라마의 내용에 심취하면서 한국어를 알아듣든
못하든 관계없이 한국 대중음악을 즐겨 듣게 된 것이다. 2003년 8월 박용
하가 『자오빠오』 창간 80주년 기념행사장에서 한국어 노래를 불렀을 때

가사를 알아듣지 못하는 싱가포르 팬들이 손에 든 형광봉을 미친 듯이 휘두르며 환호했던 것도 드라마의 인기로 인한 파급효과이다.

한류의 유형 중에서 최근 더욱 강세를 보이는 것은 게임이다. 한국의 온라인게임은 이미 아시아 지역과 심지어는 오세아니아나 일부 미주지역에서도 명성이 나 있다. 대만의 온라인게임 시장을 석권한지는 오래이며 싱가포르와 말레이시아에서도 절대적으로 중요한 위치에 있다.

2004년 한 해만 보더라도 온라인게임인 <바이탈싸인>이 70만 달러의 계약금에 로얄티 30%의 조건으로 싱가포르에 수출된 것을 비롯, 한빛소프트는 <서바이벌 프로젝트>를 15만 달러의 계약금에 통상적인 수준이라고만 밝힌 로열티를 받기로 하고 싱가포르와 말레이시아에 수출했다. 노아시스템과 엠게임이 공동개발한 <나이트 온라인>은 미국을 비롯하여 싱가포르와 말레이시아에 수출됐다. <나이트 온라인>의 싱가포르·말레이시아 수출 계약금은 20만 달러. 이외에 한얼소프트는 <아웃포스트>를 계약금 12만 달러에 로얄티 30%의 조건으로 싱가포르와 말레이시아에 공급계약을 맺었다.

그라비티의 <라그나로크>는 이미 싱가포르와 말레이시아의 PC방 점유율이 약 90%에 이르며, 연간 300만 달러의 추가매출을 기대하고 있다. 그라비티는 <라그나로크>의 인기에 힘입어 캐릭터 라이센스도 준비하고 있으며 <라그나로크>를 애니메이션으로 제작하는 방안도 추진중이다. 한국의 온라인게임 업계는 여기서 그치지 않고 모바일 게임도 적극 개발하여 아시아지역을 공략하고 있다.

이밖에 일본만화, 홍콩만화, '위 티엔 벙'으로 대표되는 싱가포르만화의 3파전을 벌이는 싱가포르 만화시장에 한국의 만화가 진출했다. 양경일의 <소마신화>(小魔神), <신암행어사>(新暗行御史), 원수연의 <풀하우스>(浪漫滿屋) 등의 만화가 싱가포르에서 출판되었다.

이병헌을 모델로 한국 관광을 선전하는 싱가포르 버스　　　　사진ⓒ곽환 2004

● 한류 스타들

　　한류가 드라마의 강세를 타고 확산되면서 한국의 스타들은 한국뿐 아니라 동아시아의 스타로서 부각되었다. 우선 싱가포르의 팬과 관계자들은 한국의 스타들이 대부분 대졸 출신의 고학력에다 연기를 전공하는 연극영화과 학생이거나 졸업생이라는 데 놀라워했다. 한류스타는 지역에 따라 누가 먼저 인기를 얻고 나중에 얻는지의 시간상의 차이가 있긴 하지만 대개는 한국에서 인기 있는 드라마나 영화에서 주역을 맡은 연예인들이 곧 동아시아의 다른 지역에서도 스타로 뜬다. 그러나 국가별로 가장 인기 있는 한류스타는 조금씩 다르다.

　　싱가포르의 매체는 한류스타들의 사생활과 연기활동을 비중 있게 다루었다. 송승헌은 <가을동화>로 단번에 인기를 얻어 그의 각종 행보와 헤어진 옛날 여자친구들에 대한 가십도 싱가포르 매체에 보도되었다. 송혜교 역시 <가을동화>로 대표적인 한류스타로 자리잡았다. 송혜교와 이병헌의 열애도 싱가포르 매체에 보도되었고, 이병헌과 함께 출연했던 드라마 <올인>은 위성채널인 스타TV계열에서 방영권을 구입했는데 이 드라마를 소개하면서 황금커플인 송혜교와 이병헌이 출연한다고 소개했다. 원빈 역시 한국에서와 마찬가지로 싱가포르에서도 <가을동화>로 스타가 되었다. 싱가포르의 영어신문 『스트레이트 타임즈』(*Strait Times*)는 영화 <태극기 휘날리며>를 프리뷰하면서 <가을동화>로 명성을 얻은 원빈이 한국전쟁을 다룬 이 영화에서 장동건과 함께 출연한다고 소개했다. 전지현도 <엽기적인 그녀>로 싱가포르에서 인기를 얻었다.

　　『신밍르빠오』(新明日報)는 3년 전쯤 홍콩뿐 아니라 한국에도 사대천왕과 사대천후(四大天后)가 있다고 보도했다. 한국의 사대천왕은 장동건, 송승헌, 원빈, 배용준, 사대천후는 전지현, 송혜교, 김희선, 이영애라는 것이다. <겨울연가> 이후 싱가포르에서 가장 인기 있는 한류스타는 배용준이었다. 배용준은 <겨울연가>가 2002년 방송되면서 모든 연령층, 특히 20-50대 여성들 사이에서 열렬한 추종자들이 생겨났다. 배용준의 인기는 숭배에 가까웠다. 결국 이 인기 덕분에 배용준은 2004년 봄 싱가포르의 새로운 난화 명명식에 참석하여 배용준난(Dendrobium Bae Yong Joon)이라는 이름을 붙여주었다. 이 행사에는 82세의 노인에서부터 다섯 살짜리 어린이까지 1,000 명 이상의 팬들이 그의 모습을 보기 위해 모여들었다. 싱가포르의 팬들은 팬 사이트(http://www.joonsfamily.com)를 운영하고 있으며, 배용준의 프로필, 활동상황, 사진 등을 자세히 소개하고 있다. <겨울연가>가 방송된 이후 최지우의 인기도 치솟았고 <천국의 계단>이 방송되면서 상승세를 탔다. 2005년 중반이후에는 <아름다운 날들> <웨딩>의 류시원이 배용준이 인기를 앞지르는 이변을 보였다.

한류스타의 인기는 『자오빠오』의 "아시아 인기 우상 베스트 50" 행사에 그대로 나타난다.『자오빠오』가 기획한 "2003년 아시아 인기 우상 베스트 50"에서 한류스타들은 많은 표를 얻어 대거 진입했다. 5주간 계속된 이 인기투표에서 베스트 50에 가장 많이 랭크된 스타들은 대만 연예인들이었다. 베스트 50 중 18 명이 대만스타였다. 한국에서도 인기 있었던 <황제의 딸>에서 다섯 번째 왕자로 출연한 수여우펑(蘇有朋)이 3위를 차지한 것을 비롯, 일본만화를 드라마로 만든 <꽃보다 남자>에 출연, 한국에도 팬이 있는 남성그룹 F4가 4위에 올랐다. 1위와 2위는 모두 싱가포르 연예인(鄭惠玉, 孫燕姿)이 차지했지만 싱가포르 스타는 베스트 50 중 12 명에 그쳤다. 홍콩 스타 앤디 라우(劉德華)는 10위에 올라 겨우 홍콩스타들의 체면을 지켰다. 한국의 배용준은 홍콩의 사대천왕을 모두 제치고 당당 5위에 올라 배용준 신드롬을 증명해 보였다. 장동건, 송승헌, 송혜교, 최지우 등도 베스트 50에 올랐다. 한류스타들 중 베스트 50에 든 사람은 모두 8 명으로 재키 찬, 앤디 라우, 리온 라이, 아론 콕(곽부성) 등 8 명이 베스트 50에 진입한 홍콩과 같았다. 한때 싱가포르인들을 매료시켰던 일본스타는 겨우 2 명만이 베스트 50에 선정되었다. 중국 출신 스타는 역시 <황제의 딸>에서 귀여운 연기를 보여준 자오웨이가 유일했다. 한류의 위력을 다시 한번 절감케 한 행사였다.

아시아 인기 우상 베스트 50에 선정된 한류 스타

2003년		2004년		2005년	
순위	성 명	순위	성 명	순위	성 명
5	배용준	1	배용준	1	류시원
13	장동건	11	장동건	3	이병헌
23	박용하	15	최지우	6	배용준
26	송승헌	33	이병헌	15	장동건
28	최지우	36	권상우	18	권상우
35	채 림	41	보 아	21	최지우
37	이병헌	42	안재욱	31	안재욱
42	송혜교	44	채 림	34	채림
		49	김민종	35	비
		50	송승헌	36	보아
				39	이동건
				46	이영애

2004년 8월말에 거행된 "제3회 아시아 인기 우상 베스트 50"에서는 배용준이 한국인으로서는 최초로 아시아 최고의 스타가 되는 영광을 안았다. 장동건은 11위에, 최지우는 15위로 뛰어올랐다. 2004년의 베스트 50은 5주간 투표하여 선정되었다. 대만의 우세가 두드러진 가운데 2003년의

18팀에서 2004년에는 한 팀이 더 늘어 19팀이 베스트 50에 랭크되었고, 싱가포르도 진입팀이 대거 늘어 17팀이 베스트 50으로 선정되었다. 한국 스타들도 2003년의 8명에서 2명 더 아시아 베스트 50으로 뽑혔다. 대신 일본은 하마사키 아유미(濱崎步) 1명만 베스트 50에 들었고, 홍콩 역시 고인이 된 레슬리 청(張國榮), 앤디 라우, 리온 라이만 베스트 50에 올라 현저한 약세를 보였다. 이 행사를 주최한 『자오빠오』측은 물론, 중국, 홍콩, 대만 등 다른 중화권에서도 한류스타의 1위 획득에 경악하는 분위기였다. 2005년에는 류시원이 막판 스팟으로 최고의 인기스타로 뽑혔다.

2003-2005년 3년간의 행사를 통해서도 알 수 있듯이 일본류는 한류에 의해 밀려났고, 싱가포르인들에게 친근했던 홍콩류도 크게 퇴조했다. 심지어는 홍콩의 사대천왕 중 하나인 아론 콕은 2004년도 베스트 50에 끼지도 못했다. 연 3년간 한류스타의 아시아 최고스타 선정은 한국인들에게는 기쁘고 신나는 소식이었지만, 중화문화권의 관계자들에게는 상당히 씁쓸한 소식이었을 것이다.

2. 한류의 확산과 그 배경

일본류가 왔던 때처럼 한류가 오는 것일까 라는 정도로만 생각했던 싱가포르에 2001년 4, 5월에 이르러 한류는 밀려왔고 이제는 뚜렷한 문화현상으로 자리잡았다. 한국이 일본처럼 싱가포르에 자국의 문화를 전파하기 위해 몇 년 전부터 공을 들였던 것도 아니고, 한국은 싱가포르가 모범으로 삼고 싶은 경제선진국도 아니다. 홍콩이나 대만처럼 언어가 통하는 것도 아니다. 한때 '아시아의 네 마리 용'(四小龍)으로 불리며 홍콩, 대만과 함께 선의의 경쟁 상대였고, 바로 그 점 때문에 서로를 인식하고는 있었다. 또한 1997년 동아시아에 금융위기가 몰아닥치면서 한동안 좌절을 겪었다는 공통점도 있다.

한국의 경우도 마찬가지이다. 한국정부는 작고 청렴하며 효율적인 정부에 대해 긍정적으로 평가하면서 싱가포르의 정부 수행능력에 대해 관심을 가졌던 적도 있었다. 물론 싱가포르 정부가 과연 작은 정부인지도 의문이거니와 한국정부의 싱가포르에 대한 관심은 곧 흐지부지 사라져 버렸다. 한국인들이 싱가포르에 대해 알고 있는 것은 깨끗하고 작은 나라라는 점, 리쿠안유(李光耀) 전수상의 이름 정도, 그리고 아시아의 잘 사는 나라라는 것, 벌금이 다양하고 법 집행이 엄격하다는 정도일 것이다. 한국인들은 홍콩영화나 음악은 알고 있지만 싱가포르의 문화에 대해서는 아는 것이 없다.

싱가포르인들도 한국에 대해서 아는 것이 거의 없다. 필자가 1998-1999년 동남아연구소에서, 싱가포르국립대학에서, 거주지역의 동네에서, 혹은 버스나 길에서 만난 싱가포르인들은 늘 필자가 한국인이라는 말에 "열심히 일하는 나라"라던가 "나라를 위해 금반지도 내어놓는 애국심이 많은 사람들"이라던가, 혹은 일본의 식민지 경험에 대해 말하는 정도였다. 그러나 당시 싱가포르인들은 한국의 문화에 대해 알지 못했다. 일본 드라마가 TV에서 방송되고 일본 가수들의 노래가 대형 음반가게에 진열되어 있었지만 한국의 대중문화에 대해서는 전혀 관심이 없었고, 따라서 그러한 상품을 찾아보기란 거의 불가능한 일이었다.

이러했던 싱가포르에 왜 한국 대중문화에 대한 열정적인 반응이 존재하게 된 것일까? 왜 그들은 배용준의 말 한마디, 손짓 하나에 탄성을 올리고, 한국 드라마의 OST에 열중하며 한국어 노래를 따라 흥얼거리게 된 것일까?

싱가포르에 나타나고 있는 한류의 유형과 그 유입경로를 분석하면 대략 다음과 같은 원인을 생각해볼 수 있다. 그것은 바로 ① 유교적 가치관의 공유, ② 한국 대중문화의 질적인 향상, ③ 대중매체의 다양화·다원화, ④ 일본류에 대한 싫증, ⑤ 중화문화권에서의 파급효과이다.

● 유교적 가치관의 공유

개개인의 개성이나 인격존중보다는 사람과 사람간의 관계를 중시하는 것이 유교적 가치관이다. 개인보다는 가족 단위의 중시, 가부장적인 가족관계, 부모에 대한 효, 가족에 있어서나 사회에 있어서의 위계질서 강조, 근검절약을 미덕으로 여기는 것은 유교적인 가치관의 특성으로 볼 수 있다.

중국과 한국의 사회는 과거 전형적인 농경사회였다. 이와 같은 농경사회에서는 군신간의 충성, 형제간의 우애, 부모와 자식간의 효 등 사람관계에 대한 질서가 유교적 가치관으로 정립되어 있었다. 유교에서 강조하는 삼강오륜(三綱五倫)은 바로 사람들 간의 관계에 대한 규정이며 이와 같은 규정을 지켜나갈 때 사회의 질서가 유지되는 것이다. 근대화와 산업화가 진행되면서 전통적인 유교적 가치관은 점점 붕괴되었다. 그러나 근대화와 산업화가 전통사회의 가치관을 완전히 파괴시켜 그것을 섬멸해버리는 것은 아니다. 동아시아에서는 현대에 있어서도 유교적 가치관이 변형되거나, 혹은 일부는 온전한 형태로도 남아 있으며 일부는 산업화로 받아들인 새로운 서구적·근대적 가치관과 뒤섞여 있다. 이러한 상황은 싱가포르도 마찬가지이다.

싱가포르는 19세기에 세계 최강국으로 군림하던 영국이 말레이반도의 좋은 항구들을 개발하여 교역에 이용하려는 목적으로 건설된 도시이다. 당시에 싱가포르에는 사람이 몇 명 살고 있지 않았으며 해적들이 기지로 사용하던 곳이었다. 그러다가 영국에 의해 말레이반도의 삐낭

(Penang), 말라까(Malacca)와 함께 해협식민지로 개발되었다.

그 때 영국은 식민지 개발에 필요한 산업노동력을 충당하기 위해서 중국과 인도에서 대거 노동력을 수입했다. 이때 싱가포르에 온 사람들은 대부분 중국사람들로 청나라 말의 부패와 무능한 행정, 태평천국 등으로 인한 국내정치의 혼란과 경제적 빈곤, 즉 먹고 살길이 없어 조상들의 땅을 떠나 당시에 남양(南洋)으로 불리던 동남아로 왔던 것이다.

이들은 중국에서 대개는 농사를 짓던 가난한 사람들로 유교적 가치관과 전통, 그리고 유교적 통치 아래서 생활해온 사람들이었다. 이들은 싱가포르에서 서구인(영국인)의 지배를 받으며 말도, 문화도 다른 지역에서 살게 되었다. 이들은 차츰 서구의 법 제도와 문화를 접촉·수용하게 되고, 싱가포르가 영국으로부터 독립하여 하나의 국가가 되면서 산업화와 근대화가 시작되자 서구적 가치관의 영향을 더욱 많이 받게 되었다.

싱가포르가 점점 잘 사는 나라로 발전하면서 서구적 가치관은 사회에 팽배해졌고 전통적인 관계와 미덕에 대한 위협으로 작용하기도 했다. 국민들이 서구적 가치관에 지나치게 편향되는 것을 우려한 리쿠안유 총리(현 국정자문)는 '아시아적 가치'를 내세우며 신유교주의를 강조·보급했다. 신유교주의의 일환으로 싱가포르는 1970년대 후반 범국가적인 예절운동을 전개했다.

리쿠안유는 1979년 7월 1일 전국예절운동 전개 개막식에서 "예절은 문명사회의 일부이며, 예절 자체가 미덕"이라는 연설을 했다. 리쿠안유는 이 연설에서 예절은 형식과 성의라는 두 가지 요소를 가지고 있는데 성의 못지않게 형식이라는 요소도 매우 중요하다고 주장했다. 또한 싱가포르 국민들이 어른이든 어린이든 교양을 갖춘 사람이 될 것을 강조하며 "이른바 예절이란 사람을 대할 때 점잖고 도리에 어긋남이 없는 것을 이르는데, 예절이라는 미덕은 통상 교양에서 나온다"고 지적했다. 싱가포르사회가 근대화·산업화되면서 전통적 가치관이 왜곡되거나 무시되는 정도가 심해지자 국가 차원에서 예절운동을 전개하여 중국인들의 전통적 미덕인 예절을 갖추도록 하려는 정책이었다.

리쿠안유는 1980년대 싱가포르의 사회목표를 국민들이 모두 예의를 갖추며 서로에게 따뜻한 관심을 갖는 사회로 건설하는 것이라고 말했다. 싱가포르의 전국예절운동의 목적 중 하나는 외국관광객 유치를 증대시키는 데 있었지만, 한편으로는 지나치게 서구화되어 유교적인 가치관을 상실하는 것을 막기 위한 것이었다.

싱가포르의 신유교주의는 그 후에도 지속된다. 1981년 설날에 리쿠안유는 중국인의 후예인 화인(華人)들은 삼강오륜을 앞으로도 유지해야 한다고 주장한다. 이것은 해체되어가는 전통적인 가족관계와 사회질서에 대한 경종이었다. 산업화로 인한 대가족제도의 붕괴와 이로 인한 핵가족화를 우려하면서 자식들이 부모를 공경하고 부모에게 효도를 해야 한다고 권고했다. 리쿠안유는 유교적 가치관을 계승하고 좋은 풍습과 전통을 유지하기 위해 중국어학교가 아닌 영어학교에서도 영어로 유교적 가치관을 교육할 것이라고 말했다.

싱가포르 정부는 유교적 가치관의 상실을 막기 위해 제도를 통해 전통적 가치의 유지를 유도하고 있다. 정부에서 공급하는 주택개발청(HDB) 아파트의 분양에서 부모와 자녀가 가까운 곳에 살기를 원하면 이웃에 살거나, 한층에 살 수 있도록 편의를 제공한다. 버스에 경로석을 만들어 놓은 것도 신유교주의의 표현이다.

2004년 8월 고척통 총리의 뒤를 이어 싱가포르 총리가 된 리쿠안유의 큰아들 리시엔룽은 독립기념일 연설에서 앞으로 정부는 중화문화를 강화하고 중국어인재를 배양할 것이라고 말했다. 이로 미루어 보아 싱가포르 정부의 신유교주의는 앞으로도 지속될 것으로 보인다.

    이와 같은 정책 때문에 싱가포르는 한국보다 훨씬 개방적이고 서구적인 문화를 가지고 있는 반면, 유교적 가치관에 영향을 받고 있으며 전통적인 풍습도 일부 유지하고 있다. 싱가포르인들은 아직도 음력 7월을 귀신의 달로 부른다. 음력 7월 초하루가 되면 집집마다 지전(죽은 이의 명복을 빌기 위해 태워주는 지폐 모양의 제례용품)을 태우고 향을 피우며 죽은 이들의 명복과 자신들의 복을 빈다. 이 때가 되면 아파트 길가에서도 지전을 태우는 사람들을 종종 볼 수 있다.

    싱가포르인들은 유교적 가치관의 흔적을 한국 드라마에서 쉽게 발견했다. 싱가포르에서 가장 큰 인기를 얻었던 대표적인 드라마 <가을동화>와 <겨울연가>를 보자. <가을동화>는 남매처럼 함께 자랐던 두 남녀의 비극적인 사랑을 그린 내용이다. 서구사회에서라면 은서와 준서는 혈연관계가 전혀 없는 남남이어서 이들의 사랑이 비극으로 끝나야 할 이유가 없다. 그러나 유교적인 전통이 강한 한국이나 싱가포르에서는 사회적으로 용납하기 어려운 면이 있는 사랑이다. 때문에 싱가포르인들은 은서와 준서의 고통과 비극적인 갈등에 함께 눈물을 흘리며 공감할 수 있었다.

    <겨울연가>는 출생의 비밀로 인한 사건들이 두 연인에게 고통의 세월을 가져온다. 출생의 비밀과 가족사로 인한 문제점은 서양에 비해 폐쇄적인 동양사회에서 더욱 개인에게 고통과 상처를 주는 요소이다. 준상이 기억을 되찾은 후 출생의 비밀에 대한 의문 때문에 준상과 유진의 주저하고 고민하는 모습은 싱가포르에서도 공감을 자아내는 설정이다. 또한 <겨울연가>의 유진은 고교 때 사랑했던 준상을 끝까지 기다린다. 가족의 권유로 상혁과 결혼하려고 하면서도 끝내 준상에 대한 사랑을 지켜낸다. 유진은 인고의 세월을 견디며 한 남자만을 기다리는 유교적 가치관을 가진 여성으로 그려진다.

    <가을동화>의 은서나 <겨울연가>의 유진 모두 남성에게 순종적

이며 한 남자만을 끝없이 기다리는 여성이다. 유진과 은서를 보면서 싱가
포르인들은 자신들은 이미 잃어버린 전통적 여성상을 떠올리게 되고, 이
는 싱가포르인들에게도 친숙한 모습이었다. 청순가련하고 순종적인 여성
상은 <천국의 계단>의 정서 역시 마찬가지다. 이와 같은 여성상은 싱가
포르에서 인기 있는 홍콩의 시대극에서도 종종 찾아볼 수 있다. 과묵하면
서도 강한 남성이 요구되었던 전통 동양사회의 남성 이미지를 그대로 가
지고 있는 캐릭터들도 인기를 얻는 요인이다. 이와 같은 남성은 이미 현실
에서는 찾아보기 힘들어졌다. 그래서 더욱더 <겨울연가>의 준상이나
<천국의 계단>의 송주는 싱가포르 여성들에게도 흡인력을 갖는 것이다.

● '일본류'의 틈새시장

한류가 싱가포르에 상륙하기 전에 싱가포르의 대중문화 시장은 홍
콩과 싱가포르, 서구, 일본이 나눠가지는 상황이었다. 홍콩의 대중문화는
오래전부터 홍콩, 대만, 동남아에 큰 영향을 미쳐왔다. 더욱이 싱가포르와
홍콩은 같은 중화문화권이어서 비록 경제적으로는 불꽃 튀는 경쟁관계에
있지만 홍콩의 대중문화는 싱가포르에서 거부감 없이 수용되었다. 싱가
포르 출신의 연예인들이 생산해내는 대중문화는 홍콩과 크게 다르지 않
은 내용을 다루고 있었다. 더욱이 홍콩의 대중문화가 좀 더 양산되고 세련
된 면이 있었기 때문에 싱가포르 시장에서 잘 소화되었다. 따라서 홍콩의
대중문화는 싱가포르인에게 '홍콩류'로 인식되지 않았다. 음악의 멜로디
라든가 드라마나 영화의 캐릭터와 스토리 전개, 주제, 형식 등이 본질상
유사하기 때문이다. 또한 표준어인 만다린이 아닌 광동어로 표현되는 홍
콩의 노래와 영화, 드라마 역시 이들에게 부담스럽지 않았다. 싱가포르의
화인들은 집에서는 방언을 쓰는 경우가 많은데다 여러 지역 출신들이 함
께 HDB 아파트에 살기 때문에 자신들이 사용하는 방언이 아니라도 다른

지역의 방언을 알아듣거나 할 수 있는 경우가 상당수 있기 때문이다.

싱가포르와 홍콩 대중문화의 차이점은 오히려 서구 대중문화에 대한 수용 정도에 있다고 할 수 있다. 홍콩도 영국령으로 오랜 세월 있었지만 홍콩 사람들은 싱가포르 사람들에 비해 서구 문화에 대한 거부감 같은 것이 있다. 게다가 영어를 못하는 홍콩 사람들도 많다. 싱가포르 사람들은 세미나를 인쇄된 자료 없이 영어로 진행할 만큼 영어에 익숙하다. 영어가 공용어이고, 공공부문의 언어는 영어이기 때문에 서구의 영화와 대중음악은 이들에게 전혀 불편 없이 수용될 수 있다.

이처럼 홍콩과 서구의 대중문화가 주류를 이루던 싱가포르에 일본의 대중문화 붐, 즉 '일본류'(哈日)가 상륙했다. 일본류는 한류와는 달리 일본측에서 일본문화의 중화문화권 진출을 위해 장기간에 걸쳐 철저한 준비와 투자를 한 데서 비롯된 것이다. 일본은 이를 위해 먼저 중화문화의 핵심적인 생산지 홍콩에 일본의 대중문화를 진출시켰다. 또한 과거 일본의 식민지였으며 일본에 대해 좋은 인식을 가진 대만에 일부 젊은 계층을 중심으로 매니아층을 형성해나갔다. 싱가포르에 일본류가 들어온 것은 한류가 들어오기 2-3년 전 즉 1997-8년경이다. 심지어 일본은 TV방송의 시간대를 일정 시간 사서 그 시간동안 일본어로 방송을 진행하기도 했다. 필자가 싱가포르에 있을 때 이 방송을 본 적이 여러 번 있었다. 방송내용은 뉴스, 일본드라마, 일본가요 등으로 구성되었다. 이 방송을 통해서도 싱가포르인들은 자연스럽게 일본의 드라마나 대중음악에 일상적으로 접할 수 있는 기회를 가질 수 있었다. 케이블TV와 위성TV의 보급도 일본의 대중문화가 싱가포르에 침투하는 데 큰 기여를 했다.

싱가포르인들은 일본에 대해 양면적인 인식을 가지고 있다. 그 중 하나는 일본이 제2차 세계대전 때 싱가포르를 침략하여 자신들의 적국인 중국에서 온 싱가포르 화인들을 탄압하고 무참히 학살한 사건들('숙칭')에 대한 기억이다. 다른 한편으로는 일본은 동남아에 있어서 가장 큰 투자국이라는 인식이다. 싱가포르는 금융위기를 겪으면서 화인상공회의소 주최의 세미나에서 일본의 투자가 중요하다는 내용의 논문들을 발표한 적도 있다. 물론 현장에는 일본인 관계자들이 있었는데 마치 그들이 들으라고 발표하는 내용 같았다. 그 정도로 일본은 싱가포르에 있어서 절대 무시할 수 없는 경제대국이다.

동남아에 대한 최고의 투자국인 일본의 대중문화가 동남아에 하나의 문화현상으로 존재한 것은 어쩌면 당연한 것일 수도 있다. 싱가포르의 중심가인 오차드 로드 곳곳에는 일본 백화점들이 포진하고 있고, 지역마다 체인을 가지고 있는 NTUC의 슈퍼마켓에서도 일본 상품을 쉽게 찾아볼 수 있는 곳이 싱가포르이다. '일본류'가 홍콩을 거쳐 상륙하자 일본의 인기그룹 스맵(SMAP)의 키무라 다쿠야는 싱가포르에서도 인기 최고의 가수가 되었다. 우타다 히카루의 "First Love"는 한국에 상륙하기 훨씬 전에 싱가포르에서 히트했다.

일본 드라마는 싱가포르인들에게 너무나 친숙한 중화문화권의 드라마와는 다른 표현과 스토리 전개, 형식을 가지고 있었기 때문에 신선한 느낌을 주었다. 유려하고 세련된 화면 구성도 볼거리였고, 싱가포르인들에게도 이미 널리 알려져 있는 스타들이 출연한다는 점도 흡인력을 가졌다. 일본류는 드라마나 영화, 대중음악뿐 아니라 패션에도 크게 영향을 미쳐 일본류 추종 청소년들은 손가락에 밴드를 감는 일본의 유행을 따르기도 했다.

그러나 시간이 흐르자 싱가포르인들은 일본류에 거부감을 갖게 되었다. 일본 드라마에서 전개되는 복잡하고 때로는 난잡하기까지 한 애정행각에 싱가포르인들은 차츰 식상해졌고 거부감까지 갖게 되었다. 또한 일본 문화상품에서 나타나는 잔혹성의 미학이 싱가포르인들에게는 수용하기 어려운 측면이 있었다.

　　같은 무협물이라고 해도 홍콩과 일본은 다르다. 홍콩의 무협물은 복수와 애정이라는 기본 구조 위에서 긍정적이고 낙천적인 중국인적 기질이 잘 나타난다. 뛰어난 와이어 액션 기술을 통해 날아다니면서 많은 사람들이 죽는 장면이 즐비하게 나오지만 죽고 죽이는 장면에서 혐오감을 줄 만큼 지나친 잔혹성은 찾아보기 어렵다. 홍콩의 액션물이나 무협물은 별로 리얼하지 않다. 전반적인 분위기가 음침한 경우도 없으며 사랑은 영원하다는 중국인들의 믿음도 영화 곳곳에서 나타난다.

　　이러한 문화상의 차이점 때문에 처음에는 비슷한 유교적 가치관을 가지고 있으면서도 훨씬 더 세련된 영상과 음악을 만드는 일본의 대중문화에 싱가포르인들은 신선함을 느꼈고, 또한 이 때문에 나중에는 식상함과 싫증을 느끼게 되었다.

　　한국 드라마는 기본적인 구조에 충실하면서 순수한 사랑을 추구하는 성향이 짙고, 가치관과 도덕수준이 보수적이어서 쉽게 수용할 수 있는 특성이 있다. 싱가포르인들은 처음에는 한국 드라마의 진행이 너무 느리고 세련되지 못하다는 평가를 하기도 했지만 자신들과 유사한 정서를 가진 한국 드라마에 점차 끌리게 되었다. 홍콩과 서구의 대중문화가 주류를 이루는 싱가포르 사회에 있어서 주변문화로서 기능해온 일본류가 쇠퇴하는 틈새를 비집고 한국의 대중문화가 새로운 주변문화로서 자리잡은 것이다.

　　일본류는 일본 대중문화 종사자들이 오랫동안 공을 들인 결과물이기도 하지만 다른 한편으로는 싱가포르 쇼 비즈니스 종사자들의 작품이기도 했다. 싱가포르 쇼 비즈니스 종사자들은 서구와 홍콩의 대중문화가 장악하고 있던 싱가포르 시장에 일본류를 도입하여 새로운 활기를 불어넣었고, 소비자들이 일본류에 식상함을 느끼자 이번에는 중화문화권의 인기상품인 한류를 들여와서 시장에 새 기운을 주입했다. 이런 면에서 한류 역시 싱가포르 쇼 비즈니스 업계의 마케팅 전략의 일환으로 볼 수도 있다.

● 한국 대중문화의 질적 향상

한류 초창기에 싱가포르에서 방송된 한국 드라마는 <불꽃>, <가을동화>, <이브의 모든 것>, <토마토>, <해바라기> 등이다. 이들 드라마는 한국에서 방송되었을 때도 시청률 1, 2위를 올린 인기드라마이다. 구성이 탄탄하며 연기자들의 화려한 외모와 서정적인 음악, 감칠맛 나는 연기라는 시청 흡인 요소를 갖추었다. 또한 남녀간의 사랑만을 다루는 것이 아니라, 가족구성원간의 갈등, 전문적인 직업 분야에 대한 소개와 직장에서의 갈등도 주요한 소재가 되어 홍콩의 멜로물에 비해 훨씬 사실적이며 입체적인 구성이다.

한국 드라마의 제작 수준은 대만이나 홍콩에 비해 훨씬 정교하다. 액션물에 있어서는 기술적인 면에서 아직도 홍콩에 미치지 못하는 점도 있고, 판타지성 무협물은 홍콩이나 대만의 독특한 영역이다. 그러나 그 외의 거의 모든 장르에 있어서 한국의 드라마는 훨씬 성의 있고 세련되게 제작된다. 영상구성이 깔끔하며 화려하면서도 서정적이다. KBS, MBC, SBS 3사는 특집물이나 주말드라마 등 역점을 두는 시간대의 드라마에는 엄청난 자본과 노력을 퍼붓는다. 이와 같은 노력은 흡인력이 강한 작품을 낳는다. 또한 한국드라마는 기본적인 주제가 건전하고 도회적이어서 도시국가인 싱가포르인들이 거부감을 느끼지 않고 쉽게 공감할 수 있다.

특히 한국 영화의 경우에는 이미 세계 3대 영화제로 꼽히는 칸영화제, 베를린영화제, 베니스영화제에서 주요 부문의 큰 상을 수상할 정도의 수준에 와 있다. 한국적 영상을 추구해온 임권택 감독의 <취화선>이 2002년 칸영화제에서 감독상을 수상하면서 한국영화는 그 영상미로 세계를 놀라게 했다. 이어 일본만화를 영화로 제작한 <올드 보이>는 <저수지의 개들>, <펄프 픽션>, <황혼에서 새벽까지>의 감독 타란티노를 칸에서 열광케 했다. <태극기 휘날리며>는 미국 개봉을 앞두고 『워싱턴 포스트』의 프리뷰에서 <라이언 일병 구하기>와 비교될 정도로 호평을 받았다. 한국 대중문화에 대한 관심을 갖게 한 <쉬리>와 싱가포르에서도 좋은 흥행성과를 올린 <JSA>는, 소재는 한국적 특수상황이지만 주제는 세계 어느 지역에서도 수용할 수 있는 것이다. 심각한 주제를 다룬 영화이지만 보는 재미를 염두에 두고 만들었기 때문에 싱가포르에서도 긍정적인 반응을 얻었다. 이들 영화는 대체로 완성도도 높았다.

한국영화는 1990년대에 비약적인 발전을 했다. 『자오빠오』는 중국 영화학자 왕시어우쥐(王秀菊)의 책에 근거하여 한국영화의 발전 원인을 분석하고 있다. 그 원인은 ① 주제의 다양화, ② 정부의 영화 보호정책, ③ 대기업의 영상산업 진출, ④ 국민들의 애국심이라는 것이다. 첫째, 한국영화가 발전하게 된 계기는 군사독재의 종식과 더불어 영화 주제의 선택에 제한을 받지 않게 된 점이다. 둘째, 한국정부가 문화진흥기금 등을 이용해 영화산업을 지원하고 있다. 셋째, 정부의 지원 하에 삼성과 LG 등 대기업이 영화산업에 참여, 영화를 제작하고 영화관을 운영하고, 비디오 제작에도 진출하여 영화의 수준과 양을 모두 높였다. 넷째, 한국인의 애국심이 작용하여 한국영화를 보지 않으면 애국자가 아니라는 심리가 팽배해 있다. 이것이 스크린 쿼터제 폐지 반대 등의 여론 형성에도 작용하여 한국영화를 돕고 있다.

이 분석은 중국학자의 분석이지만 싱가포르의 시각을 반영하는 것이기도 하다. 애국심이 한국영화의 수준을 향상시켰다는 분석은 한국인을 모두 지나치게 애국적인 국민으로 인식하는 데서 오는 오류이다. 한국인은 예전에도 애국심을 가지고 있었다. 그러나 한국인들은 한국영화를 외면하고 할리우드 영화에 열광했다. 핵심은 애국심이 아니라 잘 만든 영화냐 아니냐에 있는 것이다.

이런 점을 보더라도 『자오빠오』의 분석이 모두 다 맞다고 할 수는 없지만 일리가 있는 부분도 있다. 군사독재의 종식으로 민주화가 정착되면서 정치나 정권, 사회문제 비판이 가능해지는 등 영화의 주제에 제한을 받지 않고 다양하게 선택할 수 있어 영화인들의 작가정신이 고양되었다. 이러한 사회분위기 속에서 민족분단과 냉전으로 인한 비극을 그린 <쉬리>와 <JSA>가 제작되었다. 특히 <JSA>의 경우 독재정권 하에서라면 도저히 다룰 수 없는 내용이다. 또 최근에 제작된 <실미도> 역시 독재정권 아래에서는 그 소재 자체를 아예 다룰 수조차 없었다. <태극기 휘날리며>도 마찬가지다. 우도, 좌도 아닌 객관적 시각으로 한국전쟁을 다룬 영화는 민주주의체제이기 때문에 가능한 것이다. 이 영화는 반전 메시지를 강하게 담고 있어 독재체제에서라면 절대 제작될 수 없는 내용이었다. 이 영화들은 모두 한국적 소재를 가지고 전 세계인이 공감할 수 있는 주제로 승화시켰기 때문에 강한 경쟁력을 가지고 있다.

또 한 가지, 대기업의 영화산업 진출은 한국영화의 판도를 바꿔놓았다. 적은 예산으로 적당히 영화를 만들어내던 시대가 끝나버린 것이다. 한국판 블록버스터는 때로는 흥행에 실패하고 완성도에도 미진함을 드러냈다. 그러나 엄청난 제작비를 쏟아 만든 한국영화는 화려하고 정교한 영상과 때로는 실험적인 기법의 작품도 가능하게 해주었다. 흥행에 참패한 블록버스터 <무사>의 경우 주인공이 한 명이 아니라 여러 명이서 영화의 전개는 구심점이 없어졌지만 대신 색다른 스타일의 영화를 선보일 수 있었다. 또한 대기업들이 영화관 운영에도 참여함으로써 자신들이 제작한 한국영화의 개봉관을 확보할 수 있다는 점도 한국영화의 발전에 긍정적으로 작용하고 있다. 대기업의 영화산업 진출은 군소업체에도 자극을 주었다.

그러나 『자오빠오』가 간과한 것은 한국에서 대중매체의 발달이 영화산업에 기여한 점이다. 대기업의 영화산업 진출로 군소업체들은 대적하기가 어려워졌다. 이들은 큰 자본을 마련하기 위해 인터넷을 이용했다. 기획 단계에서 인터넷을 통해 영화의 시놉시스와 출연진을 알리고 자본 투자를 유치하는 것이다. 한국영화의 수준이 향상되자 한국영화 시장을 압도하던 할리우드 영화는 위축되고 대신 한국영화가 한국영화 시장의 중심이 되었다. 한국영화가 돈을 벌 수 있다는 것을 알게 된 네티즌들은 이와 같은 영화의 인터넷 자본 유치에 적극 참여했다. 기획이 좋으면 군소업체들에서도 인터넷을 통해 자본을 마련하기 쉬워졌다. 이러한 자본 유치 방법의 변화는 자본의 압박을 떠나 좋은 영화를 추구하는 풍조로 이어졌다. 또한 TV방송사의 영화 소개 프로그램이나 인터넷 사이트에서의 홍보도 한국영화의 질적 향상과 소재와 표현의 다양화에 기여했다.

이와 같은 한국영화의 다양화와 질적 성장 때문에 싱가포르에서도 한국영화에 대한 관심이 높아지고 한국에서 개봉된 최신작들을 수입하게 되는 것이다.

● 매체의 다양화, 다원화

싱가포르의 한류는 영화로 시작되었지만 그 기폭제가 된 것은 한국의 TV 드라마이다. 한국 드라마가 싱가포르에서 여러 편 방송될 수 있었던 것은 한국 드라마의 질적 우수성과 상업적 가치에서도 그 원인을 찾을 수 있다. 그러나 한편으로는 싱가포르의 케이블 TV와 위성 TV 등 대중매체가 다원화되고 수적으로 크게 증가한 데 힘입은 결과이기도 하다. 매체가 늘어나면 그에 따라 방송할 프로그램에 대한 수요가 급증한다. 한국에서도 케이블 TV 시대가 되면서 중국이나 대만, 홍콩에서 제작된 시리즈물에 대한 수입이 크게 증가했던 적이 있었다. 경인지역의 채널인 I-TV의 경우에는 초창기에는 대만의 시리즈물 <회옥공주> 등 중화문화권의 시리즈물을 종종 편성한 적이 있다.

싱가포르의 경우도 마찬가지다. 중국어 채널인 U가 2001년 5월 6일 개국하면서 한국 드라마를 꾸준히 방송했다. 채널U는 <불꽃>, <초대>, <토마토>, <미스터 Q>, <가을동화> 등을 방송했다. 이외에도 채널U는 한국영화 <시월애>를 편성하는 등 한류 조성에 앞장섰다. 신생 지상파 채널이 방송시간을 채우기 위해 프로그램의 다각화를 시도한 것이다. 한국 드라마에 대한 반응이 좋아 위성 채널에서도 한국 드라마 편성에 적극적이다. 스타 허브 계열인 시티TV에서도 <해바라기>, <아름다운 날들> 등을 방송했고, <천국의 계단>도 서둘러 편성했다. 같은 스타 허브계열인 봉황TV에서는 <올인>을 방영했다. 최근 싱가포르는 채널U와 스타 허브에서 한국 드라마를 경쟁적으로 편성하는 경향이 있다.

물론 케이블 채널이나 위성 채널은 공중파 채널과는 달리 시청자들이 한정된다는 약점이 있다. 같은 프로그램이라 하더라도 공중파 채널인 채널5나 채널8에서 방송되는 것과는 큰 차이가 생긴다. 그러나 싱가포르 국민의 순국민소득(GNI)은 미화 21,000 달러가 넘는다. 물질의 풍요함은 이들에게 다양한 매체를 접해 좀 더 풍부한 오락거리를 즐기고자 하는 욕망을 낳는다. 또한 채널U의 경우처럼 아시아·태평양 지역에 프로그램을 공급하는 신디케이트를 만드는 목적을 가지고 있다면 얘기는 달라진다. 바로 이 신디케이트를 타고 채널U에서 방송된 프로그램은 다른 중화권에도 공급이 쉬워진다. 역으로 다른 중화권에서 방송된 한국 드라마나 영화를 공급하기도 쉬운 것이 장점이다. 또한 위성 방송인 스타 허브의 경우 아시아 지역 전체에 방송망을 가지고 있다는 것이 큰 장점이다.

방송 채널뿐 아니라 IT강국을 지향하는 싱가포르 정부의 정책에 따른 인터넷의 보급과 보편화 추세도 한류의 확산에 기여하고 있다. 싱가포르는 필자가 거주하던 1998-99년에 이미 인터넷의 속도에 따라 전화 설치 요금이 다른 제도가 시행되고 있었다. 고속 인터넷의 보급이 확대되면서 인터넷 사용인구가 늘어나고 공공기관이나 대학에서도 사용카드를 사면 어디서든 인터넷을 사용할 수 있다.

따라서 한류스타들의 새로운 출연작, 싱가포르 방문 당시의 사진, 관련 사이트들을 손쉽게 검색할 수 있다. 배용준 팬 사이트의 경우에는 일본, 한국, 대만 등의 배용준 팬 사이트와 링크를 걸어 배용준 팬이라면 다른 국가의 팬 사이트를 방문하여 새로운 정보를 알게 되거나 최소한 새로운 이미지라도 볼 수 있게 된다. 2004년 당시 싱가포르의 종합 인터넷 사이트 야후에서 "Kwon Sang Woo"를 치면 <천국의 계단>과 <동갑내기 과외하기>에 대한 자료들이 화면 가득 떴다. 웹에서는 <천국의 계단>에 대한 의견, 다른 경로를 통해 최종회까지 다 본 시청자의 "너무 슬프다"는 감상, 권상우의 사진 등을 쉽게 찾아 정보를 수집할 수 있었다. 현재 가장 관련 사이트가 많은 것은 역시 배용준으로 "Bae Yong Jun"을 검색어로 치면 배용준과 관련된 신문기사, <겨울연가>, 배용준 이미지, 새로운 소식 등을 손쉽게 검색할 수 있다. 뿐만 아니라 한류와 관련된 상품, 즉 <천국의 계단>에서 송주와 정서가 사랑의 정표로 함께 걸고 다녔던 목걸이 등을 판매하는 사이트도 등장했다. 이들과 관련된 사이트가 대만이나 홍콩, 중국 사이트라면 언어에도 전혀 문제가 없기 때문에 더욱 편리하게 웨핑을 할 수 있다. 이처럼 인터넷의 보급은 싱가포르의 한류 확산에 큰 영향을 미치고 있다.

VCD 및 DVD 시장의 확대도 한류의 확산에 긍정적인 영향을 미치고 있다. <가을동화>는 방송 전부터 VCD와 OST 음반이 발매되어 사전에 분위기를 조성했고, <천국의 계단> 역시 싱가포르에 방송되기 전부터 인터넷에서 DVD를 판매하고 있었다. 심지어는 인터넷에서 불법으로 다운로드받는 파일 등도 한류의 상품 판매에는 부정적인 기능을 하고 있지만, 한류의 확산에는 순기능적인 역할을 하고 있다.

● 중화문화권에서의 확산 효과

학계에서는 중화경제권이라는 용어가 많이 사용되어 왔다. 1978년 중국이 개혁개방정책을 실시하여 문호를 개방하자 중국이 의도한 대로 홍콩과 대만, 그리고 동남아 화인들의 자본이 쏟아져 들어왔다. 중국 핏줄을 가진 이들의 자본이 중국으로 유입되고 중국-홍콩-대만을 잇는 삼각무역이 활발해지자 중국과 홍콩, 대만, 그리고 화인들이 거주하는 동남아를 잇는 환태평양지대를 가리켜 중화경제권이라고 부르게 되었다. 중화경제권이란 중국인 후예들이 자신들이 거주하는 국가의 국경을 초월하여 네트워크를 형성해서 경제활동을 하는 권역을 의미한다. 중화경제권이라는 개념은 중국이 현재 중화인민공화국의 영토를 넘어서 더 확장된 의미의 중국(Greater China)이 될 수 있는가에 대한 지적 호기심 혹은 우려에서 출발한 개념이다.

필자가 이 글에서 사용하고 있는 중화문화권이라는 단어는 중국의 문화와 전통에 역사적인 영향을 장기간 받은 지역을 의미한다. 한류가 존재하는 지역 중에서 중국, 홍콩, 대만, 그리고 싱가포르는 중화문화권으로 분류될 수 있다. 이들은 또한 중국인의 후예들이 지배민족인 지역이다. 언어는 중국어로 소통 가능한 지역이기도 하다. 물론 싱가포르는 서구문화의 영향도 많이 받았지만, 앞서 설명한 것처럼 중국의 풍습과 전통을 일부 계승해서 아직도 유지하고 있는 나라이다. 공용어는 영어이지만 지배민족인 화인들의 언어는 중국어이다. 더욱이 싱가포르는 앞으로 중국어 교육을 강화할 계획이다.

　　싱가포르의 한류 상륙은 이 중화문화권에서 이미 정착되고 위세를 떨치던 한류가 싱가포르까지 확산된 데서 시작된 것으로 볼 수 있다. 우선 싱가포르인들은 싱가포르에 한류가 들어오기 전부터 각종 매체를 통해 중국, 대만, 홍콩에 한류가 하나의 문화현상으로 이미 자리잡았음을 알고 있었다. 중화문화권에서의 한류 경향은 싱가포르에 수입되는 한국의 대중문화 상품 결정에도 상당한 영향을 미쳤을 것으로 추측된다. 정서적으로 공통점이 많은 중화문화권에서의 반응을 참고하여 싱가포르인의 취향에 적합한 것을 선택하면 흥행이라는 측면에서의 위험부담이 적어지기 때문이다. 인터넷과 매체의 보도를 통해 싱가포르인들은 <가을동화>가 들어오기 전부터 대만에 열광적인 <가을동화> 마니아들이 생겨났고, '승헌 티셔츠'나 '승헌 커피'도 상품화되었음을 알고 있었다. <대장금>은 2005년 여름 싱가포르에 방송되기 전부터 중국과 홍콩에서의 열렬한 반응으로 이미 싱가포르에서 유명해졌다.

　　또한 위에서 설명한 것처럼 인터넷의 보편화는 싱가포르인들이 중화문화권 사이트 웨핑을 통해 대만이나 홍콩, 중국의 한류 열기를 느끼고 한국의 대중문화에 대한 호기심을 유발하게 하는 기능을 했다. 인터넷을 통해 싱가포르에서는 아직 방송되지 않은 한국 드라마를 중국어 자막과 함께 시청할 수도 있기 때문이다. 또한 스타TV의 중국어 채널도 중화문화권에서의 한류 확산에 기여하고 있다.

　　싱가포르는 이 매체들을 통해 다른 중화문화권에서의 한류의 움직임을 알게 되고, 홍콩이나 대만, 중국 역시 싱가포르의 한류 경향에 대해 파악하고 참고할 수 있는 것이다. 인터넷을 검색해보면 이들 중화문화권의 나라들은 다른 중화문화권에서 보도한 한류스타의 기사나 한류의 특성, 경향, 문제점 등에 대한 내용들도 자주 인용하고 있다.

3. 한류의 부가가치와 문제점

중화문화권의 다른 지역에 비해 늦게 시작된 싱가포르의 한류는 이미 주변문화로서 자리를 잡았고, 더욱 확산되어가고 있다. 싱가포르는 한류가 존재하는 지역 중 가장 서구화된 국가이며, 아울러 일본과 함께 가장 경제적으로 풍요한 지역이다. 싱가포르의 대중문화는 영국과 미국, 그리고 홍콩과 대만의 영향 하에 놓여 있었고, 최근에는 일본의 대중문화도 주변문화로서 붐을 이뤄 일본류가 2-3년간 존재했었다. 이제 일본류가 차지했던 주변문화의 중심은 한류로 전이되었다. 그러나 아직도 싱가포르 문화의 주류는 서구와 중화문화권의 대중문화이다. 2005년 말 현재 한류는 4년 동안 롱런하며 일본류보다 강한 생명력을 보여주고 있다. 한류가 이대로 지속될지 일본류처럼 곧 사그라질지는 아직 예측하기 어렵다.

● 한류의 의의와 부가가치

1997, 8년 대만과 중국에서 한류현상이 시작되기 전에는 이렇게 많은 나라에서 한국의 문화가 환영받았던 적은 없었다. 그것도 일회성이 아닌 4-5년 이상의 비교적 긴 기간동안 지속된 적은 더욱 찾아보기 어렵다. 한, 두 개의 나라에서가 아니라 동북아시아 전체와 동남아에까지 확산되어 여러 나라에서 동시에 한국의 대중문화가 열정적으로 수용되고 있다. 한류는 중화문화권 국가들로부터 시작되었지만, 지금은 일본, 그리고 말레이인들의 나라인 인도네시아, 그리고 태국으로까지 확산되고 있다. 이와 같은 한류현상은 다음과 같은 점에서 의의를 가진다.

첫째, 한류는 한국의 대중문화를 동아시아 국가들에게 공급하여 한국의 이미지를 제고시키는 의의를 가진다. 한류 이전에는 한국이라는 나라를 몰랐던 싱가포르인들도 이제는 한국이라는 나라의 정서와 생활, 그리고 풍경 등을 드라마나 영화, 음악을 통해 알고 있다. 싱가포르 건국 이래 각 매체에서 한국이라는 나라의 이름이 이렇게 많이 언급된 적도 없을 것이다.

둘째, 한류는 대중문화의 수출을 통해 이윤을 창출한다. 한국의 문화상품이 이렇게 단기간에 여러 나라로 수출된 적은 없었다. 한국 드라마와 영화의 판권은 한류 초기와는 달리 평균 3-4배로 인상되었고, 상품에 따라서는 10배가 넘는 가격에 거래된다. 한류의 이윤 창출은 드라마나 영화 판권 수출에서 그치는 것이 아니라 이와 관련된 상품을 판매할 수 있기 때문에 더욱 증가된다. 드라마에 출연한 배우가 착용하고 있는 액세서리와 의상, OST, DVD, VCD, 그리고 배우가 사용하는 핸드폰 등이 함께 한류 상품으로 판매된다. 더 나아가 한국 드라마나 영화의 촬영지, 혹은 특정 스타와의 캠프 등 프로그램을 마련하여 관광객 유치에도 긍정적인 역할을 한다. 이런 점에서 한류는 상당한 경제적 의의를 지닌다.

셋째, 동남아와 동북아를 떠나 동아시아로서의 정체성 확립에 의의를 가진다. 1997년 금융위기가 발생하기 전까지 한국은 동북아권에 속했고, 한국, 중국, 일본 등 동북아 3개국은 동남아와는 다른 정체성을 지닌다고 생각되었다. 그러나 태국으로부터 시작되어 홍콩을 거쳐 한국으로 이어진 금융위기는 동남아시아와 동북아시아의 경제가 별개의 것이 아니라 하나로 이어져 있으며 구조의 취약성에서 유사하다는 것을 확인시켜준 계기가 되었다. IMF사태 이후 한국에서는 동아시아라는 개념 속에 동남아까지 포함하는 경향이 강해졌다. 이 동아시아로서의 정체성은 한류를 통해 다시 확인할 수 있게 되었다. 한류가 태국과 인도네시아까지 확산됨에 따라 중화문화권이나 일본, 한국 등의 유교적 가치를 뛰어넘어 '동아시아적 가치'가 존재한다는 가정이 가능하게 되었다.

넷째, 한류는 한국인의 민족적 자긍심과 한국문화에 대한 확신을 심어주는 계기가 되었다. 근대에 들어와 일본의 한반도 강점으로 36년간의 수치스러운 식민지체제를 경험하면서 한국인들은 자신들의 민족성에 회의하고 조선시대의 역사에 대해서도 부정적인 측면만을 강조해서 보는 자괴감에 사로잡혀 있었다. 또한 해방 이후에는 산업화 과정에서 물밀 듯이 전파되어오는 서양의 문화에 압도되었다. 더욱이 일본의 눈부신 성장은 한국인의 자존심에 더 큰 상처로 작용했다. 이와 같은 맥락에서 최근의 한류현상은 한국인들에게 있어서 자신의 문화에 대한 각성과 재발견, 자부심을 다소나마 회복시켜 주는 계기를 마련했다.

● 안티 코리아(Anti-Korea)의 교훈

그러나 한류 현상이 긍정적인 면만 가지고 있는 것은 아니다. 한 나라의 주변문화로서의 한류 현상이 너무 오래 계속되거나, 혹은 중심적인 문화를 뒤엎을 만한 소지가 있을 경우 한류에 대한 반(反)한류 현상이 생겨날 수 있다. 문제는 한류가 확산되고 처음 예상했던 것보다 장기화되면서 한국제품의 인기도 현지에서 모두 한류로 인식되기 시작한 것이다. 즉 각 업체가 아닌 하나의 한국 상품으로 인식하게 된다는 데 있다.

구체적인 사례를 보자. 한국의 온라인게임이 해를 거듭할수록 더욱 강세를 보이자 한국 온라인게임이 가장 먼저 호평을 받고 수출됐던 대만에서부터 한류에 대한 우려가 일어나고 있다. 한국의 온라인게임이 재미있기 때문에 업체들이 한국 온라인게임을 경쟁적으로 수입해서 공급하고 있다. 이로 인해 대만 온라인게임 시장의 80%가 한류이고, 20%만이 대만에서 제작한 게임이다. 대만에서는 이에 대한 우려가 일고 있다. 또한 안티 코리아 사이트를 한국인이 선점하여 대만인들이 안티코리아라는 이름으로 등록할 수 없도록 한다는 의혹을 제기한 인터넷 사이트의 보도도 있다.

　　싱가포르의 경우에는 대만과 같은 정도의 거부감은 아직 노출되지 않고 있다. 그러나 한국의 대중문화뿐 아니라 한국자동차와 한국 휴대폰도 한류로 묶어 취급하는 인식은 마찬가지이다. 한국자동차 수출 증가도 '한류', 한국 휴대폰 업체의 중국이전과 투자도 '한류'로 취급하는 싱가포르 언론의 태도는 앞으로 한류에 대한 우려나 거부감이 표면화될 수 있는 가능성을 보여준다.

　　한류에 대한 거부감이나 우려가 발생하는 이유는 문화의 흐름이 일방적이고 쌍방향적 교류가 없기 때문이다. 한때 한류를 정부에서 더욱 확산시키고 강화시키려고 나섰던 태도에도 문제가 있다. 정부가 한류의 전면에 나서 정책적으로 지원하면 상대국에서는 긴장하게 된다. 한류의 주체는 민간에게 맡겨두고 정부에서는 상대국의 문화를 국내에 소개하려고 노력하는 것이 한류의 유지와 확산에 기여할 수 있다.

　　한국인들은 싱가포르에 대해서 아는 것이 별로 없다. 싱가포르의 문화는 더더욱 알지 못한다. 중국과 홍콩의 경우는 그 나라의 영화, TV드라마, 비디오 등이 한국에 자주 소개되는 편이지만 싱가포르에 대해서는 그렇지 못하다. 싱가포르의 영화나 TV드라마, 음식문화, 역사 등을 단편적으로라도 소개하는 기회를 갖는 것이 바람직하다. 이렇게 될 때 문화에 있어서 쌍방향적인 교류가 이루어지고 동아시아권에서의 상호협력이 원활해질 수 있을 것이다.

동아시아의
한류 韓流

7

동남아 한류의 새로운 메카 : 태국의 한류

김홍구

1. 태국에 부는 한류의 바람

한류가 태국사회에서 본격적으로 하나의 중요한 문화현상으로 자리 잡기 시작한 때는 2001년경부터였다고 추정된다. 태국 내 한류는 중국, 대만, 홍콩, 싱가포르보다 뒤늦게 자리잡은 듯하나 최근에 빠른 속도로 확산되고 있다. 현재 태국에서의 한류는 TV 드라마, 영화, 가요 등은 물론이고 전방위적으로 나타나는 현상이 되었다. <가을동화> 와 <엽기적인 그녀>, 가수 세븐(Seven)과 비의 화려하고 세련된 노래와 춤 등은 태국인들을 한국과 한국문화에 크게 매료시키고 있다. 한국산 온라인 게임 프로그램 또한 태국의 청소년 사이에서 선풍적인 인기를 얻고 있다. 그 열기 때문에 2003년에는 한국산 온라인게임 라그나로크(Ragnarok)를 자정 이후에는 서비스하지 못하도록 규제하는 웃지 못 할 소동까지 벌어졌다. 또 태국에는 한국어를 강의하는 대학들이 꾸준히 증가했을 뿐 아니라 최근에는 방콕 시내에 한국어 전문학원도 문을 열기에 이르렀다. 이외에도 한류현상은 여러 곳에서 확인할 수 있다. 한국음식점을 찾는 태국인들이 늘고 있으며 한국산 기념품, 의상, 인삼, 데코레이션, 휴대폰, 전기제품 등의 소비량도 늘고 있다. 한국의 국기인 태권도나 한국 소설 등에도 태국인들은 많은 관심을 갖게 되었다.

현재 한류가 존재하는 국가들은 대체로 유교문화권 내지는 중화문화권에 속해 있다. 이 국가들은 중국어를 사용하거나 오랫동안 중국의 정치, 경제, 문화, 역사적인 영향을 받아왔다. 지금까지 동남아에서도 한류가 존재하는 곳은 중화문화권인 베트남과 싱가포르뿐이라고 알려져 왔다. 태국은 역사적으로 중국의 영향을 받기도 했으나 인도의 영향을 훨씬 많이 받았으며 종교적으로도 불교가 지배적인 종교가 되어 왔다. 태국에는 중국계 인종이 많이 거주하고 있으나 그들은 동남아에서는 보기 드물게 태국사회에 완전히 동화되었다. 따라서 태국에서 한류라는 문화적 현상은 한류가 확산되어 왔던 기존의 국가들의 경우와는 차별성을 갖는 것이며, 한류의 점진적인 보편성 획득 가능성을 보여 주는 하나의 좋은 사례가 될 수 있을 것이다. 이 글에서는 태국 한류의 형태, 한류형성의 배경과 원인, 한류에 대한 인식과 평가를 살펴 볼 것이다.

2. 태국 한류의 여러 모습

● 영화, TV 드라마, 대중음악

대중문화의 관점에서 살펴보면 영화, TV 드라마, 대중음악의 삼두마차가 태국에서 한류를 강력하게 이끌고 있다고 볼 수 있다. 한국관광공사 방콕지사의 설문조사(2004. 3. 11)에 따르면, 태국인들이 한국문화를 이해하는 데 가장 큰 영향을 준 문화유형은 TV 드라마(52. 4%), 영화(38. 4%), 음악(7. 8%), 게임(1. 4%) 순이었다.

　　태국에서 상업적으로 가장 먼저 상영된 한국영화는 심형래 감독의 <용가리>(1999)였다. 그러나 이 영화는 미국에서 제작되고 출연자들도 대부분 미국인들이었기 때문에 미국영화로 잘못 알려졌었으며 흥행에 실패했다. 이후 액션물 <쉬리>, 무협영화 <비천무>, 애정물 <시월애>가 상영되었다. 이런 영화들이 상영된 후에야 태국인들은 비로소 한국영화를 인식하기 시작했다. 이어서 <조폭 마누라>와 <친구>가 상영되었으나 태국 관객들에게 큰 관심을 끌지 못했다. 이런 영화들이 상영된 시기는 대개 2001년부터 2002년경이었다.

방콕의 판매대에 놓인 한국 영화 DVD　　　　　　　　　　사진ⓒ김홍구 2004

한국영화 중 태국 시장에서 최초로 성공한 영화로 꼽히는 것은 <엽기적인 그녀>(2002)다. 이 영화 상영 후 한국영화에 대한 관심이 본격화되었으며 많은 한국영화들이 태국시장에 진출하게 되었다. 그 예는 다음과 같다. 삼각관계를 다룬 애정물 <와니와 준하>, 액션코미디물 <킬러들의 수다>, 액션판타지물 <화산고>, 액션물 <무사>, 액션 코미디물 <신라의 달밤>, 애정물 <화이트발렌타인>과 <후아유>, <나비>, <텔미썸씽>, 에로물인 <미인>, <두사부일체>, <울랄라시스터즈>, <집으로>, 애정물 <카라>, <자귀모>, 액션물 <단적비연수>, <2009 로스트메모리즈>, <피도 눈물도 없이>, <생활의 재발견>, <공공의 적> 등이 태국시장에 진출했다. 이들 중 <나비>와 <텔미썸씽>은 흥행 면에서 참패를 면치 못했으며 특히 에로물인 <미인>은 질적 문제가 크게 제기되기도 했다. <피도 눈물도 없이>, <생활의 재발견>, <공공의 적> 등은 영화가 아닌 VCD 형태로 수출되었다. 최근에 상영된 영화로는 <내 사랑 싸가지>, <내 여자 친구를 소개 합니다>, <우리 형>, <태극기 휘날리며> 등을 들 수 있겠다. 방콕 시내 주요 영화관에서는 요즘 한 달에 2-3편의 신작 한국영화가 소개되고 있다.

한국 TV 드라마 상영은 <이브의 모든 것>으로부터 시작했으나, 가장 크게 성공을 거둔 작품은 iTV에서 상영된 <가을동화>였다. <가을동화>는 방영 직후 iTV 드라마 중 태국, 미국 등 다른 나라 드라마를 제치고 시청률 1위를 차지할 정도로 인기가 높았다. 이 때문에 가을동화의 주연 배우 송혜교의 이미지가 태국인들의 마음속에 깊이 심어졌으며, 송승헌의 대형 브로마이드(bromide)는 태국 청소년들 사이에서 품귀현상까지 빚을 정도가 되었다. 또 <가을동화>의 주제가가 태국인들의 심금을 울렸다. 그 뒤 <맛있는 청혼>, <호텔리어>, <겨울연가>도 상영되어 큰 호응을 얻게 되었으며, 이어서 <인어아가씨>, <옥탑방 고양이>, <불꽃>,

<풀 하우스> 등이 방영되었다. 이중 <풀 하우스>는 점유율이 최고 70%에 오를 정도로 인기가 있었다. 최근(2005년 10월)에는 채널3에서 <대장금>이 인기리에 방영되고 있다. 한국 TV 드라마와 영화는 지상파 방송뿐 아니라 케이블 TV 채널에서도 자주 방영되고 있다.

한국 연예인의 인기도 대단하다. 몇 년 전에 방콕 중심가에 '유호정 스파'가 생겨 유호정만 이용할 수 있는 특별룸과 스파 평생이용권이 무료로 제공되었다. '유호정 스파'를 만든 주인공은 방콕에서 태국 유명 연예인들이 애용하는 '로즈마리'라는 스파를 운영하고 있는 로사린 프라콩웡(Rosarin Prakongwong)씨인데 유호정이 KBS 2TV 새 미니시리즈 <로즈마리>의 주인공을 맡았다는 소식을 듣고 특별 후원자를 자청했다. 2002년 7월 태국 iTV를 통해 MBC 드라마 <호텔리어>가 방영된 이후 태국에는 송윤아의 열성팬들이 생겨났고, 인터넷을 통해 송윤아에 대한 정보를 주고받고 있다고 한다. 인기스타 손예진은 2004년 1월 22일 개최되는 2004 방콕 국제영화제의 특별 게스트로 초대됐다. 지난해에는 이 영화제에 스티븐 시걸(Steven Seagal), 장 클로드 반담(Jean-Claude Vamdamme) 등 헐리우드 스타들이 초청돼 화제를 모았다. 손예진이 귀빈자격으로 초청된 것은 태국 내에서의 뜨거운 인기 때문이다. 얼마전 개봉된 손예진 주연의 영화 <클래식>이 큰 반향을 불러일으켰고 손예진의 데뷔작이기도 한 MBC 드라마 <맛있는 청혼>은 iTV를 통해 지난해부터 올 초까지 2번씩이나 방송될 정도로 히트를 친 것으로 알려졌다. <겨울연가>를 시청하고 배용준의 극성팬이 된 태국의 50대 여성 갑부는 유방암에 걸려 목숨이 경각에 달린 상태에서도 "죽기 전에 (배용준을) 꼭 한번 보고 싶다"고 무작정 한국에 입국한 사건(?)도 발생했다. 이 여인은 유방암 3기로 약물치료중인데 한번에 30여개가 넘는 약을 먹어야 하므로 약만 한 보따리를 싸들고 왔다고 한다. 태국의 한인동포사회에서는 배용준과의 만남이 이루어지기를

<클래식> 영화와
이를 감상하는 태국 학생들

사진ⓒ김홍구 2004

간절히 기원하면서 한-태간 민간차원의 우호관계를 단단하게 하는 좋은 선례가 될 것을 기대하기도 했다.

태국에서 한국 연예인들의 인기가 대단한 가운데 한 가지 흥미로운 조사가 이루어진 적이 있다. 한국관광공사 태국지사에서는 탤런트 손예진 팬사인회에 참석한 502명(남자 165명, 여자 337명)을 대상으로 설문조사한 결과 태국인이 가장 만나고 싶어 하는 남녀 한류스타는 원빈(42.6%), 송혜교(42.3%), 전지현(34.4%), 배용준(22.7%), 장동건(21.7%) 순이었다.

국내가수로서 처음으로 태국에 진출한 것은 베이비복스(Baby V.O.X)다. 베이비복스는 2001년 태국 최대 프로덕션사인 그레이미사(GMM) 초청 공연을 가졌다. 베이비복스는 태국 음반시장에도 진출해 20만장의 앨범을 판매하여 태국의 공신력 있는 음악 전문 케이블 TV, 채널V 차트 4위에 오르기도 했다. 베이비복스뿐 아니라 세븐과 비도 큰 인기를 누리고 있다. 태국의 유력 영자지 『방콕 포스트』(*Bangkok Post*)는 세븐을 소개하는 특집기사를 크게 실었다. 『방콕 포스트』는 주말 특집면(2003. 12. 6)에 사진과 함께 "세븐 신드롬"이라는 제목으로 그의 활약상과 음악세계를 상세히 소개했다. 이 신문은 세븐의 첫 앨범 "Just Listen"이 태국에서 일 주일만에 5만장이나 팔려 나갔다고 보도했다. 채널V도 세븐과의 대담 프로그램을 방영했다. 가수 비의 소속사 JYP 엔터테인먼트는 "태국에서 발간된 비의 2집 5만장이 3일만에 매진되고 재주문이 들어오고 있다"고 밝혔다. 한편 비는 2004년 5월 5일부터 7일까지 이어진 프로모션에서 채널5, 채널7 등 지상파 방송사들과 아시아권을 커버하는 음악전문 케이블 TV 등의 황금시간대 프로그램에 출연해 뜨거운 반응을 얻어냈다. JYP측은 비가 현지 음반업계에서 70%의 시장점유율을 차지하고 있는 그레이미사와 계약한 것이 빠른 시간 내에 시장을 장악하는 데 큰 도움이 된 것으로 평가하고 있다.

2004년 3월에는 여성 4인조 그룹 쥬얼리가 태국정부가 주최하는 뮤

직페스티벌에 초대되기도 했다. 쥬얼리의 인기가 어느 정도 될 지는 지켜볼 일이다. 2004년 11월 아리랑 TV가 각국 네티즌 34,146명을 대상으로 실시한 2004년 최고 인기 한국가수 조사에서 태국의 경우 동방신기가 1위(140%)를 차지했다.

● 온라인게임

우리나라 문화콘텐츠 가운데 온라인게임은 영화, TV드라마, 가요 등 대중문화 분야에서 아시아권에 불기 시작한 한류 열풍을 새로운 차원으로 높이고 있다. 온라인게임은 모든 문화콘텐츠 중에서도 양방향성이 극대화된 장르여서 몰입도와 파급력이 매우 크다고 볼 수 있다.

태국 시장에 처음 문을 두드린 온라인게임은 한국에서 건너온 라그나로크이다. 한국의 게임업체 그라비티(Gravity)가 수출한 라그나로크는 태국에 멀티 플레이어 방식의 온라인 게임 열풍을 일으켰다. 그러나 청소년들 사이에 과잉관심이 초래돼 사회적인 부작용을 일으키게 되자 태국 정부는 18세 미만 연령층의 온라인게임 서버 야간접속과 PC방의 야간영업을 금지했다. 이후 18세 이상 성인들에 한해 야간에 온라인게임을 할 수 있는 "청소년 사이버 야간통금"으로 완화된 이 조치는 라그나로크를 비롯한 한국 온라인게임이 아시아권에서 누리고 있는 폭발적인 인기를 단적으로 보여줬다. 2003년 초부터 유료서비스로 전환한 라그나로크의 평균 동시 접속자수는 4만 명대에 이르고 있다.

라그나로크에 이어 뮤(Mu)와 라그하임(Laghaim)도 태국에 진출했다. 게임업체 웹젠은 태국 게임 퍼블리싱업체 뉴에라(New Era)와 3D 온라인게임 뮤의 태국수출과 관련한 양해각서를 체결했다. 뉴에라는 게임유통사로 동남아 PC패키지 시장점유율 75%를 차지하는 업체다. 두 회사는 2003년 6월 내 본 계약을 체결하고 태국 내 서비스를 위한 본격적인 현지화

작업에 착수해 2003년 말부터 베타테스트를 시작한 이래 현재 태국에서 누적 회원수 50만 명, 97%의 PC방 점유율을 기록하고 있다. 또 텔레콤 아시아(TA)의 자회사인 아시아넷은 태국현지 기업인 태국정보통신(Thai System Integration)과 한국의 온라인 게임업체 나코(Nako)와 합동으로 최신 3D 온라인게임인 라그하임의 태국 내 서비스를 위하여 특별팀을 구성했으며 2003년 9월 20일부터 베타버전 서비스를 개시할 것이라고 발표했다.

3. 태국 한류 형성의 배경과 원인

● 양국 관계 속 한류의 배경

역사적으로 한-태 양국 간에 본격적이고 의미 있는 관계가 맺어지는 것은 1950년 한국전 전후였다. 태국정부는 1949년 10월 대한민국을 공식 승인했다. 1950년 한국전이 발발한 후 태국은 UN군의 일원으로 아시아 국가 중에서 첫 번째로 한국에 4,000 명의 지상군을 파병하였을 뿐 아니라 4만 톤의 쌀을 원조했다. 태국군은 전쟁이 끝난 후 한국전 참전용사회(약 4,000 명)를 결성한 이래 지금까지 그 활동을 계속해 오고 있다. 한국전은 양국이 각별한 역사적 유대감을 갖게 되는 계기가 되었다고 볼 수 있다. 얼마 전에는 한국전으로 맺어진 끈질긴 역사적 인연을 보여주는 사건이 있었다. "2004년 8월 26일 베이비복스, UN, 한경일, 리사 등 한국 가수단은 '6·25 참전용사 가족들을 돕기 위한 프렌즈 콘서트'를 갖기 위해 태국을 방문했으며 던므엉 공항에는 1,000여 명의 방콕 시민들이 이들을 마중 나와 있었다"는 보도를 접할 수 있었다.

한-태 양국 교류 초기에 태국인들이 한국하면 떠올렸던 것은 인삼

한국과 태국 교류를 보여주는 '아리당' 음반
표지   사진ⓒ한겨레신문 2005

과 아리랑이었다. 태국인들은 한국을 '쏨 카우'(som khao, 흰색 인삼), 북한을 '쏨 댕'(som daeng, 붉은색 인삼)이라고도 불렀다. 태국인들은 한국의 대표적인 가요 아리랑(타이어 발음은 '아리당')을 좋아했다. 태국인들은 자신들이 작곡한 노래 아리랑도 갖고 있다. 이른바 태국판 아리랑 노래는 1960년대부터 70년대까지 크게 유행했으며 이것을 소재로 몇 차례나 TV연속극이 만들어지기도 했는데 가장 최근 버전은 1999년에 방영되었다. 그 내용은 한국전 기간 중 만난 태국 군인과 한국 소녀간의 애틋한 사랑이야기다.

1960년대 말까지 만해도 태국은 한국을 한국전 기간 중 자신들이 군대를 파견하여 도와준 적이 있던 나라이며 경제적으로도 자신들의 수준에 아직 미치지 못하는 나라로 인식하고 있었다. 그러나 박정희 정권의 경제정책 성공으로 한국이 급속한 경제성장을 이루게 되면서 이런 인식은 바뀌어 갔다. 한국의 1인당 GNP가 태국을 앞서기 시작하는 때는 1968년부터였으며 박대통령이 서거한 해인 1979년 한국의 1인당 GNP는 태국의 2.79배나 되었다. 태국은 한국의 경이적인 경제발전, 새마을 운동, 박정희의 리더십에 찬사를 보내고 부러워했다.

1980년대 중반 이후 한국은 태국 투자와 관광 분야에 적극적인 관심을 보여 태국에 진출하게 되었다. 1983년 최초로 태국에 직접투자를 하게 되었을 때 80만 달러였던 한국의 투자액은 1988년 1,220만 달러로 증가했으며 1990년에는 1,950만 달러로 피크에 이르렀다. 2002년 말 우리의 대 태국 투자금액은 205건 5억 2백만 달러에 달하고 있다. 태국에는 현재 150개 이상의 한국계 기업들이 활동하고 있으며 기업들은 약 3만 명의 태국인들을 고용하고 연간 10억 달러 이상의 수출에 기여하고 있다.

1980년대 후반부터 한국인 태국 관광객 수도 크게 증가했다. 1986년 8,000 명에 못 미치던 관광객 수는 점차로 증가해 1995년에는 30만 명을 상회함으로써 40배 가까운 증가율을 보였다. 1995년 현재 태국 관광객 수는 아세안(ASEAN) 관광객의 절반 정도를 차지하고 있다. 한국인 관광객 숫자는 태국 내 외국인 관광객 중 10위내를 차지하고 있으며 한국인의 관광 선호도에 따르면 태국은 미국, 일본에 이어서 3번째의 순위를 차지하고 있다. 태국 방문 한국인은 2002년 중 약 70만 5천 명으로 최근 5년간 연평균 26.0% 증가했으며, 방한 태국인은 2002년에 약 7만 4천 명으로 최근 5년간 연평균 6.3% 증가했다.

투자, 관광과 더불어 86아시안게임과 88올림픽이 개최되어 한국의 발전상은 태국에 크게 홍보되었다. 이즈음에 한국어 학습붐이 크게 불어 태국 대학에서는 한국어 교육이 본격화되었다. 이는 분명히 또 다른 형태의 한류라고 부를 수 있을 정도이다. 태국에서 한국어 교육은 1980년대 중반부터 본격적으로 시작되었다. 한국어 교육과정이 최초로 개설된 곳은 쏭클라대학교(Prince of Songkla University)였으며 1999년부터는 전공과정으로 개설되었다. 2000년에는 부라파대학교(Burapha University), 2003년에는 씰라빠껀대학교(Silapakorn University), 2005년에는 씨나카린위롯대학교(Srinakharinwirot University)와 마하싸라캄대학교(Mahasarakham University)에 전공과정으로 한국어과가 개설되었다. 현재 태국에는 17개 대학교에서 한국어를 전공, 부전공 또는 선택과목으로 개설하고 있는데 이는 동남아 국가 중 가장 많은 숫자이다. 이렇게 한국어에 대해 관심을 갖게 되는 가장 중요한 원인 중 하나는 위에서 살펴 본 바같이 경제적 이해관계 때문으로 볼 수 있다.

2002년 6월 개최된 한일공동 월드컵도 태국의 한류 형성에 중요한 계기가 되었다. 태국 거주 한국인들은 직·간접적으로 한류형성에 큰 몫을 하고 있다. 2003년 3월말 현재 태국 시민권 또는 영주권 소지자가 약 100 명이며 거주민은 약 11,900 명이다. 교민의 대부분은 1980년대 후반 이래 한국의 해외여행 개방에 따라 태국에 대한 한국인 관광객이 급증하면서(1981. 11 사증 면제 협정 체결) 관광산업과 관련해 진출한 교민들과 한국 투자진출 증가 등 한·태 경제협력관계 증진에 따른 파견상사 지사원 및 투자업체 직원 등으로 구성되어 있다.

● 한류 형성의 원인

문화적 친화성

일반적으로 한류형성의 원인 중 하나로 꼽히는 것은 문화적 요인이다. 즉 한류현상이 일어나고 있는 중국 , 대만, 홍콩, 싱가포르 등과 같은 나라들은 유교문화권 내지는 중화문화권이라는 동일한 문화권에 속해 있기 때문에 한국문화에 대해서도 낯설지 않고 쉽게 받아들일 수 있다는 것이다.

지금까지 한류현상이 나타나고 있는 모든 나라들은 유교문화권에 속하고 있다. 이와는 달리 태국은 인도문화의 영향이 강하게 나타나는 불교문화권에 속하는 나라이다. 그러나 사실상 불교에서 강조하는 가치관에는 유교의 그것과 공통적인 것들이 상당히 많음을 알 수 있다. 불교문화에서도 가부장적인 가족관계와 효, 사회질서, 권력에의 복종, 연장자 우대 등을 강조하고 있다. 물론 유교와 불교는 차이점도 갖고 있다. 두 문화모두 다 사회질서를 강조하고 있긴 하지만 태국의 상좌부불교는 개인의자유를 강조하며 집단의 의무를 강요하지는 않는다. 불교에서도 부모에

방콕 서점의 한국 소설들 　　　　　　　　　　　　　사진ⓒ김홍구 2004

대한 효도와 연장자 존경의 의무가 있지만 유교와 같이 복잡한 의무규정
을 정해놓지는 않았다. 하지만 중요한 사실은 이러한 차이점이 문화적 이
질감을 형성하지는 않는다는 것이다. 또 공덕쌓기(thambun), 인정(namchai),
다른 사람을 직접적으로 비난한다든지 괴롭히는 것을 싫어하는 것(kreng
chai) 등의 불교적 가치관도 우리에게 크게 낯설지 않은 것들이다. 따라서
유교문화와 불교문화는 이질적 문화이긴 하지만 서로 조화를 이룰 수 있
는 문화적 친화성을 갖고 있다고 볼 수 있는 것이다.

　　이런 사실을 통해 유추해 볼 수 있는 것은 불교적 가치관을 갖고
있는 태국사람들이 한국의 영화나 TV 드라마에 공감을 느끼는 데 큰 무리
는 없을 것이라는 것이다. 물론 전통적인 가치관과 문화(유교문화든 불교문
화든)는 변화하기 마련이다. 엄밀히 따지고 보면 한류를 주도하고 있는
오늘날 한국의 대중문화는 전통적인 유교적 정서를 바탕으로 서구문화를

수용하여 만들어진 "한국적 서구문화"인 것이다. 한류현상을 설명하는 많은 사람들의 주장을 종합해 보면 한국의 대중문화는 전통적인 유교문화와 서구문화를 성공적으로 조합하여 아시아적 정서에 맞게 세련되게 가공했기 때문에 아시아 지역에서 쉽게 받아들여질 수 있었다고 설명하고 있다. 이런 설명은 태국의 경우에도 적용될 수 있을 것이다.

한국 국제협력단 단원의 태권도 강의
사진ⓒ김홍구 2004

　　한편 태국은 불교문화의 영향을 크게 받기는 했으나 역사적으로 많은 중국계 인종이 거주해옴으로써 사회적으로 중국적(유교적) 분위기가 엄존해 왔던 것도 사실이었다. 중국인들은 태국의 경제권을 장악하고 있을 뿐 아니라 정치, 사회적으로도 큰 영향력을 발휘해 왔다. 태국에 한동안 중국의 쿵푸 영화가 유행한 것이나 한류를 거부감 없이 수용하고 있는 것도 이런 사실과 관련이 있을 것이다.

외국인과 외국문화에 대한 호의적 태도

　　태국은 자국에 거주하는 소수민족에 대한 차별이 없으며, 외국인과 외국문화에 대해서도 매우 관대한 편이다. 태국은 소수민족문제를 성공적으로 해결함으로써 동남아 국가 중에는 드물게 국가통합을 성공시킨 나라로 꼽힌다. 또 태국은 일찍부터 외국인과의 결혼이나 동거 등도 자유롭게 받아들이는 사회풍토를 갖고 있었기 때문에 외국인들의 생활에 불편함이 없는 사회다. 필자는 2002년 8월 태국에 나가 있는 우리나라 기업의 현지화와 관련한 인터뷰와 설문조사를 하면서 우리나라 기업이 태국을 투자대상국으로 선택한 이유를 질문한 적이 있는데 가장 많았던 응답은 저렴한 인건비와 태국인들의 외국과 외국인에 대한 호의적 태도 때문이라는 것이었다.

태국사회는 다른 문화에 대한 수용의 폭이 큰 사회라는 것을 알 수 있다. 이 같은 이유는 첫째로 종교적인 측면에서 찾아볼 수 있겠다. 태국의 상좌부 불교는 개인의 자유를 중시하고 남과의 갈등을 피할 것을 가르치며, 상대주의와 보편주의를 강조하는 종교다.

둘째, 태국은 지정학적 위치로 볼 때 동서양 문물과 무역의 중심지였다. 그래서 외국인들이 많이 드나들었고 17세기 중기에는 이미 동서양의 40개 이상의 국가들로부터 들어온 사람들이 수도 아유타야에 머무르고 있었다. 아유타야 왕조(Ayutthaya: 1350-1767) 때 외국인들이 태국의 고위 관직에 오르는 일도 많았다. 그 대표적인 예가 폴컨(Constantine Phaulkon)이다. 그는 나라이(Narai: 1656-1688) 왕이 가장 신임하는 신하로 왕의 고문과 수상의 직까지 올랐던 인물이다. 중국인들도 고위 관직에 등용되었는데 그들은 중국과의 무역을 담당하는 부서(Krom Phra Khlang)에서 근무했고 장관에 임명되기도 했다. 외국인(일본인, 중국인, 포르투갈인 등)을 용병으로 전투에 참여시키기도 했다. 또 엑까톳싸롯(Ekathotsarot: 1605-1610) 왕 때는 일본인들이, 나라이왕 때는 이란인들과 프랑스인들이 막중한 왕실 경비를 담당하기도 했다. 엑까톳싸롯왕 때 아유타야에는 일본인 거주지가 만들어졌으며 나라이왕은 프랑스 선교사들에게 토지를 하사하여 교회와 주거지를 짓도록 허락했다.

셋째, 태국은 근대화가 일찍부터 시작되었던 나라였다. 태국은 일본과 함께 아시아에서 근대화가 가장 일찍 이루어지기 시작했다. 그래서 외국문화에 대한 수용도가 남다른 면이 있다. 라마 4세는 태국의 근대화를 주도하면서 왕실의 교육을 영국인 여성 가정교사인 안나(Anna Leonowens)를 초빙해 담당하게 했다. 안나는 후일 태국생활을 바탕으로 소설을 썼는데 이 소설은 다시 <왕과 나>(King and I)라는 영화와 뮤지컬로 공연되어 공전의 히트를 치기도 하였다. 왕실의 외국인들에 대한 우호적 태도는 현재까지도 이어지고 있다. 푸미폰(Bhumibol Adulyadej) 국왕의 첫째 공주인 우본 랏 라차깐야(Ubol Ratana)공주는 푸에르토리코 출신 미국인(Peter Jansen)과 결혼했다.

이상과 같은 종교적, 역사적 요인으로 인해 태국인들은 외국인과 외국문화 수용에 대해서 거부감을 갖지 않는다. 태국인들이 한류를 용이하게 수용하는 데는 이런 태국인 특유의 태도가 작용했을 것이다.

이와 관련된 필자의 경험 몇 가지를 소개한다. 1987년 필자가 유학했던 곳은 치앙마이(Chiang Mai)였다. 그곳은 당시에 아주 한적한 시골마을 같은 곳이었는데도 불구하고 그 곳 사람들의 외국인에 대한 감정은 지극히 우호적인 것이었다. 뿐만 아니라 그들은 외국인들과 결혼하는 것에 대해서 전혀 거부감을 보이지 않았다. 가족 중 외국인과 결혼하거나 동거하는 사람들도 자주 볼 수 있었다. 그것을 단순히 잘 사는 외국인에 대한 동경이라고만 볼 수는 없는 일이었다. 필자의 세대가 어렸을 때도 외국과 외국인(특히 서양사람)에 대한 동경은 있었지만 외국인과 결혼한다는 것은 있어서는 안 되는 일(?)로 생각했었다. 만일 그런 일이 발생했다면 그것은 엄청난 사건이었을 것이다.

태국 사람들은 영어를 자주 즐겨 사용한다. 한번은 필자와 대화 중인 태국 사람이 "쏠리타리 마이"라고 물어온 적이 있다. 무슨 말인지 약간 당황스러웠는데 '쏠리타리'는 영어로 'solitary'이고 '마이'라는 말은 타이어로 해석하자면 "(유학 중에 혼자 있으니) 외로우냐?" 하는 의미였다. 우리나라 사람들은 영어를 섞어서 사용해도 이런 식으로까지 표현하지는 않는다. 이런 예들에서 태국 사람들의 외국인과 외국문화의 수용 정도에 대한 일단을 가늠할 수 있을 것 같다.

<가을동화> 태국어 광고　　　　　　　　　사진ⓒ김홍구 2004

한국 대중문화의 우수성

한류를 연구하는 학자들의 견해를 종합해 보면 한국 대중문화가 갖고 있는 우수한 특성은 대개 다음과 같다. TV 드라마를 보면 줄거리나 구성이 참신하며 변화의 굴곡이 큰 역동성이 있다. 화려한 배우들은 수려

한 미모, 돋보이는 개성, 감각적 패션과 뛰어난 연기력을 자랑하며 작품제
작기술이 뛰어나다. 음악의 경우 강렬하고 폭발적인 에너지와 힘을 과시
하는 장면은 현지 가수나 그룹은 도저히 흉내 내지 못한다. 또한 TV 드라
마가 한류가 있는 모든 곳에서 가장 인기를 끄는 이유는 그 소재가 호소력
이 있기 때문이며, 그 호소력은 사회 구성원들을 사로잡는 공통적인 문제,
갈등, 정서를 다루는 데서 나온다.

지금까지 태국에서 가장 성공했다고 평가되는 TV 드라마 <가을동
화>는 순애보적인 사랑과 아름다운 화면배경을 성공의 요인으로 꼽을 수
있겠다. 대부분의 태국 드라마의 내용은 한 성공한 남자를 놓고 벌이는
두 여자의 치열한 경쟁이나, 남자를 통해 신분상승 등을 노리는 내용이
위주로 되는 지극히 통속적인 것들이다. 태국 사람들은 <가을동화>와 같
은 한국 드라마에서 자신들이 경험치 못한 새로운 사랑을 배우게 되었으
며 수채화 같은 화면 배경(1년 동안 계절의 변화가 별로 없는 태국과 비교
해 보라!)에 압도되면서 드라마 속으로 흠뻑 빨려 들어가게 되었다. 태국
에도 계절의 변화는 있지만 사시사철 녹음은 별로 변하지 않는다. 그러고
보면 한국 TV 드라마나 영화에 나오는 한국의 가을단풍 풍경이나 겨울
설경은 태국 사람들에게 환상적인 것일 수밖에 없다. iTV의 어떤 기자는
"주인공들의 외모가 준수하고 드라마의 정서가 (태국과) 맞는 것 같다"는
것을 성공의 요인으로 설명하기도 했다. 최초로 성공한 한국영화로 기록
된 <엽기적인 그녀>가 성공한 가장 큰 이유 중 하나는 전지현이라는 독
특한 극중 캐릭터이다. 대체적으로 태국 여성들은 남성들에게 다소곳한
편이다. 그와는 정반대의 캐릭터 연기에 태국인들은 신기해했으며 특히
태국 여성들은 전지현을 통해서 대리만족을 느끼게 되었다고 볼 수 있다.

한편 아직 영상 장르의 인기도에는 미치지 못하고 있지만 대중음악
도 몇몇 가수들, 즉 베이비복스, 세븐, 비를 중심으로 유행하고 있다. 한국

가수들의 인기는 뛰어난 가창력과 몸을 아끼지 않는 무대 매너, 뛰어난 미모와 시원한 노출로 다양한 볼거리를 제공한다는 데 있다. 태국 부라파 대학교 한국어과 2, 3학년 학생 10명을 대상으로 "한국 연예인들을 좋아하는 이유가 무엇인가"를 인터넷을 이용해 주관식으로 답하도록 한 결과, 한국 연예인들이 얼굴색이 희고, 귀엽고, 잘 생겼으며, 키가 크며, 화장을 세련되게 하고 옷을 잘 입기 때문이라고 한다.

태국 사람들은 자신들의 피부색이 검고 키가 작은 데 대해 특히 콤플렉스를 갖고 있는 것이 분명하다. 이것은 필자의 경험이다. 우리는 보통 까무잡잡하고 섹시하다는 말을 하게 되는데 아무리 이것을 열심히 설명해도 태국 사람들은 이해할 수 없다고 한다. 피부가 흰 것이 섹시하지 어떻게 검은 것을 섹시하다고 하느냐고 이상스럽게 생각한다. 태국 사람들은 체형이 예쁜 편이다. 요즘 신세대가 선호하는 '업'(up)된 힙(hip)과 '롱'(long) 다리를 모두 갖고 있다. 그러나 우리보다 키가 큰 경우는 찾기 어렵다. 말하자면 태국사람들은 서구식 체형을 갖는 것과는 달리 키는 절대적으로 작아서 우리가 키가 큰 사실을 무척 부러워한다.

언젠가 인터넷을 통해 한국 연예인에 대한 태국 네티즌의 견해를 살펴본 적이 있었다. 어떤 네티즌은 이런 견해를 갖고 있었다. "태국사람들은 한국 사람과 비교해 결코 못 생기지 않았다. 태국에서는 길을 조금 걸어가다가도 미인을 발견할 수 있지만 한국에서는 발견하기가 어렵다. 단지 한국 연예인들이 키가 크고 피부색이 하얀 것은 사실이다." 어찌 보면 아주 단순한 사고(?)라고도 볼 수도 있지만, 필자의 생각으로도 우리 세대 때 멋있다고 생각했던 배우나 가수들이 중년에 든 요즈음 TV에 출연하는 경우, 같이 서 있는 신세대 스타들과 비교해 보면 키가 작아서 주눅 들어 보이는 것을 종종 느끼게 된다. 이런 점을 감안하면 태국 사람들이 한국 연예인들을 좋아하는 이유 중 신체적 조건이 차지하는 비중은 결코 작다고 할 수 없을 것이다.

한국 TV 드라마나 영화가 태국에서 인기를 끌고 있는 또 다른 이유는 대체문화의 부재라는 관점에서도 생각해 볼 수 있을 것이다. 한류를 설명하는 많은 사람들은 경제성장으로 어느 정도 생활수준에 이르렀지만 그 수준에 어울리는 문화가 존재하지 않는 상황에서 자국내 대체문화가 없으므로 한류가 그 자리를 일시적으로 메운다고 설명한다. 얼마 전까지 태국에는 홍콩이나 일본의 영화나 드라마가 유행했지만 지금은 이런 것들에 대해서 시청자들은 식상한 단계에 와 있다. 홍콩류의 것들은 대부분 쿵푸 스타일이거나 중국 사극을 다루고 있으며 일본류의 것은 주제가 다소 무겁고 심각하다. 이들과 달리 한국의 영화나 TV 드라마는 비교적 현대적이면서 새로운 내용을 다루어 시청자들의 호응을 받게 되었다.

접촉매체의 다양화

영어방송 채널인 아리랑TV는 2002년 4월 태국케이블TV방송협회(TCTA: Thailand Cable Telecommunications Association)와 채널 재전송에 대한 계약을 체결해 5월부터 방콕을 제외한 태국 전역에 케이블 TV를 통해 실시간 종일 방송을 실시해오고 있다. 태국 내 74개 SO(System Operator)를 통해 20여만 가구가 아리랑TV를 시청할 수 있게 됐다.

케이블 TV는 공중파 방송과 달리 가입한 사람들만 대상 시청자층으로 하기 때문에 시청자층이 한정되어 있다는 약점도 있기는 하지만 연간 1,000만 명의 관광객이 찾는 동남아 최대의 관광국 태국에 아리랑TV가 진출한 것은 의미가 남다르며, 한류 전파에 큰 기여를 하는 것으로 봐야 할 것이다. 아리랑TV뿐 아니라 인터넷의 보편화, VCD, DVD, 비디오 시장의 확대도 한류 확산에 큰 기여를 하고 있다.

DVD의 경우를 살펴보면 <가을동화>, <겨울연가> 등의 TV 드라마가 방영되면서 현지수요가 증가하고 있다. 일반적으로 드라마 DVD의 경우 현지 제작업체들이 직접 판권계약을 맺고 로컬버전을 제작·판매하는 것이 일반적이지만 일부 극성팬들의 경우에는 로컬버전의 출시일까지 기다리지 못해 직접 인터넷을 통해 국내에서 제작된 DVD를 구입하는 사례도 늘고 있다고 한다. 특히 드라마의 원래 멋을 살리기 위해 한국어판을 사려는 경우도 급증하고 있다고 한다.

4. 한류가 가져온 양면적 효과

한류의 효과는 문화상품의 수출증대와 같은 직접적 경제적인 효과뿐 아니라 한국의 이미지 제고로 인해 한국산 브랜드나 수출품의 판매증대와 한국으로의 관광객 증가와 같은 간접적인 효과도 기대할 수 있다. 이외에도 국가 이미지 제고와 같은 효과를 기대할 수 있다. 지금까지 한국이 태국에 수출하는 주요 문화상품을 살펴보면 영화, TV 드라마, 가수들의 취입음반, 인터넷 온라인 게임 등이다.

2002년 한국 영화의 태국 수출은 82만 달러로 2001년에 비해 200%가 넘는 신장세를 보였다. 홍콩은 148만 달러, 싱가포르는 51만 달러였다. <엽기적인 그녀>는 태국 30개의 스크린에서 개봉한 뒤 6주간 약 12만 8천 명의 관객을 동원하여 12만 7천 달러의 수입을 올렸다. 태국 영화시장의 규모로 보았을 때는 상당히 괜찮은 결과였다. <내 사랑 싸가지>는 태국에 6만 3천 달러에 팔렸다.

태국은 아시아음반 시장 중 일본, 한국에 이어 밀리언셀러(100만 장 이상 판매)가 심심찮게 등장하는 곳이다. 베이비복스는 태국에서 20만장의 앨범 판매고를 올렸고, 세븐의 첫 앨범은 일주일 만에 5만장, 비의 2집

<내 여자 친구를 소개합니다> 기사가 실린 태국 잡지
사진ⓒ김홍구 2004

도 3일만에 5만장이나 팔려나갔다.

현재 태국의 온라인 게임 시장 규모는 40억 바트를 넘는 것으로 추산되며 대다수가 수입품이다. 아주 잠재력이 큰 시장인 것이다. 2003년 초부터 유료 서비스로 전환한 라그나로크의 평균 동시 접속자수는 4만 명대에 이르고 있다. 또 뮤의 태국 상용화 서비스가 시작되면 2년간 최소한 300만 달러에 달하는 로열티 수입을 올릴 것으로 예상하고 있다. 태국의 인터넷 사용인구는 대략 1,000만 명으로 추산되며, 60-70만 명 정도의 온라인게임 사용자들이 있는 것으로 추정된다.

이상과 같은 직접적인 경제적 효과를 제외하고 한류가 한국상품의 수출 증대나 관광 등에 미치는 부수적인 효과의 경우 순수한 한류효과를 계산해 낸다는 일은 쉽지 않다. 태국에서 한류가 본격적으로 시작되는 2001년 이후 한국의 대 태국 수출액은 증가하고 있지만 이런 단순한 계산만으로 한류의 효과를 측정할 수는 없을 것이다. 관광의 경우 2003년 일본, 미국, 홍콩 등에서 온 관광객은 크게 줄어들었으나 태국은 오히려 5.7% 증가한 것으로 나타났다. 한국관광공사에서는 이 같은 현상을 한류드라마 촬영장소 관광상품 출시 등에서 기인하는 것으로 보고 있으나 같은 기간 중 대만 관광객들이 50% 증가하고 말레이시아 관광객들이 15% 증가한 것과 비교하면 확실한 한류의 효과라고 말하기는 성급한 감도 있다.

한류가 특정 한국상품의 수출증대나 현지판매를 증대시키는 경우도 있을 수 있을 것이다. 태국 사람들은 한국문화에 대한 관심과 함께 한국제품들에 대해서도 관심을 많이 갖게 되었다. 삼성 휴대폰, 가전제품, 라면, 화장품, 인삼, 청바지, 액세서리, 의류 등 한국상품에 대한 수요가 증가하고 있다고 한다. 이 중 삼성 휴대폰의 경우는 수요가 크게 증가하고 있음이 확인되고 있다. 삼성휴대폰의 태국 내 시장점유율은 2000년 2%, 2001년 5%, 2002년에는 15%로 급증했다. 태국 경제주간지 『비즈니스 타이』(Business Thai)가 2003년 9월 2,292 명의 소비자를 대상으로 설문조사한 결과에 따르면 삼성 휴대폰은 태국의 청소년들이 노키아에 이어서 두 번째로 선호(15. 5%)하는 상품이었다.

뿐만 아니라 한국식당, 한국어교습학원, 태권도 등의 관련 서비스산업도 활기를 띠고 있는 것으로 알려졌다. 또 태국 내 몇몇 여행사들은 <가을동화>의 주 촬영지인 강원도 정선과 대관령 일대를 관광 상품화할 계획을 세운 바도 있다. 한국관광공사는 한국을 관광하려는 태국 화장품 수입회사 직원들의 인센티브 단체관광을 유치하기도 했다. 이런 인센티브 단체관광은 여행경비를 소속회사가 지원하기 때문에 직원의 개인비용 부담이 적어 일반 단체관광과는 달리 소비수준이 높고 상품 자체의 가격도 일반 패키지보다 30% 정도 싸기 때문에 관광수입 증대에 많은 도움이 될 것으로 예상된다.

방콕의 한국음식점　　　　　　　　　　　　　　　　사진ⓒ김홍구 2004

　　한류의 확산이 국가 이미지 제고에 어떤 영향을 미쳤나에 대해서는
긍정과 부정의 양면적 시각이 있다고 볼 수 있다. 2002년 8월 태국주재
한국기업들에서 일하는 태국인 종업원들과의 인터뷰와 설문조사 결과,
긍정적인 시각에서 태국인이 보는 한국인에 대한 이미지는 부지런하고,
근면하며, 정신집중을 잘 하며, 하면 된다는 적극적인 생각을 갖는다는
것이다. 급속한 경제성장을 이루고 있는 부러운 나라 한국에 대해서 갖는
이러한 긍정적인 이미지는 한류열풍이 일어나면서 더욱 제고되었다고 볼
수 있다.

　　그러나 그 이면에는 부정적인 면도 상존하고 있다. 우선 저질 한국
영화나 TV 드라마의 무분별한 수출은 한국 대중문화에 대한 부정적인 이
미지를 만들 수 있다. 태국에서는 이미 한국영화 수입사들이 수입해 온

저질 한국 영화나 드라마에 대한 우려의 목소리가 생겨나고 있다. 또, 유사한 내용과 똑같은 스타들의 등장, 과장된 선전 등으로 한국 영화나 TV 드라마에 대해 식상하는 경우도 생겨나고 있다고 한다.

　　한국 대중문화 이외에 한류를 형성하는 또 다른 중요한 흐름은 한국의 태국 투자와 관광부문이다. 이들 부문에서도 국가 이미지를 손상시키는 사례가 많이 발생하고 있다. 필자가 현지 한국인 기업에서 인터뷰한 적이 있는 찌라완(Jirawan, 여 27세)은 "한국인들은 동정심(hen chai)이 없다. 일을 너무 많이 시키고 … 태국인들을 비방하고 모욕하는 말을 너무 자주, 그리고 큰 소리로 이야기한다. 특히 '개새끼'라는 욕을 많이 한다. … 한국 사람들은 정말 무례하다. 모든 것이 자기 기분에 달려 있는 것 같다. 기분에 따라 마음대로 하는 경향이 강하다. 그래서 큰 소리를 자주 지른다. 한국인의 성격은 독선적이고 엄하고, 권위주의적이다."라고 한다. 이런 언급은 한 개인이 겪었던 경험에 따라 과장되기도 하는 것이겠으나 사실의 일단임은 확실하다. 이런 극단적인 반한감정은 한국에서 임금체불과 학대, 차별대우를 경험하고 돌아간 태국 노동자를 중심으로 발생하기도 한다. 2004년 초부터 몇 차례씩이나 태국 주재 한국대사관과 대한항공 방콕지점에 태국 반한단체 아키아(AKIA: Anti Korea Interests Agency) 명의로 한국행 비행기를 대상으로 테러를 벌이겠다는 협박편지가 배달된 적이 있다. 한국경찰 관계자는 "아키아는 한국에서 불법체류하다 추방되거나 입국이 거부된 태국인들이 구성한 단체로 알려져 있으며 구체적인 실체나 구성원은 알려져 있지 않으며 현재 태국 경찰과 공조수사를 펴고 있다"고 했다. 불법체류 노동자들의 불만은 단순히 한국으로부터 강제출국 당했기 때문만은 아닐 것이다. 외국인 노동자들은 임금문제나 열악한 노동환경뿐 아니라 한국 사람들이 기피하는 일을 하고 있는 자신들을 열등한 인간으로 취급하고 모욕감을 주는 데서 반한감정이 촉발되고 있다고 한다.

태국을 방문하는 한국 관광객을 통해서 한국인에 대한 부정적인 이미지가 만들어지는 경우도 많다. 일부 한국 관광객들의 추태관광, 보신관광은 한국과 한국인들의 이미지를 크게 실추시켰다. 한국 관광객들은 불법 포획한 반달곰 웅담의 최대 고객이 되어 태국인들의 눈살을 찌푸리게 만들었다. 한국 관광회사의 불법 한국 가이드 채용과 덤핑 관광, 바가지 관광은 태국 정부의 요주의 단속대상이 되고 있다. 한국 가이드 단속에 관한 태국관광청 공문에는 이런 지적이 적나라하게 드러나고 있다. "한국 투어의 이기적인 자세가 전체 태국 관광업의 본질을 흐리고 있다. … 한국인 및 태국인이 협조하여 관광객을 속여 투어 및 쇼핑에서 과다한 요금 및 가격으로 폭리를 취하고 있다." 얼마 전 태국경찰은 여행경비 정산문제를 놓고 다투다 한국인 관광가이드를 살해한 혐의로 같은 직장의 한국인 동료를 체포했다고 발표하기도 했다.

한국을 방문하는 태국 관광객들에 대한 한국인들의 무례한 태도가 한국에 대한 이미지를 훼손시키는 경우도 있었다. 2002년 4월 태국 TV 방송국의 보도국 간부와 가족이 한국 여행을 하려다 인천공항에서 불법 입국자로 의심받아 입국을 거부당하고 되돌아 온 사건이 태국 신문들에 크게 보도돼 한국의 이미지가 손상되기도 했다. 더욱이 태국 탁씬 친나왓(Thaksin Shinawatra) 총리의 가족이 소유하고 있는 iTV의 경제부 편집장이 모멸적인 취급을 당한 것으로 알려져 한국에 대한 분개심을 자아내게 했다고 한다.

5. 상호 이해가 있어야 한류는 지속된다

태국에서 한류는 2001년경부터 본격적으로 시작되었다고 볼 수 있으나 태국의 한국에 대한 관심은 훨씬 그 이전부터 시작되었다. 태국은 한국을 빠른 경제발전에 성공한 나라, 86아시안게임과 88올림픽 그리고 2002년 월드컵을 성공시킨 나라라는 긍정적인 이미지를 가지면서 지켜보아 왔다. 태국에는 한류가 출현할 수 있는 역사적 기반이 오랫동안 축적되어왔던 셈이다. 특히 태국에서 한류 형성에 중요했던 시기는 1980년대 중반이었다. 이 시기부터 태국에 대한 한국의 직접투자와 한국인들의 태국 관광이 크게 증가했으며 한국어 학습붐이 불어 대학에서는 한국어 강의가 시작되기도 했다. 이렇게 보면 태국의 한류는 중국, 대만, 홍콩, 싱가포르와 비교해 시기적으로 뒤떨어진다고 볼 수 없을 것이다. 다만 이런 나라들의 경우 한국 대중문화의 본격적인 수입시기가 태국보다 약간 앞서고 있기는 하다. 그럼에도 불구하고 태국의 한류가 우리들에게 비교적 늦게 알려진 이유 중 하나는 태국에 대한 한국인들의 낮은 인지도 때문일 것이라는 생각이 든다.

태국의 한류는 영화, TV 드라마, 대중음악뿐 아니라 온라인 게임과 한국어 교육에 이르기까지 그 형태가 다양하다. 한류 형성의 원인도 다양한 것은 앞서 본 바와 같다. 앞으로 한류를 지속시키기 위해서는 단기적인 경제적 이익에 급급해 저질, 저급의 문화를 상품으로 수출하는 일이 없어져야 할 것이며 한류의 장기적 관리를 위한 노력이 필요할 것이다.

한류의 장기적 관리를 위해서는 무엇보다 태국과의 쌍방향 문화교류를 적극적으로 추진할 필요가 있겠다. 우리는 홍콩이나 일본에 대해서는 잘 알고 있지만 태국에 대해서는 알지 못하고 있다. 한국 사람들 중 태국의 영화나 드라마를 보고 태국의 대중음악을 들어본 사람들이 몇 명이나 될 것인가? 우리는 사실상 태국에 대해 무지하다고 볼 수 있다. 한류를 장기적으로 유지시키고 태국 사람들을 위한 새로운 한류 상품을 공급하기 위해서는 태국을 아는 일이 무엇보다 중요할 것이다. 예를 들어 한국

에서 크게 히트를 친 <친구>라는 영화가 왜 태국에서는 흥행에 실패했
나를 분석하기 위해서는 태국문화에 대한 이해가 필수적이라 할 것이다.
태국 관객들은 이 영화를 이미 식상해 있던 홍콩 액션물의 아류쯤으로
생각했다. 또 태국 학생들은 우리 학생들과 비교하면 평균적으로 순진한
편이다. 따라서 고등학생들의 패싸움 문화를 다루고 있는 영화의 여러 장
면을 태국 관객들이 이해하기는 쉽지 않았을 것이다.

둘째로 한류를 장기적으로 관리하고, 더 나가서는 한류를 현재의
대중문화의 유행에 국한시키지 않고 보다 한 차원 높게 발전시켜 고급의
한국문화 보급에 활용하기 위해서는 태국 대학의 한국어 교육에 관심을
기울여 적극적으로 지원할 필요가 있다. 해방 이후 지금까지 우리나라에
서 미국류와 일본류가 지속될 수 있었던 중요한 이유 중에는 대학에서의
영어(미국학), 일본어(일본학) 교육이나 미국, 영국, 일본 문화원의 설치 등
교육·홍보적 차원의 노력이 차지하는 비중이 적지 않았을 것이다. 이런
의미에서 한국어 교육은 앞으로 태국사회에서 한국의 존재를 장기적, 지
속적으로 부각시켜 나가는 데 큰 기여를 할 수 있을 것이다.

마지막으로 한류를 종합적으로 관리하는 기구나 위원회의 효율적
인 운영을 통해 한류를 장기적으로 관리해 나가야 할 것이다. 이런 기구나
위원회의 실질적인 정책수립과정에는 정책전문가의 참여도 중요하지만
한류가 확산되고 있는 지역의 문화를 잘 이해하고 있는 현지 지역전문가
의 참여가 필수적이라 할 것이다. 커피의 맛을 아는 데는 두 가지 방법이
있다고 한다. 커피의 성분을 조사해서 아는 방법이 있겠고 냄새를 맡은
후 그냥 한번 마셔보고 아는 방법이 있단다. 그러나 아무리 커피의 성분을
자세히 조사한다 해도 마셔본 사람만큼 커피의 맛을 알 수 있는 사람은
없다. 지역전문가들이란 후자에 속하는 사람들이다.

동아시아의
한류 韓流
8

한류열풍은 '아시아 공통문화 창출'의 키워드 : 일본의 한류

신경미

1. <겨울연가>의 바람

2004년 갑자기 불어 닥친 <겨울연가>에 의해 촉발된 일본에서의 한류열풍에 대해 한국인들조차 의아하게 생각했다. <겨울연가>를 보고 한국문화에 관심을 갖게 된 30대에서 80대까지의 일본 여성들 가운데는 "한국에 살고 싶을 정도로 한국이 좋다", "한국인으로 태어났으면 좋았을 걸…"이라고 말하는 열성 팬까지 생겼다고 한다. 일본의 TV, 신문, 잡지, 서적, 인터넷 사이트는 연일 한류관련 기사들이나 한류관련 자료, 컨텐츠를 쏟아내고 있다.

일본의 문화소비층은 그 계층이 폭넓고, 주류에서 벗어나는 대단히 좁은 분야에까지 정열적인 팬이 많다는 점에서 이런 열기를 '한류'라고 부를 수 있을지에 대해서는 의문을 제기하는 시각도 있다. 확실히 일본의 한류는 중국이나 대만 등 동남아 국가들의 한류와는 양상이 다르다. 하지만 현재 일본에서 일고 있는 한류열풍은 단순히 마니아(mania)만이 공유하는 열기가 아닌 전반적인 열기로 봐야 할 것이며, 일본과 한국의 학자들도 이것을 하나의 사회현상으로 인식하고 그 원인을 연구하기 시작했다. 또한 한류를 지나 '反한류'란 말이 나올 정도이므로 일본에서 한류는 이미 하나의 컨텐츠로 자리 잡았다고 봐야 할 것이다. 그런 의미에서 지금의 한국문화에 대한 일본의 관심은 한류열풍으로 봐야 하며 그 열기는 우리가 생각하는 것 이상으로 뜨겁다.

한국문화가 일본에서 인기를 얻고 있다는 것은 큰 의미를 갖는다. 기존의 한류는 객관적으로 볼 때 한국과 경제수준이 비슷하거나 후진국에서 확산되어 왔다. 그에 반해 일본은 세계 2위의 경제대국이자 선진국으로 분류되는 나라이다. 또한 문화 컨텐츠에 대해서는 적정한 대가를 지불하는 풍토가 자리잡힌 나라이기도 하다. 이런 나라에서 문화상품으로 인정받는다는 것은 다른 아시아 국가의 한류와는 또 다른 의미를 갖는다. 그것은 바로 한국문화의 경쟁력이 높아졌다는 것을 의미하며, 일본문화의 유입에 대한 우려로 전전긍긍하던 한국 문화계에 자신감을 부여하는 계기가 되기도 한다. 그런 의미에서 일본에서의 한류열풍은 주목할 만한 가치가 있다.

2. 일본에서 '한류'의 정의

일본의 용어사전인 『현대용어 2005』에는 "한류란 중국어로 '한류'로 발음한다. 1990년대 말 중국어권에서 한국 드라마, 영화, 음악이 유행하여 이렇게 불렀다. 일본에서는 영화 <쉬리>(1999)에 이은 <겨울연가>, 보아 등 한국가수의 히트 등과 함께 붐이 되었다"고 설명하고 있다.

일본의 가장 일반적인 인터넷 포털사이트인 '구'(ww.goo.ne.jp)의 국어사전에 한류는 새로운 단어로서 다음과 같이 등록되어 있다.

"한류란 한국대중문화의 유행현상으로 주로 영화, TV 드라마, 음악 (K-POP: 한국가요)의 유행을 말한다. 중국문화권을 중심으로 한 아시아 각국에서 나타나는 현상이다. 한류는 1990년대 말에 중국어권에서 생겨난 용어로, 그 후 매스컴을 통해 한국에도 소개되었다. 최근에는 일본에서도 TV 드라마의 히트 등을 계기로 이 단어가 소개되게 되었다."

또 다른 사이트인 '멜마'(www.melma.com)에서는, "한류란 아시아 각국에서 일고 있는 한국 엔터테인먼트 붐을 말한다. 한국영화를 비롯해 TV 드라마와 음악 등이 인기를 얻어 1990년대 중국과 대만에 한류열풍이 불었다. 일본에서는 영화 <쉬리>의 개봉이 발단이 되었으며, 배용준 주연의 TV 드라마 <겨울연가>가 방송되자 크게 부각되었다"고 되어 있으며, 일본의 한국문화정보지인 『프로포즈』(Propose)에서는 "한류란 본래 1990년대 말부터 중국대륙과 대만, 동남아시아에 퍼진 한국대중문화 무브먼트 (Movement)를 말한다. 일본에서도 작금의 한국 드라마와 영화의 히트로 이 말이 사용되게 되었는데, 본격적으로 일본의 사회현상으로서 나타나기 시작한 것은 2003년 가을이라고 한다. 2003년 4월부터 NHK BS2에서 방송된 <겨울연가>가 최종회를 맞이한 때이다"라고 설명하고 있다.

위의 정의들의 공통점은 일본 '한류열풍'의 중심에 <쉬리>와 <겨울연가>가 있다는 것, 즉 한류를 생성한 계기는 영화 <쉬리>와 드라마 <겨울연가>라는 사실이다.

특이할 만한 것은 한류(韓流)라는 한자어를 일본식으로 읽을 경우 '간류'(カンリュウ)라고 읽어야 하는데 중국어 발음 그대로 '한류'(ハンリュウ)라고 읽는 점이다. 그만큼 한류의 바람은 일본에서도 낯선 하나의 유행현상으로 인식되고 있다고 볼 수 있다.

3. 한류는 어떻게 만들어져 왔는가?

● 발아기(1980~1997년)

한국 연예인들의 일본 진출 역사는 길다. 1980년대부터 한국 가수들이 일본에서 두각을 나타내기 시작했고, 특히 1988년 서울 올림픽을 앞두고 일본에서 한국에 대한 관심이 고조되면서 그 시기를 전후하여 조용필, 김연자, 계은숙, 패티김 등의 가수들이 일본에서 왕성한 활동을 하기 시작했다.

한국의 '국민가수' 조용필은 1983년부터 일본으로 진출해 일본어로 부른 <돌아와요 부산항에>를 크게 히트시키면서 '동양의 훌리오 이글레시아스'라는 격찬을 받으며 '조(趙) 붐'을 일으켰다. 한국가수로는 처음으로 1987년에 일본 최대의 가요축제인 NHK <가요 홍백전>(紅白歌合戰)에 출연하기 시작해 1990년까지 4번 연속 출연했다.

한국에서보다 일본에서 더 유명한 계은숙은 1985년부터 일본에서 활동하기 시작해 지금도 왕성한 가수활동을 펼치고 있다. 전(全)일본유선방송대상, 일본 엔카가수대상, 일본 레코드상 등을 여러 차례 휩쓸었고, <가요 홍백전>에 7년 연속 출연하며 꾸준한 인기를 얻고 있다. '제2의 미소라 히바리'(美空ひばり: 지금은 고인이 된 일본 엔카의 여왕)로 비유되는 그녀의 디너쇼는 지금도 티켓 한 장에 35만원을 호가할 정도로 인기가 있다.

김연자는 1984년부터 일본에서 활동하기 시작해 2005년 7월 말 현재까지 편집앨범을 포함해 24장의 싱글앨범과 39장의 정규앨범을 내놓았다. 1989, 1994, 2001년 3번에 걸쳐 <가요 홍백전>에 출연했으며, 2003년에는 유선방송음악대상 최대 리퀘스트 가수상을 수상하기도 했다. 2004

년에는 NHK 홀에서 9번째 리사이틀을 개최하였고 신곡 <북쪽 등불>(北
のともし灯)을 발표하며 여전히 왕성한 활동을 보이고 있다.

　　엔카 분야 이외에도 이상은, SES 등이 일본에 진출하여 댄스음악 등
의 분야에서 활동했으나 일부 마니아들의 인기를 모으는 정도에 그쳐 일
반적인 대중의 인기를 모았다고는 할 수 없다.

　　이 시기 한국 가수들의 활동은 왕성하기는 했으나 붐을 일으킬 정
도는 아니어서, 한국의 트로트에 해당하는 '엔카'(演歌)라는 분야에 한정
되어 일부 중년층의 지지를 받는 정도의 인기였다고 볼 수 있다.

한국 가수의 NHK 가요홍백전 출연현황(1980~2004년)

가수명	일본활동시기	출연회수	노래제목 및 출연년도
계은숙	1985년~현재	7번	참새의 눈물(1988), 술에 취해서(1989), 한밤중의 샤워(1990), 슬픈 방문자(1991), 도회의 천사들(1992), 아모레~격정적으로 사랑하며(1993), 꽃처럼 새처럼(1994)
조용필	1983년~92년	4번	창밖의 여자(1987), 한오백년(1988), Q(1989), 돌아와요 부산항에(1990)
김연자	1984년~현재	3번	아침의 나라(1989), 흐르는 강물처럼(1994), 임진강(2002)
보아	2001년~현재	3번	Valenti(2002), Double(2003), Quincy(2004)
패티김	1960년~92년	1번	이별(1989)
이정현	2004년	1번	Heaven(2004)
류	2004년	1번	처음부터 지금까지(2004)

● **발전기**(1998~2003**년**)

　　1998년 일본 대중문화 개방 이후, 한일 양국의 교류가 다양한 분야
에서 활발히 진행되기 시작했다. 이 시기에 특히 주목할 만한 사건이 두

가지 있는데, 하나는 2000년 영화 <쉬리>의 일본 개봉이다. <쉬리>의
개봉으로 기존의 대중음악 분야 진출에 국한되었던 한국문화 전파가 다
른 분야로 확대되는 계기가 되었다.

　　일본에서 개봉된 대부분의 한국영화는 '단관(單館) 개봉'의 단골손
님이었다. 1993년 <서편제>나 1998년 <8월의 크리스마스>가 일본에서
개봉되었을 당시 관객과 평론가들의 반응은 따뜻했지만 개봉 극장의 규
모는 작았다. 이때까지 대부분의 한국영화들은 도쿄 내에서 단관 개봉한
후 다른 지역의 소극장으로 조금씩 범위를 넓혀가는 것이 관례였고, 영화
팬들에게 잔잔한 호응을 받았지만 일반인들의 인기를 얻지는 못했다. 그
러나 <쉬리>는 그 관례를 깨뜨리고 할리우드 영화와 같은 방식으로 전
국 150개 극장에서 동시개봉을 시도하여 개봉 후 3주 연속으로 일본흥행
랭킹 2위를 기록하면서 130만 명의 관객을 동원했고, 극장흥행수입 18억
5,000만엔(약 185억원)이라는 한국영화로서는 이례적인 성공을 거뒀다. 이
영화의 흥행성공을 계기로 한국영화는 할리우드 영화 다음으로 흥행력이
있다는 평가를 얻게 되어 이후 <텔 미 썸씽>, <공동경비구역 JSA>, <주
유소 습격사건>, <박하사탕>, <미술관 옆 동물원>, <엽기적인 그녀>
등이 잇따라 일본에 소개되었다. 일본에서 2000년에만 한국영화가 11편
이 상영됐고 11월 중순에는 한국영화가 동시에 6편이 상영될 만큼 <쉬
리>의 성공은 일본의 많은 영화팬을 끌어 모으는 계기가 된 동시에 한국
영화 그리고 한국에 대한 인식을 바꿔놓았다.

　　또 하나의 사건은 2002년 한일 월드컵 공동개최이다. 한일 월드컵
을 앞두고 한일 양국의 교류가 활발해지면서 연예인의 교류도 활발히 이
루어졌다.

　　한국에서는 일본 여배우인 후에키 유코(笛木優子)가 '유민'이란 이
름으로 2001년부터 한국에서 활동하기 시작해 각종 오락 프로그램과 드

일본에서 개봉된 한국 영화의 흥행수입(2005년 7월말 공표자료 기준)

순위	한국어 제목	일본어 제목	흥행수입	개봉시기
1	내 여자친구를 소개합니다.	僕の彼女を紹介します	18.2억엔	2004.12
2	쉬리	シュリ	18억엔	2000. 1
3	태극기 휘날리며	ブラザーフッド	15억엔	2004. 6
4	공동경비구역 JSA	JSA	11.6억엔	2001. 5
5	폰	ボイス	10억엔	2003. 4
6	누구나 비밀은 있다	誰にでも秘密がある	9억엔	2004.11
7	스캔들	スキャンダル	9억엔	2004. 5
8	실미도	シルミド	6억엔	2004. 6
9	엽기적인 그녀	獵奇的な彼女	5억엔	2003. 1
10	이중간첩	二重スパイ	4억엔	2003. 6

출처: 『산케이(産經)스포츠』, 2004년 3월 19일/2005. 1. 18일자,
일본영화제작자연맹 발표자료 등을 토대로 작성.

라마, CF에 출연하며 폭발적인 인기를 얻었다.

또한 일본 최고 인기그룹 SMAP의 멤버 '구사나기 쓰요시'(草なぎ剛)가 후지TV의 <초난>이란 드라마 출연을 계기로 '초난강'이란 이름으로 2001년부터 한국에서 활동하기 시작해 2002년에 싱글앨범 <정말 사랑해요>를 발표하며 대표적인 지한파(知韓派) 가수로 자리잡게 되었다.

이와는 반대로 일본에서는 본격적으로 일본 안방시장을 노크한 젊은 한국 연예인이 하나 둘씩 늘어났다. 그 대표적인 예가 보아와 윤손하다.

삼성경제연구소가 1조원의 잠재적인 경제가치가 있다고 평가한 '움직이는 기업' 보아는 2001년 5월 싱글앨범 <ID: Peace B>로 일본 가요계에 데뷔하여 2005년 7월말 현재 18장의 싱글앨범과 3장의 정규앨범, 1장의 베스트앨범을 냈다. 2002년 3월 정규앨범 <Listen to My Heart>는 한국인으로서는 처음으로 일본 오리콘차트 1위를 차지하며 100만장이나 팔렸다. 그 이후 발표한 정규앨범, 베스트앨범 모두 연속적으로 밀리언셀러

를 달성하는 진기록을 세웠다. 2003년에는 일본의 여가수 중 최고의 음반 판매가수로 선정되었고, 2005년에는 여자가수로는 제일 먼저 밀리언셀러를 기록하기도 했다. 진출 1년만인 2002년부터 2004년까지 연이어 NHK의 <가요 홍백전>에 나갈 정도로 인기를 모으고 있다. 보아가 2001년 일본 진출 후 2004년까지 3년여 동안 올린 매출은 1,000억원이 넘는다고 한다. 2004년 9월에는 고세 화장품의 CF에 출연할 정도로 일본에서의 인기는 날로 높아지고 있다.

일본 한류의 원조라고까지 불리는 탤런트 윤손하는 2001년 8월 NHK 드라마 <다시 한번 키스>를 시작으로 후지TV의 <파이팅 걸>, NTV의 <나이트 호스피탈>, TBS의 <Good Luck> 등 숱한 일본 드라마에 출연하면서 최고의 한국인 스타로 자리매김했다. 2003년 연말 일본에서 조사 발표한 리서치에서는 여자조연배우 Top 10에 선정될 정도로 인지도가 높아지고 있다. 또한 드라마뿐만 아니라 NHK 한글강좌나 수많은 오락 프로그램에 출연했고, 2004년 4월부터는 TV도쿄의 오락 프로그램 <퀘스 파이브>(Ques Five)의 메인 MC로 활동하고 있다. 그 외에도 영화, CF 등 다양한 분야로 활동을 넓히고 있으며 2004년 10월부터는 '소나'(Sona)라는 예명으로 가수로도 데뷔하여 2005년 7월말 현재 3장의 싱글앨범과 1장의 정규앨범을 발표하며 왕성한 활동을 벌이고 있다.

이전과 비교해 이 시기의 한류는 대상이 중장년층에서 젊은층으로 폭이 넓어졌고, 음악, 드라마, 영화, CF 등 다양한 분야로 확대되어 발전기에 접어들었다고 할 수 있다.

● **확장기**(2004년~)

2004년은 일본내 '한류열풍의 원년'이자 절정기라고 부를 수 있다. 지금 일본의 한류열풍은 <겨울연가>로 촉발된 붐으로 한 마디로 '겨울연가 붐'이라고 해도 과언이 아니다. 기존의 한류는 매스컴이 앞장섰던 한류라고 한다면, 지금의 한류는 매스컴이 붐의 뒤를 쫓는 양상이 되고 있다.

일본 NHK는 한국 드라마 <겨울연가>를 2004년 4월부터 공중파에서 방영했다. 일본에서 '후유노 소나타'(冬のソナタ)란 제목으로 알려진 <겨울연가>는 이번이 세 번째 방송이다. 2003년 4월 위성채널인 NHK BS2에서 방송됐고, 이후 큰 인기를 모아 그 해 12월에 재방송되었다.

2004년 NHK에서 방송된 <겨울연가>의 방송시간은 매주 토요일 오후 11시 10분이었고, 아테네 올림픽 때에는 새벽 2시로 밀리기도 했다. 그럼에도 불구하고 <겨울연가>에 대한 열기는 식을 줄을 몰라 납북 일본인들의 귀환장면 중계방송을 위한 특집 프로그램 편성으로 결방했던 날은 NHK가 수천 명의 시청자들로부터 항의전화를 받는 소동이 벌어졌을 정도였다.

NHK의 〈겨울연가〉 시청률 추이

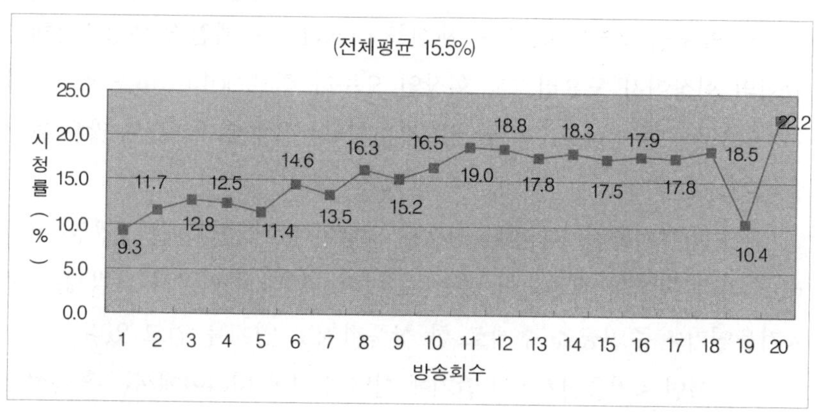

주: 1. 시청률은 간토(關東)와 간사이(關西)의 시청률을 합쳐 나눈 일본 전국의 평균치
   2. 2004년 4월 3일~8월 21일 방송
   3. 19회(8/14)는 아테네 올림픽 유도결승전 중계관계로 새벽 2시에 방송
출처: 각종 일본 신문자료 및 인터넷에 발표된 자료를 토대로 작성.

공중파 채널만 7개가 넘고, 황금시간대의 드라마 시청률 목표가 15%인 일본에서 주말 심야시간대의 드라마인데다 재방송이라는 점을 감안하면 평균 15.6%라는 시청률은 경이적인 것이다.

게다가 공중파 방송 종료 후 시청자의 열화와 같은 성원에 의해 <겨울연가> 무삭제판을 NHK BS2에서 2004년 12월 20일부터 11일 동안 일본어자막을 붙여 한국어로 매일 방송할 정도여서 <겨울연가> 열풍은 당분간 계속될 것 같다.

<겨울연가>의 주인공인 배용준을 가리키는 '욘사마'(ヨン樣), 최지우를 가리키는 '지우히메'(ジウ姬), 겨울연가의 일본식 줄임말인 '후유소나'(冬ソナ), '겨울연가 신드롬'이란 말이 유행어를 지나 하나의 고유명사로 자리잡고 있다.

일본의 고이즈미(小泉純一郎) 총리가 2004년 6월 3일 일본경제신문이 주최한 '아시아의 미래' 심포지엄 만찬에 참석한 자리에서 자신을 '준(純)사마'로 자칭하며 "'준사마' 이상으로 '욘사마'가 훨씬 인기가 있다"며 웃음을 유도할 정도였고, 일본 재계를 대표하는 단체인 일본경제단체연합회의 회장이자 도요타그룹 회장인 오쿠다 히로시(奧田碩)는 <겨울연가>의 '열성 팬'이라고 자처할 정도로 일본의 정재계 리더들도 많은 관심을 갖고 있다.

또한 <겨울연가> 관련 상품도 덩달아 많이 팔려 패션용품뿐 아니라 드라마 속에서 배용준이 탔던 자동차나 남녀 주인공의 가발세트 등 <겨울연가> 주인공을 주제로 한 상품까지도 인기를 얻고 있다.

2004년 <겨울연가>의 인기에 힘입어 각종 미디어에서는 흥행성공 여부와 관계없이 한국에서 수입되는 영화나, 일본을 찾는 한국 배우들의 기사도 비중 있게 소개하고 있고 일본의 공영, 민영방송을 불문하고 한국 드라마 잡기에 나서면서 2005년에는 한류의 저변확대가 진행되었다.

▲▲권상우 팬 미팅을 소개한 잡지 『TV navi』
▲2005년 2월 잠실 롯데호텔에서 열린 권상우 팬 미팅에 모인 일본 팬들
사진ⓒ신경미 2005

2004년 한 해 동안 일본에 소개된 한국영화는 29편에 달한다. 또한 4대천왕이라 불리는 배용준, 장동건, 원빈, 이병헌은 물론 최지우, 전지현, 권상우, 류시원, 박용하, 조인성, 김래원 등 한류스타들의 일본방문시는 일본 팬들이 새벽부터 공항에서 줄을 설 정도이다. 한국방송영상산업진흥원의 "일본내 한국 드라마 편성실태와 전망"에 따르면 2005년 2월 현재 일본내 127개 지상파방송사 중 총 63개사에서 한국드라마 70편(복수 포함)이 방영되었다고 한다. 실제로 공중파 TV만 보더라도 후지TV는 <천국의 계단>, <슬픈 연가> 등을 내보냈고, TBS는 <사랑>, <발리에서 생긴 일>을 방영했으며, 니혼(日本)TV는 2004년 9월부터 2005년 7월말 현재까지 매일 1시간씩 <드라마틱 한류>라는 제목으로 한국 드라마를 시리즈로 방송하고 있다. NHK는 2004년 10월부터 매주 목요일 저녁 10시부터 11시에 <대장금>을 방송해 2005년 7월말 현재 총 54회 중 41회를 방송했는데, 드라마가 채 끝나기도 전에 재방송이 결정될 정도였다. 2004년 포스트 <겨울연가>의 주 시청층이 40~80대의 주부라고 한다면 <천국의 계단>, <발리에서 생긴 일>은 20~30대 여성층이고, <대장금>의 경우는 주시청층의 40%가 남성이어서 한국 드라마의 소비 저변이 확대되고 있음을 시사하고 있다.

음악부문에서도 여전히 왕성한 활동을 하고 있는 보아를 비롯해 류, 비, 세븐, 신화, 신승훈 등이 가세하고 있어 성별, 나이별로 팬층의 저변이 확대되고 있다.

또한 일본의 거의 모든 주간지와 신문들이 앞다퉈 겨울연가나 한류 관련 기사들을 싣고 있으며, 야후나 구(goo) 등 일본의 대표적인 포털사이트의 간판 페이지에서도 한류관련 광고나 기사는 쉽게 찾아볼 수 있다.

기존 한류와 다른 점은 기존 한류 연예인들은 일본인도 인정할 만큼의 일본어 구사능력을 갖춘 데 반해, 2004년 이후의 한류 연예인은 할리우드 스타처럼 자국어로 활동하고 있다는 점이다. 또한 기존에는 치밀한 일본 에이전시와의 공동작업에 의해 일본 연예인과 똑같이 일본에서 신인으로 활동하면서 일본시장 진입에 성공한 반면, 2004년 이후는 한국 문화컨텐츠가 직수입에 의해 붐이 조성되고 있으며 한국 연예인들이 신인이 아닌 한국의 스타연예인의 대접을 받으며 활동하고 있다는 점이다. 또한 단타적 출연이 많았던데 비해 지금은 드라마나 쇼에 고정적으로 출연하고 있으며 가수 신승훈이나 류 같은 경우는 한국에서의 활동을 잠시 중단하고 일본 활동에만 전념하면서 앨범을 발표하는 등 지속적인 활동으로 팬을 확보해 나가고 있다.

또한 기존 한류는 특정 시기에 특정 층에게 일시적으로 인기를 모았던데 반해 지금의 한류는 붐에서 시작해 절정기를 지나 하나의 고정된 컨텐츠로서 자리를 잡아가고 있으며 남녀노소를 불문한 다양한 팬을 확보하고 있다는 점이다. 한 예로 일본 마이크로소프트는 동영상 포털사이트인 'MSN 비디오'(http://jp.video.msn.com)에 '한국 쇼비즈'란 이름으로 2005년 7월부터 한류관련 정보를 정기적으로 상시 제공하고 있고, 각종 TV 정보프로그램에서도 한류뉴스를 정기적으로 소개하고 있을 정도로 고정 컨텐츠로 자리잡아 한류의 저변화 내지는 정착화가 진행되고 있다. 이제 일본인에게 있어 한류는 외국의 것이 아닌 일본의 문화 컨텐츠 중 하나이며 한류 스타는 일반 연예인 중 한 명으로 생각될 정도로 가깝게 인식되고 있다.

4. 한류열풍은 왜 일었는가?

'겨울연가 신드롬'으로 촉발된 일본내 한류열풍에 대해 한국과 일본의 매스컴과 많은 전문가들이 히트 원인에 대해 분석하기 시작했다.

<겨울연가>의 히트 원인에 대해 가장 첫째로 꼽히는 것은 '향수'다. 마치 일본인들의 20여 년 전 모습을 보는 듯하다는 분석이다. 그런 이유 때문에 일본의 전문가들 사이에서는 한국의 문화상품이 일본의 문화상품보다 세련되지 못하다는 시각도 적지 않다.

또한 '순수한 사랑'이라는, 그 동안 일본 내에서 오래 전에 잊혀졌던 감정과 분위기를 다시 살려준 것이 큰 공감을 얻은 원인이라는 분석이다. <겨울연가> 일본 방영 책임자인 NHK TV 위성 하이비전국(局)의 오가와 준코(小川純子)는 "첫사랑을 다룬 한국 드라마 한 편이 일본인들이 잠시 잊고 있었던 수십 년 전 순수하고 따뜻했던 시절에 대한 향수를 불러 일으켰다. 특히 '유진'역의 최지우가 보여주는 투명한 아름다움과 순종적인 자태는 1960년대 순애보 드라마 주인공으로 인기를 누렸던 요시나가 사유리(吉永小百合)라는 일본 여배우와 매우 비슷한데, 요즘 일본 여성들에게선 잘 볼 수 없는 이미지다"라고 말했다.

둘째는, 뭐니 뭐니 해도 한국 드라마의 작품성이다. 탄탄한 시나리오와 배우들의 뛰어난 연기력, 아름다운 풍경, 마음을 사로잡는 아름다운 대사와 음악이 일체가 되어 카타르시스를 느끼게 한다는 점이다. 한국 드라마는 드라마틱한 데다 등장인물은 감정표현이 매우 풍부해서 보는 이로 하여금 쉽게 빨려 들게 만든다는 것이다. 한 예로 <겨울연가>의 눈물 흘리는 장면을 세어보면 주인공만 대략 80번으로, 평균 15분에 한번 꼴로 운다는 통계까지 나오고 있다. 그런 풍부한 감정표현을 배우들이 잘 소화했다는 평이다.

또한 시적(詩的)인 대사도 일본 드라마에선 볼 수 없는 것으로 꼽고 있다. 최근에는 일본여성의 언어가 남성화되고 있어 드라마 대사로 사용되는 정중하며 아름다운 표현들이 오히려 신선하게 들렸다는 의견이다.

<겨울연가>가 특히 30~80대 주부들에게 큰 인기를 끈 것은 여성들이 듣고 싶어하는 다정하고 아름다운 말들, 남성입장에서 보면 "닭살 돋는다"고 표현할 만한 대사들이 드라마에서 나오면서 여성들이 대사에 반했다고 한다. 그래서 일본 여성들은 대개 처음엔 일본말로 보고, 두 번째는 한국말로 보고, 세 번째는 어두운 방에서 울면서 봤다고 한다. 그와 함께 아름다운 풍경, 특히 <겨울연가>의 경우 윤석호 감독이 아름다운 화면을 중시하는 것으로 유명한 만큼 아름다운 영상과 그에 걸맞은 음악이 더해짐으로써 드라마의 분위기를 더욱 고조시킨 것으로 보인다.

셋째, 절제된 애정표현과 다양한 연령대의 조연들이 비중 있게 등장하여 폭넓은 시청자층을 확보할 수 있었다는 지적도 있다. 일본의 드라마에서는 애정표현이 직접적이고 노골적인 데 반해, 그저 지켜보는 사랑, 순수한 사랑을 표현하는 한국 드라마의 방식이 신선하게 받아들여졌던 것 같다. 또한 키스신 이외의 성적인 표현이 없어서 가족이 같이 볼 수 있던 것이 10대에서 90대에 이르는 폭넓은 시청자를 확보할 수 있었다는 분석도 있다. 등장인물의 심리적 변화가 내용의 중심으로 가족과 사회를 별로 의식하지 않는 일본 드라마와는 달리 남녀 주인공들뿐 아니라 주인공 가족들이 중요한 배역으로 등장해 이야기에 살을 보태는 방식, 주인공들이 보여주는 다른 사람에 대한 성실한 태도 등 따뜻한 한국의 정서가 개인주의가 만연한 일본에서 새롭게 받아들여졌다고 볼 수 있다.

넷째, 한국 드라마는 일단 '단순'하고 진행 속도가 느려서 중장년층이 이해하기 쉽고 드라마 진행속도를 따라갈 수 있다는 점이다. 한국 드라마는 착한 사람과 나쁜 사람이 확실하고 권선징악이 분명해서 이해하기 쉽다. 그래서 일본 사람들이 쉽게 빠져든다는 이야기다. 또한 일본 드라마의 경우는 한 회를 빼먹으면 다음이 연결되지 않고 인간관계도 복잡해서 화살표를 그려가며 이해해야 하는 경우도 있다. 그래서 TV 가이드 같은

책을 보면 드라마 소개시 꼭 주인공들의 관계를 화살표로 그리면서 소개
한다. 반면 한국 드라마의 경우는 한 회를 빼먹어도 내용파악에는 큰 무리
가 없고, 인간관계도 단순하여 남녀주인공의 애정관계가 처음부터 끝까
지 일관되게 그려지고 있어 중장년의 템포에 맞는 속도로 진행된다는 특
징이 있다.

　　드라마의 전개에 있어서도 일본 드라마는 빠른 템포로 전개되는 것
이 많다. 이와 달리 <겨울연가>는 적어도 15~16년 이상의 긴 세월에,
이야기의 전개나 주인공들의 말하는 속도, 눈을 깜박이며 눈물을 흘리는
장면도 모두 천천히 진행된다. 일본의 시청자들은 드라마 속의 시간이라
고 하는 새로운 리듬에 적응하면서 이것을 즐기게 됐다.

　　현재 일본에서는 패스트푸드 등 짧은 시간에 속성으로 만들어내는
것보다는 시간과 정성을 들여서 천천히 만들어내고, 여유를 즐기는 '슬로
무브먼트'(Slow Movement)가 새로운 가치로 자리잡아 가고 있다. 스토리가
유유히 전개되고 있는 <겨울연가>는 시청자들에게 아름다움과 정신적
인 치유, 안도감을 주어 현대 일본인들의 마음을 사로잡는 데 제격이었다.

　　다섯째는, 한국 꽃미남 배우들의 매력일 것이다. 일본 여성들이 한
류 스타에 매료되는 것은 '얼짱', '몸짱'을 기본으로 하는 한국 남자 스타
들의 수려한 외모에다 "일본 남성에게는 보기 힘든 강인하면서도 자상한
매력 때문"이라는 분석이 설득력을 얻고 있다. 아사히(朝日)신문사에서
발행하는 일본의 대표적인 시사주간지 『아에라』(AERA)는 "여성에 대한
배려와 가정 중시, 군복무에 따른 강인함 등이 한국 남성의 강점"이라고
꼽았다. 서양적 가치관에 경도된 일본 남성과는 다른 개성이 한국 드라마
를 통해 부각됐다는 것이다. 또한 자기 의사를 분명하게 나타내지 않는
일본 남성들은 남녀관계에서도 지나치리만큼 신중해 좀처럼 직선적인 자
기표현을 하지 않는다. 그에 반해 일편단심으로 자신의 사랑을 직선적으

로 표현하는 드라마 속 한국 남성의 열정과 카리스마에 일본 여성들이 압도된다고 한다.

　　겨울연가 신드롬으로 일약 일본 최고의 스타 자리에 오른 배용준을 예로 들어 보자. 일본에서 '미소의 귀공자'라는 수식어가 따라붙는 배용준은 180센티미터의 장신에 작은 얼굴 그리고 귀공자풍 외모뿐만 아니라 요즘 일본 남자 연예인들에게 없는 "어른스럽고 자상하고 믿음직한 분위기"가 일본 여성 시청자들에게 어필된 것으로 분석된다. 배용준을 부르는 일본인들의 애칭인 '욘사마'에는 스타에 대한 사랑과 함께 존경의 의미가 담겨 있다. 최근에 일본에서 외국인에게 '사마'(樣)의 호칭을 붙인 것은 헐리우드 스타 '레오나르도 디카프리오'의 '레오사마', 월드컵 때 선풍적 인기를 끈 축구선수 데이비드 베컴의 '베컴사마' 정도이다. 베컴이 일본을 방문했을 때 공항에 나온 사람이 500명이었다. 배용준의 일본 첫 방문시는 그 10배인 5,000명을 넘었다고 하며, 2005년 8월 31일에 개최되는 배용준의 새 영화 <외출>의 일본공개 기념 이벤트가 팬들의 요청에 의해 이례적으로 일본 전역으로 위성 생중계된 것은 배용준의 위치를 가히 짐작할 수 있게 했다. 배용준에 대한 팬들의 지지는 대중스타를 넘어 종교 지도자 수준이라는 말까지 나오고 있다.

　　욘사마는 히트상품 반열에까지 올라 2004년 6월 17일 일본의 유력 일간지인 일본경제신문이 선정한 '2004 상반기 히트상품' 2위에 올랐고, 8월 4일 일본 최대의 광고회사 덴쓰가 선정한 상반기 일본 화제상품 4위에 올랐다. 그리고 8월 10일 TIS가 조사한 '가장 메일을 보내고 싶은 유명인' 8위에 선정되었고, 인터넷 포털사이트 인포시크(www.infoseek.co.jp)가 발표한 2004년 검색어 랭킹에서 남자연예인 1위를 차지했다. 또한 시사주간지 『아에라』는 "배용준으로 아는 한국"이란 제목으로 7월 1일자 임시증간호를 발행했다. 연예주간지가 아닌 시사주간지가 임시증간호까지 내며 배

유행상품을 소개하는 『통판생활』 표지에 실린 배용준 헤어스타일 흉내 내기
사진ⓒ신경미 2005

『아에라』 배용준 특집호 표지

사진ⓒ신경미 2005

용준을 집중적으로 다룬 건 '파격적'이다. 그 인기를 반영하듯 소니, 롯데, 다이하쓰공업, KDDI, 오쓰카(大塚)제약 등 일본의 대표적인 대기업들도 앞다퉈 배용준을 광고모델로 기용하여 소니 핸디캠의 매출이 50% 증가했고, 오로나민C의 매출도 9년만에 30%가 증가했으며, 심지어 롯데의 자일리톨 껌은 배용준 얼굴이 인쇄된 상자를 갖고 싶어 자일리톨 껌을 상자째 구입하는 사태까지 벌어졌다. 배용준 관련 기사가 나오는 것만으로도 책의 발행부수가 두 배 이상으로 뛰고, 배용준이 출연한 영화, 사진 전시회 등도 잇따라 흥행에 성공하고 있다.

여섯째, 한국 드라마 자체의 원인이 아닌 일본경제의 장기불황과 이에 따른 사회적 침체를 한 요인으로 꼽을 수 있다. 최근 일본의 문화 컨텐츠 시장은 TV 시청률의 저하, 음반시장의 침체, 영화 관객의 감소로 큰 어려움을 겪고 있다. 이러한 현상은 '잘 나가던 시절'을 상징하는 '쇼와(昭和)시대에 대한 향수'로 이어졌으며 이 중심에 욘사마 신드롬이 자리잡았다는 것이다. '쇼와 향수'는 불황에 지친 일본인들이 고도 성장기였던 1950~70년대를 그리워하는 현상을 말한다. 이미 일본 음반계와 영화계는 이를 적극적으로 활용해 불황을 타개하기 위한 방편으로 삼았다. 퀸의 베스트 앨범이나 흘러간 명곡·팝송 편집앨범이 큰 성공을 거둔 바 있으며, 영화계에서는 1970~80년대를 배경으로 한 영화제작 붐이 일고 있다. 최근 인기를 얻은 일본영화 <세상의 중심에서 사랑을 외치다>가 대표적인 예이다. 여기에 '쇼와 시대'를 생각나게 하는 순수하고 열정적인 캐릭터와 순애보를 담고 있는 <겨울연가>가 그 시대에 젊은 시절을 보냈던 30~50대의 욕망과 맞아 떨어진 셈이다. 그리고 배용준이 인기상품으로 선정된 것에서도 볼 수 있듯, 불황을 타개하기 위해 업계 관계자들이 한류 열풍을 적극적으로 활용하고 있으며 언론은 이를 확대·재생산하고 있다는 것이다. 그 결과 일본 경제산업성이 발표한 2004년의 "특정 서비스 산업실태 조사 속보"에 따르면 비디오 판매수입은 한국 드라마와 영화의 비디오·DVD 판매가 호조를 보여 2001년에 비해 5.5% 증가한3,040억엔(약 3조원)에 이르렀고, 영화관 매출 역시 11.3% 증가한 2,274억엔(약 2조 2,740억원)으로 1975년에 조사를 실시한 이래 가장 많은 액수를 기록했으며, 관객수는 6.2% 증가한 1억 4,257만명으로 나타나 역대 최고치인 1975년의 1억 5,879만명에 육박했다.

일곱째, 한국에 대한 일본인의 인식변화이다. 2002년 한일 월드컵 공동개최 이래 한국문화에 대한 친근감이 강해졌고, 한국의 이미지가 변화해 온 것이 <겨울연가>를 받아들일 수 있는 사회적 상황으로 연결된 것이다. 2002년 한일 월드컵을 앞두고 일본 매스컴은 앞다퉈 한국관련 정보를 다루기 시작했다. 월드컵 개최지와 준비상황, 유명 연예인의 관광명소 및 음식 여행, 이벤트 장소, 드라마나 쇼의 로케 장소, 한국 연예인 출연 등 다양한 매체가 다방면에 걸쳐 한국을 소개했다.

일본 공영방송 NHK는 한국 '김치'와 일본 '기무치'(キムチ)를 비교하면서 한국김치의 우수성을 증명한 방송을 내보내면서 한국김치 붐을 일으켜 한국음식이 일본 가정에 파고드는 계기가 되었다. 수년 전까지만

〈겨울연가〉 관련 신조어

용어	일본어 표기	의미
후유소나	冬ソナ	〈겨울연가〉를 일본어로 번역한 '후유노 소나타'(冬のソナタ)의 줄임말
겨울연가 이혼	冬ソナ離婚	가정에 충실하던 30~40대 주부들이 갑자기 〈겨울연가〉라는 한국 드라마에 열광해 팬클럽을 만들고, 책·CD·DVD 등 관련 물품을 사들이다가 부부 싸움으로 이혼하는 것을 일컫는 말
2기생	二期生	〈겨울연가〉를 2003년 12월 위성방송인 NHK BS2의 재방송부터 보게 된 사람을 일컫는 말. 참고로 1기생은 2003년 4월 NHK BS2에서 〈겨울연가〉를 본 사람들, 3기생은 2004년 4월 NHK 지상파에서 방영되는 〈겨울연가〉를 본 사람들을 말함
욘사마	ヨン樣	배용준의 가운데 이름인 '용'과 '님'이란 뜻인 '사마'(樣)의 합성어
욘플루엔자	ヨンフルエンザ	'욘사마'와 '인플루엔자'(독감)의 합성어. 배용준이 나오는 드라마를 한번 보면 그 다음부터는 안 보고는 견딜 수 없는 증상으로, 한번 걸리면 배용준을 알기 전의 예전의 자신으로 절대로 돌아갈 수 없는 특효약이 없는 불치병
욘겔계수	ヨンゲル係數	가계의 총지출액에서 식료품비가 차지하는 비율인 '엥겔계수'에서 비롯된 용어로, 가계 총지출액에서 배용준과 관련된 문화상품인 〈겨울연가〉 DVD, OST, 서적, 액세서리, 가발 등의 구입에 쓰는 비용의 비율
욘사마 거지	ヨン樣貧乏	배용준 관련 상품을 사들이느라 거지가 됐다는 말. 약어로 '욘빈'(ヨン貧), 유사어로 '겨울연가 거지'(冬ソナ貧乏)가 있다
지우히메	ジウ姫	최지우의 이름인 '지우'와 '공주'란 뜻인 '히메'(姫)의 합성어
용하짱	ヨンハちゃん	박용하의 이름인 '용하'와 친근감을 나타내는 호칭인 '짱'의 합성어

해도 한국의 김치냄새, 마늘냄새에 눈살을 찌푸렸던 일본인들의 요리관련 방송 프로그램에 불고기는 물론 김치, 김치찌개 만드는 법까지 단골메뉴로 등장하게 되었다. 또한 전국 각지에 불고기집과 비빔밥 체인점까지 생겨나 일본인의 식사문화에 한국 붐이 확산되기 시작했다.

또한 NHK는 건전가요를 보급하는 <모든 이의 노래>(みんなのうた)라는 프로그램을 통해 '할머니', '김치', '이겨라', '비빔밥'과 같은 표현들을 한국어 발음 그대로 사용해 만든 노래를 하루에 두 번 내보내기도 하였다(2002年ハルモニ音頭, 2002년 4~5월 방송).

후지TV는 2001년 4월부터 매주 토요일 오전 1시 30분부터 15분간 한국어로만 진행하는 <초난>이란 프로그램을 방송했다. '초난'은 SMAP의 멤버 구사나기 쓰요시(草なぎ剛)의 성을 한국어로 읽은 것으로 2001년 4월 13일 시작된 이 프로그램은 일본에서 최초로 출연자 전원이 한국말을 사용하고 일본어로 자막처리를 했으며 2005년 7월말 현재도 <초난강2>라는 이름으로 계속 방송되고 있다. 그 외에도 다양한 드라마나 쇼 프로에서도 한국과 관련된 내용을 내보내고, 심지어는 민간방송의 드라마 속에서 출연진이 한국으로 해외여행을 가는 것으로 상황을 설정한 것도 있었다. 신문들도 "한일 월드컵을 향해-친구"(아사히), "다가오는 월드컵-한일관계"(요미우리), "신한국강좌-일본 속의 이웃"(산케이) 등 한국관련 특집기사를 앞다투어 내보냈다. 그런 다양한 매체가 한국의 구석구석을 소개하여 더 이상 '신기하다'는 생각이 안 들 정도로 한국은 일본인의 인식에 폭넓게 자리잡게 되었다.

그런 의미에서 월드컵은 한·일간의 '조용한 혁명'이었다. 이 시기를 지나면서 일본인에게 있어 한국은 전쟁위험이 있는 먼 나라가 아닌 일본 속의 한국을 느낄 만큼 가까운 나라로 인식되어 한국에 대한 인지도가 높아지는 시기였다고 할 수 있다.

마지막으로 하나 더 보탠다면, 일본인의 독특한 문화생활방식이다. 일본인은 자신이 좋아하는 것은 몇 번이고 반복해서 즐긴다. 여러 차례 반복해서 즐기면서 볼 때마다 다른 시각으로 보는 것을 즐긴다. 예를 들면 에도(江戶)시대에 일본씨름인 스모우 대회가 10일간 개최된다면 스모우 애호가는 12일간 즐긴다는 말이 있다. 실제 스모우 대회는 10일 동안 열리지만 스모우 대회 개최일 하루 전에 대회장에 가서 개최되기 전의 설렘을 즐기고, 행사가 끝난 다음날 또 가서 여기서 스모우가 개최됐다는 여운을 즐긴다는 것이다.

또한 취미생활을 위해서는 식대, 교통비 등 기초적인 생활비를 줄이더라도 취미생활에 기꺼이 돈을 지불한다. 그리고 성숙사회인 일본에서는 개인의 취미생활을 존중해 한류열풍의 주역인 일본 중년여성층이 취미생활을 즐기는 것을 주위에서 용인하기 때문에 한류열풍이 확대될 수 있었다고 볼 수 있다.

5. 한류열풍이 가져온 것

일본내 한류열풍의 영향을 살펴볼 때, 가장 큰 것은 일본에서의 한국에 대한 인지도 및 위상이 급격히 향상되었다는 점이다. 배용준 돌풍은 과거 일본인의 마음에 자리잡고 있었던 한국, 한국사람에 대한 부정적인 이미지를 어느 정도 말끔하게 씻어내는 일대 변혁을 일으켜 놓았다고 해도 과언이 아니다.

비교적 보수적인 성향을 지닌 일본의 30~80대 여성들에게 과거의 향수를 불러일으키게 하고 이러한 과정에서 그들로부터 한국사람, 한국문화, 한국역사에 대해서 호감을 갖게 했다. <겨울연가>를 비롯한 한국문화에 대한 이 같은 열기는 가깝고도 먼 두 나라를 보다 가까이 이어 주는 힘이 되었다. 일본 중년여성들의 '욘사마' 열기로 시작된 한국에 대한 관심 덕에 일본사회에서 한국사회와 한국문화가 보다 친밀해진 것이다.

그 관심은 더 나아가 재일한국인이 겪고 있는 제도적 차별문제까지 사회적으로 새삼 부각시킬 것으로 생각된다. 그 전조라고 볼 수 있는 움직임이 나타나고 있다. 예를 들면 2004년 7월부터 후지TV가 '게쓰쿠'(月9)라는 별칭으로 불리는 황금시간대인 월요일 저녁 9시에 재일한국인 3세 여성을 주인공으로 하는 <도쿄만 풍경>(東京灣景)을 방영했다. 또한 그룹 SMAP의 멤버인 쿠사나기 쓰요시가 재일한국인으로 등장하는 특집 드라마 <해협을 건너는 바이올린> 역시 11월부터 방영하기 시작했다. 또한 재일한국인을 주인공으로 한 영화 제작 움직임도 있다. 한류열풍은 한국에 대한 관심은 물론 재일한국인에 대한 관심으로까지 연결되고 있다.

『아에라』(*AERA*)의 한국인 표지 모델 (1998년 4월~2004년 12월)

연도	모델명	게재일
2000년	심은하	12월 11일
2001년	이영애	7월 2일
2002년	김대중	7월 15일
2003년	고소영	6월 23일
	박세리	9월 22일
2004년	배용준	5월 3일~10일
	배용준	7월 1일
	문소리	7월 19일
	박용하	8월 16일~23일
	이병헌	11월 29일

이러한 한국에 대한 인지도 향상을 반증하는 하나의 자료가 있다. 시사주간지 『아에라』는 매주 화제의 인물을 잡지의 표지 모델로 기용하고 있는데, 흥미로운 것은 한류의 인기 추이에 맞춰 한국인 표지 모델 등장 횟수가 늘어나고 있다는 점이다. 한류열풍을 일으킨 2004년엔 한국인이 5번이나 등장했다. 기존에는 한국 대통령의 일본 방문 정도의 대형 이슈가 되어야 등장할까 말까 했던 것을 생각하면 한국의 위상이 얼마나 높아졌는지를 알 수 있다.

둘째는 한류열풍의 경제적 효과이다. '겨울연가 신드롬'으로 관련 상품은 물론 한국 영화나 드라마에 등장했던 상품, 촬영지 방문 심지어 한국 드라마를 보기 위한 케이블TV 가입 및 DVD 플레이어 구입까지 폭넓은 경제적 파급효과를 낳고 있다. 한류열풍은 한국뿐 아니라 일본에서도 많은 경제적 효과를 낳고 있다. 한국에서는 관광객 증가로 강원도에서만 연간 160억원의 경제적 효과가 있다고 발표했다. 2004년 12월 다이이치(第一)생명 경제연구소가 발표한 자료에 따르면 <겨울연가>의 경제 파급효과가 한국은 1조 1,906억원, 일본은 1,225억엔(약 1조 2,250억원)이라고 추산하고 있다. 2002년 한일월드컵의 경제효과가 4,000억~5,000억엔이라고 했는데, 이와 비교하면 <겨울연가>의 효과는 엄청난 것이다.

일본 NHK는 2003년도에 '겨울연가 효과'로 적자에서 흑자로 돌아섰다. 수신료 이외의 수입이 전년도보다 45억엔이 증가한 1,054억엔인데, 이중 35억엔(약 350억원)이 비디오, DVD, 서적 등 <겨울연가> 관련 상품의 수입이었다.

또한 <겨울연가>에서 배용준이 타고 나온 차인 '익스플로러'의 판매가 <겨울연가> 방영 이후 급증하여, 4월 61대에서 5월엔 71대, 6월에는 136대, 7월에 154대로 급증하며 이례적인 판매실적을 올려 포드 관계자도 이를 '겨울연가 효과'라고 말하고 있다.

한일에 미친 〈겨울연가〉 열풍의 경제 파급효과

● 한국 (단위: 10억원)

구분	2004년도
겨울연가 효과에 의한 일본 관광지출 증가액	570.5
생산유발액 (최초의 지출증가액 포함)	1190.6
제1차	925.0
제2차	265.6
부가가치 유발액	275.9

● 일본 (단위: 억엔)

구분	2004년도
겨울연가 효과에 의한 일본 국내 소비증가액	364
생산유발액 (최초의 지출증가액 포함)	1225
제1차	984
제2차	241
부가가치 유발액	590

출처: 다이이치생명 경제연구소,
"일본의 '겨울연가' 붐이 한국·일본의 거시경제에 미친 영향", 2004. 12. 10.

　　일본 순위집계 회사인 '도한'의 집계에 따르면 〈겨울연가〉 소설판은 2003년에 일본 문예서적 부문 4위를 차지했고, 2004년에는 5위를 차지했으면 2004년도 종합순위에서는 겨울연가 제작 뒷이야기를 담은 〈또 하나의 겨울연가〉가 13위, 〈겨울연가〉 소설판이 18위에 오른 것으로 집계됐다.

　　인터넷 쇼핑몰 아마존 일본판이 발표한 2004년 4월의 OST 악보 판매순위 'Top 10' 가운데 〈겨울연가〉가 1, 3, 9위를 휩쓸어 '겨울연가 열풍'을 예고했으며, 그 결과 일본의 음반판매순위 집계사인 오리콘에 따르면 〈겨울연가〉의 공식 OST 음반이 2004년 11월 기준으로 총 83만 5,000

장이 팔려 TV 드라마 사상 역대 최고의 판매실적을 기록했다고 한다.

　일본의 대표적 디지털 위성방송인 스카이 퍼펙 TV의 홍보담당자는 "겨울연가 이후 한국 드라마를 방영하는 채널이 증가했는데, 모두 가입자가 2, 3배 늘었다"고 한다. 가입자가 늘지 않아 고민하던 케이블 TV나 인터넷 방송이 한국 드라마를 내세워 가입자 수를 늘리고 있다.

　또한 한국 드라마나 영화 속 촬영지를 찾아가는 한국 여행 패키지가 최근 일본 여행사의 인기상품으로 등장했다. 2003년 10월에는 <스캔들-조선남녀상열지사>의 개봉에 맞춰 배용준의 팬들이 대거 한국을 찾았다. 성지 순례를 꿈꾸듯 <겨울연가>의 촬영지를 답사하는 관객들도 줄을 잇고 있다. 배우 한 명의 이름이 여행사의 패키지 상품으로 기획되는 건 일본에서도 한국에서도 드문 일이다. 또한 장동건, 원빈 주연의 <태극기 휘날리며>가 촬영현장을 공개했던 2004년 5월 경주 현장에는 10대부터 중장년층까지 400여 명의 일본 팬들이 몰려들었다. 이런 현상은 일본 여행업계에도 영향을 미쳐 일본영화나 드라마의 촬영지 여행이 잇따라 기획되어 인기를 모으고 있다.

　더 나아가 일본 이동통신회사인 도코모가 바코드를 휴대폰으로 읽을 수 있는 'FOMA 그림책'을 홍보하기 위해 한류 스타의 배경화면과 멜로디를 제공했으며, 심지어 '더 엘시 호텔'은 결혼식장에 눈을 뿌려 겨울연가 분위기를 연출하는 '샤이닝 브라이드'라는 서비스를 제공하며 한류 열풍을 영업 및 홍보에 이용하고 있다.

　셋째는 한일 양국의 교류 증진 효과이다. 일본관광객의 한국방문 증가는 물론 양국의 문화적 차원에서의 교류 및 협력이 증가하고 있다.

　한국관광공사가 조사한 일본내 2004년도 상반기 한류상품 판매 실적에 따르면 도쿄, 오사카, 후쿠오카, 나고야, 센다이 등 5대 도시에서 상반기에 판매된 패키지 상품수만 161개이며, 그 상품으로 한국을 방문한

2004년 상반기 한류상품 판매실적

구분	도쿄	오사카	후쿠오카	나고야	센다이	계
상품수	53	39	39	18	12	161 개
실적	8,660	3,132	1,168	629	662	14,251 명

출처: 한국관광공사, "한류관련 여행상품 현황 조사," 2004. 7. 30.

방한 일본인 현황(2002~2004년)

(단위: 만 명)

구분	1월	2월	3월	4월	5월	6월	7월	8월	9월	10월	11월	12월
2002년	15.5	16.9	21.4	18.5	17.7	12.5	21.3	22.1	23.1	23.6	21.0	18.4
2003년	15.6	17.3	18.1	12.0	8.7	8.3	12.4	16.9	17.5	17.9	17.6	18.1
2004년	14.5	17.4	19.9	16.5	18.5	19.8	20.9	23.5	22.4	25.7	23.7	21.5
전년대비 증가율	-0.6%	0.4%	10.2%	37.3%	113.0%	138.1%	69.1%	39.2%	28.4%	43.3%	34.5%	18.8%

출처: 한국관광공사, 『한국관광통계』(http://www.knto.or.kr/).

'겨울연가 효과'에 따른 방한 일본인 여행자수의 추이

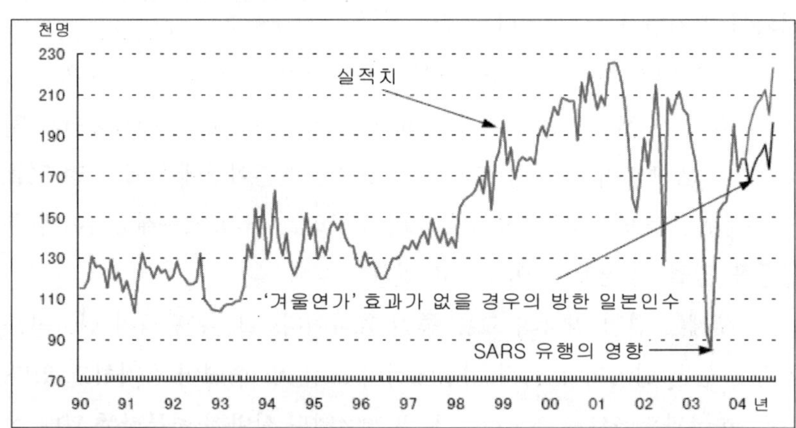

주: 일본인 여행자수의 계절조정을 수치에 반영.
출처: 다이이치생명 경제연구소,
"일본의 '겨울연가' 붐이 한국·일본의 거시경제에 미친 영향," 2004. 12. 10.

일본인이 1만 4,251명에 달한다. 이를 토대로 한류관련 방한 일본 인수를
추정하면 단순계산으로 위의 지역에 기타 지역의 한류관련 상품이나 프
리패키지 그리고 개인 여행 등을 감안하여 그 숫자에 3배를 곱한 후 하반
기까지의 예상수치를 계산하면, 2004년 한류관련 방한 일본인은 적어도
10만명은 넘을 것으로 예상했다.

　　　또한 한국관광공사의 국적별 관광객 입국실적으로 보면 방한 일본인
수가 꾸준히 늘고 있는 것을 알 수 있다. 2002년부터 2004년까지의 방한
일본인수를 비교해 보면 한류열풍으로 인한 일본관광객의 증가를 더욱 확
연히 알 수 있다. 한일 월드컵 공동개최라는 이슈가 있어 교류가 활발할
수밖에 없었던 2002년과 비교해 봐도 2004년의 수치는 상당히 높게 나타나
고 있다. 1개월 동안의 방한 일본인수가 20만명이 넘으면 서울의 호텔은
만원이어서 예약하기가 하늘의 별따기라는 현실을 본다면, '한류열풍의 원
년'인 2004년은 최대 수용인원인 20만명을 거의 육박하거나 초과하고 있다.

6. 한류열풍은 언제까지, 어떻게 전개될까?

　　　그러면 이러한 한류 붐이 향후 얼마나 지속될 것인가 하는 전망에
대해 의견들이 분분하다. 거품처럼 금방 꺼질 것이라는 소수 의견도 있지
만, 일과성으로 끝나는 붐은 아니어서 그 인기는 최소 2~3년 이상은 지속
될 것이라는 의견이 대부분이다. 그 이유로는 일본에는 마니아 문화가 있
어서 자기가 좋아하는 것은 몇 번이고 반복해서 즐기며 그것을 오랫동안
지속적으로 탐구하고 좋아하는 정열적인 팬들이 많다는 것이다. 두 번째
이유로는 <겨울연가>를 계기로 한국과 한국 드라마, 영화에 관심을 갖게
되면서 그것이 확대되어 다른 배우, 분야로도 관심을 갖게 된다는 것이다.

후쿠오카 한류특별전에 모인 일본 팬   사진ⓒ한국관광공사 2004

세 번째 이유는 한국 드라마에 관심을 갖고 한국을 방문하게 되면서 한국어에 대한 관심과 친근감이 생기고 한국어를 배우기 시작한 인구가 많아지면서 그 열기는 더욱 저변화 내지는 체내화 될 것이라는 것이다.

실제로 2004년 9월 한국관광공사가 일본에 주재하는 170여개 국내 관광업계 현지 지사장 및 소장을 대상으로 실시한 설문조사 결과에 따르면 현재의 한류열풍과 이에 따른 방한 관광객 증가가 향후 2~3년은 지속될 것이라는 의견이 다수를 차지하고 있다. 이 조사 결과는 관광영업 최일선에서 활동하는 사람인데다, 그 전망에 따라 관광상품을 기획하고 관광객을 모집하여 실적과 직결시키는 입장에 있는 사람들이 보는 견해인 만큼 그 예상에 더욱 무게가 실리게 된다. 대한무역진흥공사의 2005년 일본 바이어를 대상으로 실시한 "한류의 영향 및 활용방안에 관한 설문조사" 결과에서도 한류열풍이 당분간 지속될 것이라는 의견이 84%에 달하고 있다.

일본내 한류열풍 지속 예상 기간

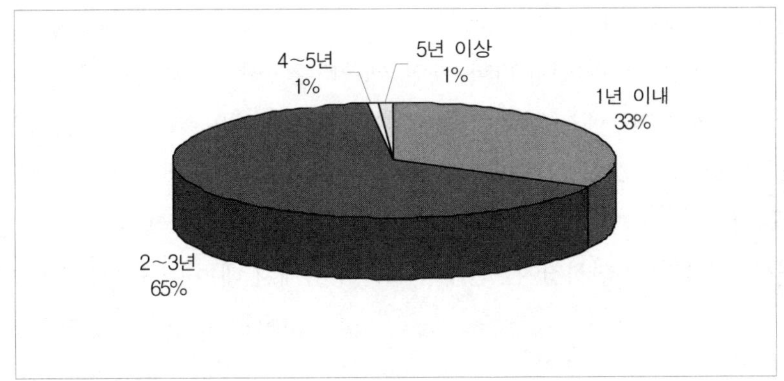

출처: 한국관광공사, "한류관련 여행상품 현황 조사," 2004. 9. 2.

또한 일본 문부과학성이 2년에 한번 실시하는 조사에 따르면, 한국어 수업을 실시하고 있는 고등학교가 1993년에 42개였던 것이, 2005년에는 286개로 12년 만에 7배 가까이 증가했다고 한다. 영어 이외의 외국어로서는 2005년 프랑스어를 제치고 중국어(553개)에 이어 두 번째로 많다. 또한 2004년 4월 6일 시작한 NHK 교육방송의 <한글강좌> 교재는 20만부가 발행됐다. NHK측은 처음에는 독일어, 프랑스어와 같은 부수인 11만부를 찍었는데, 한국어의 인기가 높아지자 추가로 인쇄했다. 외국어 강좌에서 한글강좌는 영어 다음으로 2위를 차지했다. 또한 도쿄시내 한국어 학원들이 한류열풍 이후 수강생이 급격히 늘어 한국어 강사 부족현상을 빚고 있다고 한다.

그러므로 일본 내 한류열풍은 최소한 2~3년은 지속될 것으로 보이며 그 이후는 붐으로써의 열기는 식겠지만 하나의 컨텐츠로 자리잡을 것으로 보인다.

마지막으로 한류열풍으로 인해 한국과 일본의 문화교류가 활발해지는 데 그치는 것이 아니라 양국의 문화가 상호보완 내지는 윈윈(win-win) 관계로 발전할 가능성이 높다.

일본 애니메이션과 만화, 게임, 캐릭터는 한국이 일방적으로 수입하던 입장에서 최근에는 한국의 애니메이션, 만화, 게임, 캐릭터 분야가 조금씩 경쟁력을 갖춰 일본으로 수출되기 시작했다. 인터넷 온라인 게임의 <리니지>와 <라그나로크>가 일본으로 수출되었고, 한국만화 <신 암행어사>가 2001년 만화잡지 『선데이 GX』에 연재된 데 이어 단행본으로 발매돼 20만권 이상이 판매되었으며, 2004년에 한일 합작 애니메이션으로 거듭나게 되었다.

반대로 일본 영화나 소설, 드라마를 리메이크하거나 다른 분야로 재생산한 것들도 다수 등장하며 인기를 모으고 있다. 일본 후지TV가 2000년에 방영한 인기드라마 <야마토 나데시코>는 2003년에 한국 SBS에서 <요조숙녀>란 이름으로 리메이크됐고, 일본 영화 <링>도 한국에서 리메이크되어 상영되었으며, 일본 쓰치야 가론(土屋ガロン)의 만화를 영화

NHK에서 방송되는 한국어강좌

NHK에서 방송되는 한국어강좌　　　사진ⓒ이한우 2005

화한 박찬욱 감독의 <올드 보이>는 2004년 칸 국제영화제 심사위원 대상을 수상했다.

또한 '겨울연가 열풍'은 일본 드라마에도 자극을 주어 일본 드라마 침체의 원인을 외부 탓으로 돌리던 방송계가 반성하는 계기가 되었다. 이러한 현상은 일본 드라마뿐만 아니라 영화 등 다른 분야로도 확대되어 한국문화가 일본문화의 자극제로 작용하여 일본문화 발전에 기여할 것이다. 그런 의미에서 한류열풍이 단순한 유행현상이 아닌 양국의 상호보완적인 존재가 되고 있다고 볼 수 있다.

7. 한류열풍 지속을 위한 방안

한일 양국이 장래 우호관계를 유지하기 위해서는 문화교류에서 상호 비슷한 위치에 서야 하며, 이를 위해서는 현재의 한류열풍, 겨울연가 붐에 만족해서는 안 될 것이다. 일본에서 부는 한류열풍은 한국에 대한 관심으로 이어지고 있고, 한일 양국의 호의적인 분위기로 작용하고 있다.

그렇다고 한류열풍에 문제가 없는 것은 아니다. 일부 드라마와 배우에 치우친 인기, 일본문화나 정서에 대한 이해 없이 한류인기에 편승해 준비 없이 달려드는 한국 연예인과 기획사의 자질 문제, 돈벌이로만 생각하여 난립하는 한류관련 상품들, 양국의 지적재산권의 인식 및 체계의 차이점, 한국과 일본 언론매체의 부정적 기사, 일본 관광객의 안전문제 그리고 한일 양국간의 미묘한 역사문제 등 다수의 문제점과 난관을 안고 있는 것도 사실이다.

하지만 지금의 한류열풍이 한국과 일본 양국이 서로를 깊이 이해하는 데 지대한 공헌을 할 것이며, 그것이 어떤 외교활동보다도 큰 효과를 발휘하는 것만은 어느 누구도 부정할 수 없을 것이다. 이 기회를 어떻게 살리느냐에 따라 한일 양국이 한 쪽에 치우치지 않고 서로의 문화를 즐기고, 공유하며 문화의 폭을 확대할 수 있는 관계로 발전할 수 있을 가능성이 높다.

그러기 위해선 첫째, 붐에 편승한 주먹구구식 진출을 지양하고 전략적 진출 노력이 필요하다. 획일적인 한류관련 상품소개는 식상하기 쉽다. 그러므로 체계적인 이미지 관리체제를 마련하여 다양화를 추구해야 할 것이다. 드라마 한편이 뜬다고 해서 무조건적인 팬미팅 남발이나 CF 출연이 아니라 연예인 자신의 이미지를 관리하면서 신중하게 진출하는 것이 필요하다. 너무 잦은 노출은 식상하기 쉽다. 또한 인기가 있다고 해서 기존에 출연했던 영화, 드라마 등을 마구잡이로 일본에 수출하는 것은 일본 팬들을 혼란스럽게 할 여지가 많다. 순정만화의 주인공 같던 이미지가 갑자기 바람둥이, 폭력배 등의 이미지로 바뀌지 않도록 천천히 이미지 관리를 할 필요가 있다. 한동안 순정만화의 이미지를 유지하면서 팬들이 식상할 무렵에 다른 이미지를 제공하는 기본적인 이미지 관리가 필요하다.

또한 진출 전에 일본의 지적재산권이나 초상권 등에 관한 법적 체계에 대한 이해도 선행되어야 한다. 일본이 컨텐츠에 대해서는 대가를 지불하는 인식이 있는 만큼 컨텐츠에 대한 지적재산관리도 엄격하다. 한 예로 애플에게 있어 일본은 세계 2위의 매출점유율을 차지하는 '단골손님'인데도 불구하고 2005년 초까지 애플의 MP3 플레이어인 '아이팟'의 일본 보급이 늦어졌다. 그 이유는 일본 음악업계가 "저작권보호에 대한 배려가 너무 안이하다"고 하여 거절했기 때문이다. 실제로 일본에서는 인터넷에서 다운로드한 음악데이터를 휴대형 플레이어나 PC 등에 복사하는 횟수를 엄격하게 제한하는 기술을 집어넣고 있다. 이 정도로 엄격한 지적재산 관리를 하고 있으므로 음원이나 초상권에 문제가 생길 경우 일본에서 취급을 기피하게 될 것이다. 이미 그 전조가 나타나고 있다. 기존에 한류 4대천왕의 사진집 발매에서 초상권 문제가 제기되었으며 한국 노래의 경우 일본음악저작권협회(JASRAC)에게 포괄계약으로 사용료를 지불하다가 현재는 악곡에 따라 아시아저작협회(ACA)에 따로 지불하게 됨으로써 종래의 계약이 남아 있어 이중계약의 가능성이 제기되어 민간 방송국이 한국 노래의 사용을 자제하는 방침을 내세우고 있다.

둘째, 상호교류 확대를 위한 노력이 필요하다. 일방적인 한류열풍은 반발을 불러일으키기 쉽다. 한 예로 2005년 7월에 발간된 『만화 혐한류(嫌韓流)』가 발매 5일 만에 10만부가 팔렸다. 이 서적은 제목 그대로 한류를 곱지 않은 시선에서 바라보며 황당한 소재들을 엮어 한국을 비난하는 만화로 발매 전부터 예매율 1위에 올라 화제가 되기도 하였다. 또한 최근에는 한류열풍에 대한 일본언론의 부정적 보도가 조금씩 늘어나고 있고, 일본의 인터넷 사이트에 '한류'란 단어로 검색해 보면 한류가 싫다는 부정적인 사이트를 쉽게 찾아볼 수 있다.

지금의 한류열풍은 하나의 사건이 계기가 되어 꺼져버릴 수도 있는 위험성을 내포하고 있다. 그러므로 한국의 컨텐츠를 일본에 소개하는 것도 중요하지만 한국에 일본문화, 즉 컨텐츠를 적극적으로 소개하는 노력도 수반되어야 한다. 한국에서 일본문화는 이미 체내화(體內化)되어 일본의 한류열풍과 같은 일류(日流) 붐이 일어날 가능성은 거의 없다. 또한 역사적 문제 등을 항상 내포하고 있어 드러내놓고 일본문화를 좋아한다고 할 수도 없는 분위기이다. 하지만 그렇다고 해도 일본문화가 실제로 한국에 들어와 있고 자리잡고 있음을 인정하고 그것을 알리는 노력과 애니메이션, 게임, 만화 등 일부 분야에 편중된 컨텐츠가 아니라 일본의 축제에 해당하는 마쓰리 등 다양한 일본문화를 소개하기 위한 노력도 해야 할 것이다. 또한 이런 과정에서 하나의 컨텐츠를 다양한 분야로 확대시키는

일본의 한국어 교재 『한국어를
술술 말하게 되는 나의 공부법』
사진ⓒ신경미 2005

일본의 비즈니스 방식을 체계적으로 배워두는 것도 향후 한류열풍을 이용한 상품개발에 도움이 될 것이다.

셋째, 일본 내 한국어 교육 등 한류의 간접적 분야에 대한 체계적 지원 노력이 필요하다. 정부가 나서서 전면적으로 한류를 지원하는 것은 상대국의 반발을 불러일으킬 수 있고, 또한 민간이 정부에 의존적이 되어 경쟁력이 떨어지기 쉽다. 일반적으로 드라마나 배우에 관심을 갖게 되면 그 나라를 방문하고 싶어 하고 그것과 관련된 자료를 보고 싶어 하게 된다. 그럴 경우 제일 먼저 접근하게 되는 것이 그 나라의 언어이다. 그런 언어를 쉽고 체계적으로 배울 수 있도록 지원해야 한다. 일본에서 한류열풍으로 한국어 수강자가 급격히 늘어 대표적인 일본의 외국어학원인 NOVA나 ECC에 한국어 강좌가 개설되었고, 『한국어를 술술 말하게 되는 나의 공부법』(가도와키 치에 著) 등 한국어 학습 교재도 잇따라 출판되고 있다. 그러나 이런 열기에 비해 교재나 강사 등이 턱없이 부족하고, 또한 가르치는 곳도 많지 않으며 상당히 비싼 수강료를 지불하면서 배워야 한다. 구청이나 문화센터 등 한류의 주역인 중장년층 여성들이 좀더 쉽게 한국어를 접할 수 있도록 정부의 지원이 필요할 것이다. 그것이 한류열풍을 장기적으로 이끌어가고 저변을 확대하는 데 크게 기여할 것이다.

넷째, 위기관리 대응체제의 정비가 필요하다. 지금의 한류열풍은 한일 양국의 역사나 영토문제와 별개로 발전하고 있다. 하지만 역사와 영토문제는 언제든 전면에 대두되어 양국의 관계를 악화시킬 소지를 항상 내포하고 있어 한류열풍에 영향을 미칠 것은 필지의 사실이다. 2005년 초부터 독도 영유권문제와 야스쿠니 신사 참배 등으로 한일관계가 악화되면서 한국을 방문하는 일본인이 급격히 줄어들어 2005년 상반기에 일본 방한객이 20만명을 초과한 것은 3월뿐이라는 점도 이를 반증하고 있다. 또한 일본 관광객이 늘어나면서 그에 따른 안전사고 등이 발생할 가능성이 크다. 그럴 경우 그에 대한 대응체제를 정비해 두지 않으면 사고발생시 외교문제로 발전할 가능성도 있다.

위기관리의 성공사례로 배용준의 일본방문시 안전사고에 대한 대처를 들 수 있다. 2004년 11월 일본방문시 배용준을 보기 위해 구경나온 일본 팬들이 넘어져 사고가 난 적이 있다. 배용준은 바로 기자회견을 열어 정식으로 사과하고 가족인 팬의 사고에 책임을 져서 치료비를 전액 부담하겠다고 발표했다. 또한 12월에 당시 부상당했던 10명의 주부들에게 감사의 뜻을 전하는 친필 사인을 담은 편지를 보냈다. 이후 일본방문시는 사고에 대비한 100억원의 상해보험에 가입했다. 그 때 그냥 넘어갔다면 언론은 바로 일정을 변경했던 배용준측에 책임을 돌리며 부정적 기사로 도배하였을 것이며, 한류열풍에 대한 비판으로 연결되었을 것이다.

다섯째, 한류열풍의 경제적 효과로의 연결 노력이다. 한류열풍의 경제적 영향이 다른 나라와는 달라서 드라마와 영화, 음악, 여행, 음식 등 문화상품에만 치우치고 수출상품이나 한국제 상품의 판매증가로는 이어지지 않고 있다는 우려가 높아지고 있다. 이는 다른 한류열풍이 부는 국가에는 자국제품에 비해 한국제품이 품질이 좋다는 인식이 있지만, 선진국인 일본의 경우는 자국제품이 제일 좋다는 인식이 있기 때문에 한류열풍이 한국제품의 구매로는 이어지지 않고 있다. 이런 문제를 타개하기 위해서는 제품의 품질을 높이는 것은 기본이고 구매대상층을 확실히 한 제품으로 특화해야 한다.

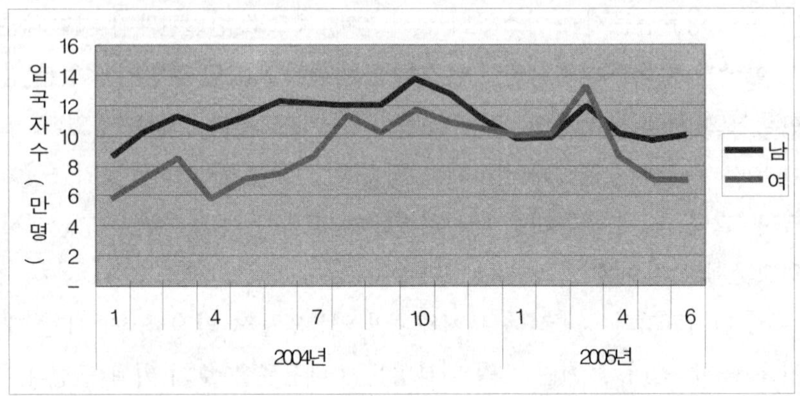

출처 : 한국관광공사, □□한국관광통계□□(http://www.knto.or.kr/)

한류열풍 이후 방한 입국자의 성별 추이를 보면, 일본여성의 입국이 현저히 높아지고 있는 것을 알 수 있다. 2005년 1~3월에는 남성보다 여성 입국자가 더 많을 정도다. 그렇다면 한류열풍의 주역인 일본 여성층을 대상으로 한 틈새시장을 개척해야 할 것이다. 예를 들면 자동차의 경우 중형차는 도요타라는 식의 인식이 뿌리깊게 자리잡고 있으므로 일본제품보다 싼 가격으로 중형차 시장에 진입해도 품질에 대한 불신 때문에 판매로 연결되기는 어렵다. 그러므로 한류를 지탱하고 있는 중년여성들이 선호하는 경자동차 시장을 디자인이나 사용편리성에서 특화된 제품으로 접근하고 한류 스타를 이용한 마케팅으로 이미지 연결을 한다면 판매증가의 가능성은 있을 것으로 생각된다. 물론 이 경우 간과해서는 안 되는 것은 자동차는 무엇보다 안전이 중요하므로 A/S 체제를 확실히 구축하는 것이 선행되어야 한다. 즉 기본에 충실하면서 판매대상층에 특화한 제품으로 나간다면 승산은 있을 것으로 보인다.

또한 관광상품에 있어서도 드라마와 영화의 촬영지 방문은 일회성으로 끝날 수 있으므로 방문시 오감(五感)을 자극하는 차별화된 상품이 필요하다. 주 대상층인 일본 여성의 경우는 음식, 미용, 패션 등에 가장 관심을 갖고 있다. 음식과 미용, 쇼핑에서 기본적인 품질과 서비스질을 일본과 비슷한 수준으로 높이면서 그들이 이용하기 쉽도록 언어소통문제를 해결한다면 한류열풍이 식더라도 재차 한국을 방문하는 하나의 요인이 될 것이다. 방한 일본인을 성별, 연령대별, 직업별로 분석하여 그에 맞는 다양한 상품을 개발해야 한다. 20대 대상은 저렴하면서 문화행사를 중시한 상품, 30~40대의 경우는 가격이 좀 비싸더라도 특이하고 맛있는 음식과 최고급 미용시설, 좋은 물건의 상품 패키지를, 50대 이상의 경우는 궁중요리나 웰빙체험 등 건강을 중시한 패키지 상품을 만들어 제공하는 것도 하나의 포인트가 될 것이다.

이와 함께 고급스런 관광기념상품의 개발도 서둘러야 한다. 조잡한 기념상품은 일본관광객의 구매를 자극하지 못하므로 비싸더라도 평생 기념이 될 만한 소장가치가 있는 관광기념상품을 개발하여 구매의욕을 자극해야 할 것이다.

마지막으로 한일 양국이 한류열풍을 계기로 상호 이해하며 문화뿐 아니라 경제, 사회 등의 다른 분야에서도 서로 협력하여 상호보완 내지는 윈윈(win-win)관계로 발전시켜야 할 것이다. 한류에 있어 일본은 아시아의 마지막 경계선이자 구미(歐美)로 가는 길목이다. 아시아인이 공감하는 한류라는 문화에, 일본을 비롯한 아시아 각국의 문화가 서로 접목, 융합된다면 범 아시아적 문화로 발전하여 아시아에서만 통하는 문화가 아닌 전세계적으로 통하는 문화를 창출할 수 있을 것이다. 또한 한류라는 감성적 공감대 형성에 의해 문화뿐 아니라 경제, 산업 등 다방면에 걸쳐 교류가 더욱 활발해져 한·일을 비롯한 아시아 국가들의 관계가 더욱 가까워질 것으로 기대한다.

필자소개

신윤환

서울대학교 법학과를 졸업하였으며, 미국 예일대학교에서 "Demystifying the Capitalist State: Political Patronage, Bureaucratic Interests, and Capitalists-in-Formation in Soeharto's Indonesia"(1989)라는 논문으로 정치학박사 학위를 취득하였다. 1990년 이래 서강대학교 정치외교학과 교수로 재직하고 있다. 전공분야는 비교정치와 동남아 지역정치이며, 연구주제로서 인도네시아의 정치경제, 동남아의 화인과 화교, 동남아의 선거제도와 선거과정, 동아시아의 지역통합 등에 관심을 갖고 있다. 주요 저서로는 『인도네시아의 정치경제: 수하르또 시대의 국가, 자본, 노동』(단행본, 2001), 『다원민주주의의 딜레마』(역서, 1993), 『비교정치론 강의 I, II, III』(공편역, 1994, 1995, 1997) 등이 있다.

전 성

서강대학교 정치외교학과를 졸업하였으며, 동 대학원에서 "중국의 농촌공업화와 향진사회의 변화"(1994)라는 논문으로 정치학박사 학위를 받았다. 전공분야는 중국의 지방 정치과정, 국가-사회 관계 등이며, 현재 서강대학교 정치외교학과 교수로 재직하고 있다. 최근 연구로는, "중국 자본주의의 발전과 세계정치에서의 위상"(2005), 『전환기의 중국 사회 I, II』(편저, 2004), "중국 16차 당대회에 대한 서설적 평가: 주요 쟁점과 시각을 중심으로"(2003), "세계화시대 중국의 정치발전: 촌민자치의 현황과 쟁점"(2003) 등이 있다.

이 민 자

서강대학교 사학과를 졸업하였으며, 동 대학원 정치외교학과에서 "중국의 경제개혁과 농민공(農民工)"이라는 논문으로 정치학박사 학위를 받았다. 세부전공은 중국 정치사회학 분야이며, 중국의 인구이동과 국가-사회관계, 중국 정보화와 시민사회이다. 현재 서울디지털대학교 중국학부 교수로 재직하고 있다. 주요 저서는 『중국 농민공과 국가-사회관계』(2001)이며, 그 외에 "중국의 시민권 제한정책과 농민공의 동화"(2001), "중국 인터넷: 정보공개와 통제의 딜레마"(2003), "중국 온라인 공간의 주도권 쟁탈전: 국가-사회의 경쟁"(2004) 등이 있다.

김 선 호

국민대학교 중어중문학과를 졸업하였으며, 대만 국립정치대학 변정연구소(대학원)에서 "外蒙共黨權力構造與黨政措施"(1985)라는 논문으로 정치학석사 학위를 받았고 독일 Bonn 대학 중앙아시아연구소(대학원)에서 "Die Entwicklungen der politischen Beziehungen zwischen der Mongolischen Volksrepublik und der Volksrepublik China(1952~1989)"로 철학박사 학위를 받았다. 전공분야는 몽골과 중국의 정치·경제·사회문화 관계발전이며, 현재 부산외국어대학교 국제통상지역원 교수로 재직하고 있다. 최근 연구로는, "한국 온라인 속의 몽골"(2004), "20세기 초 조선족의 중국 내몽골지역 이주과정 연구"(2003) 등이 있다.

이한우

서강대학교 정치외교학과를 졸업하였고, 동 대학원에서 "베트남의 농업개혁정책, 1975~1993: 탈집체화의 전개과정"(1999)이라는 논문으로 정치학박사 학위를 받았다. 전공은 동아시아 지역연구이며, 특히 베트남 정치경제 연구에 집중하고 있다. 현재 서강대학교 동아연구소 상임연구원 및 공공정책대학원 대우교수로 재직하고 있다. 최근 연구로는, "베트남 국영기업 개혁의 정치경제"(2005), "사회주의권 쇠퇴 이후 베트남 사회주의체제의 지속과 변화"(2004), "베트남-중국관계의 역사적 전개와 현재"(2003), "베트남의 체제변화와 21세기 발전 방향: 제9차 당대회 결과 분석"(2002) 등이 있다.

김 상

서강대학교 사학과를 졸업하였으며, 동 대학원 정치외교학과에서 "동남아 국가의 화인(華人)정책과 화인 비즈니스 네트워크의 대응 – 싱가포르와 말레이시아 미곡상 비교연구"(2001)로 정치학박사 학위를 받았다. 주요 연구분야는 화상(華商)이며, 현재 한림대학교에 시간강사로 출강하고 있다.

김홍구

한국외국어대학교 태국어과를 졸업하였으며, 동 대학원 국제관계연구학과에서 "태국 군부의 정치개입 원인에 대한 연구"(1990)로 정치학박사 학위를 받았다. 전공분야는 태국 정치연구이며, 현재 부산외국어대학교 태국어과 교수로 재직하고 있다. 주요 논문으로는 "입헌군주제하의 태국 국왕의 카리스마와 정치적 역할"(1998), "태국의 노동시장 변화와 외국인 불법 노동자 문제"(1999), "태국의 경제위기와 정치적 선택"(2004) 등이 있으며, 저서로는 『태국학 입문』(1999), 『한국기업의 현지화 경영과 문화적응: 말레이시아, 태국, 필리핀』(공저, 2005), 『태국불교의 이해』(2005) 등이 있다.

신경미

국제대학교(현 서경대학교) 일어일문학과를 졸업하였으며, 서강대학교 공공정책대학원 일본학과에서 "일본 기업의 성희롱과 대응체제에 관한 연구"(2002)로 일본학석사 학위를 받았다. 전공분야는 일본 사회·경제연구이며, 소프트뱅크 코리아, 일본상공회의소, 삼성경제연구소, 인디시스템 등을 거쳐 현재 일본전문 통번역회사 서포트포유 대표로 재직하고 있다.